湖南省社科基金项目　魏源咏史诗的创作特色及文化内涵研究（18JD64）
湖南省教育厅项目　湖湘文化视域下的魏源教育思想研究（20C1664）

魏源经世思想及相关作品研究

蒋海英◎著

中国商业出版社

图书在版编目（CIP）数据

魏源经世思想及相关作品研究 / 蒋海英著. -- 北京:
中国商业出版社, 2023.9
ISBN 978-7-5208-2618-1

Ⅰ. ①魏… Ⅱ. ①蒋… Ⅲ. ①魏源（1794–1857）–
思想评论 Ⅳ. ①B252.5

中国国家版本馆CIP数据核字(2023)第172578号

责任编辑：杨善红
策划编辑：刘万庆

中国商业出版社出版发行
（www.zgsycb.com 100053 北京广安门内报国寺1号）
总编室：010–63180647 编辑室：010–83114579
发行部：010–83120835/8286
新华书店经销
定州启航印刷有限公司印刷
*
710 毫米 ×1000 毫米 16 开 14.5 印张 200 千字
2023 年 9 月第 1 版 2024 年 1 月第 1 次印刷
定价：88.00 元
* * * *
（如有印装质量问题可更换）

前　言

魏源是中国近代历史上著名的启蒙思想家、学者，也是近代中国“睁眼看世界”的先行者之一，还是中国经世致用思潮的发起人和推动者，是中国近代史上承前启后，继往开来的启蒙者。魏源是一位坚定的爱国主义者，本着“不忧一家寒，所忧四海饥”的民本主义思想，一生致力于为民众谋福利，为国家改革弊政、致富图强建言献策。从以经治世到以史治世，魏源始终走在时代的前沿，在中国近代历史时期发出了“师夷长技以制夷”的呐喊，为一大批迷茫的中国人指明了方向。魏源还是一位笔耕不辍的文学家，一生撰写了数百万字的学术著作，并创作了九百多首诗歌。

本书第一章从魏源生平入手，对魏源的家世进行了详细的介绍并从中挖掘出良好的家风对魏源的影响，接着从晚清时期的社会和文化背景入手，将魏源的成长融入社会变革环境中，详细地介绍了魏源坎坷而不平凡的一生，探索了魏源经世致用思想产生的原因。第二章从产生、发展、演变入手，对中国的经世致用思想进行了详细梳理，并对其内涵和特点进行了总结。第二章最后还从伦理、政治、经济三个角度对在中国历史上产生了巨大影响的湖湘学派和浙东学派两大“经世派”进行了对比和分析，为读者完整地呈现了中国经世致用思想的变化。第三章对魏源的经世致用思想的内涵、文化阐释、社会实效及影响进行了系统分析，清晰地展现出魏源经世致用思想的特点。第四章至第八章则对魏源的著作进行了具体分析。其中第四章中从《皇朝经世文编》的创作背景入手，对《皇朝经世文编》的内容、特点和意义进行了详细介绍，并对其中展现出来的经世致用思想进行了分析；第五章对《海国图志》进行了介绍，从《海国图志》的创作背景和社会影响入手，分析了其内容及版本，并且对于其中呈现出来的经世致用思想进行了详细分析；第六章对魏源的学术著作《诗古微》进行了分析，从它的创作背景入手，对《诗古微》的文本和诗学特色进行了研究和分析，并对于其中所表现出来的经世致用思想进行了分析；第七章对《古微堂诗集》进行了研究，从《古微堂诗集》的版本、内容和特色入手对其进行了分析，并且对其中所表现出来的经世致用思想进行了分析；第八章则从魏源的思想和著作入手，对魏源经世致用思想在教育上的影响以及该思想对于当代中国改革开放的意义进行了探析，最后对《海国图志》的现实意义进行了分析，指出了魏源的经世致用思想对当今社会的重要影响。

这是一本研究魏源“经世致用”思想及作品的书，语言平实质朴，观点清晰明了，注重理论与实际相结合。适用于中国近代史研究学者、当代“经世致用”改革家以及所有对魏源及其经世致用思想有兴趣的读者。

目 录

第一章　魏源生平及思想概述

第一节　魏源的家世及人生历程

魏源（1794—1857），名远达，字默深，又字墨生、汉士，号良图，是中国历史上著名的经世思想家之一，是近代中国“睁眼看世界”的先行者之一。魏源一生致力于经世致用思想的实践和传播，编纂、创作了《皇朝经世文编》《海国图志》《诗古微》《古微堂诗集》等大量“经世致用”书籍，其中尤以《海国图志》最为著名，影响也最为深远。

魏源一生经历丰富，青少年时期勤奋聪慧，在专心研究儒家经典的同时，关心民生疾苦，关注社会变化；中年时期，魏源致力于践行经世致用思想，革除漕运、盐务弊政，治理地方，颇有建树；鸦片战争后，魏源深感清政府应从“天朝上国”的思想中解脱出来，提出了“师夷长技以制夷”的主张，并著书立说宣传御侮图强的方略，开启了了解世界、向西方学习的新潮流，成为中国历史上著名的爱国思想家、政治家和文学家。晚年时期，魏源深感清政府腐败，社会动荡，而他本人也仕途坎坷，于是在潜心著作的同时，弃官归隐，转入佛门，寻求另一种经世之道。

一、金潭望族　世代家风

魏源出生于湖南邵阳县金潭（今湖南省隆回县司门前镇学堂湾村），魏源的族谱中称其祖上为周文王第十五子，西周初年周天子分封诸侯国，周文王第十五子被分封到毕国，因此其又名毕公高。春秋时期，毕公高的后代毕万出仕晋国，被分封在魏（今山西省芮城县东北），于是毕万以魏为姓建立魏国。至魏武侯时期，魏国与韩国、赵国三家分晋，它成为战国七雄之一。秦朝统一六国后，魏氏子孙迁居到河南开封一带繁衍生息。明代永乐年间，魏氏中的一支迁往金潭，受战乱影响，魏氏的家道不复从前，迁往金潭的魏氏先祖初始时以补锅为业。[①]

古代的金潭位于湖南西南腹地，距最近的新化县城约60公里，然而这里却并非穷乡僻壤，尤其在清代时期，金潭是有着深厚文化积淀的礼仪之乡。魏源成年后在其所作的《题加玉公祠》中称其家乡金潭是与世隔绝的“古桃源”，这里依山傍水，屋宇鳞次栉比，当地农民以种植水稻为主，兼以养猪煮酒，男耕女织，自给自足，一派典型的乡村田园景象。魏源是金潭魏氏先祖万一公的第十五世孙，其家族以耕读传家，祖上多读书中举之人。魏源的曾祖父魏大公，是清朝康熙年间的国子监监生，然而其考中后却并未出仕，而是隐居在乡间种田经商，其时魏氏家中颇有资财，家境殷实富饶。魏大公因为性情刚直，乐善好施、周济邻里、孝顺母亲而闻名乡里。据说魏大公在冬季大雪天经常穿着多层裤子出门，遇到没有衣服穿的穷人就把裤子脱下来送给他，甚至有时候送出去的裤子多，回家时只剩下了空袍子。除了接济穷人，魏大公还多次慷慨解囊，捐赠银两给乡里建桥、修路。据说有一次，魏大公路过石马江时，了解到正在修建的石桥缺少经费，于是当即捐赠了二百两银子，才使这一石桥得以建成。康熙三十九年（1700）邵阳大旱，田中收成锐减，

① 夏剑钦，熊焰．魏源研究著作述要 [M]．长沙：湖南大学出版社，2009：2.

然而当地官府却限时催缴田赋，百姓苦不堪言，魏源曾祖魏大公见状“慨然赴县，毁产代输”，替一郡百姓缴纳了赋银，邵阳知县因此赠予魏氏家族“邵邑醇良”的匾额，以示嘉奖。

魏源的祖父孝立公是魏源曾祖父的第七个儿子，其年轻时考中了贡生，但也并未出仕，而是隐居乡间，承继家族基业，以种田经商为乐。魏源祖父能力颇强，曾在龙溪冲的李家凹修建万石谷仓，人称“万石君”。难能可贵的是，魏源的祖父也以乐善好施闻名乡里，其扶弱助困的典型事件便是资助道光年间的两江总督兼理两淮盐政陶澍的事迹。陶澍为安化县人，年少时家境贫寒，听到魏源祖父孝立公的事迹后，就找到魏源祖父求助，魏源祖父借给陶澍一笔钱，陶澍为官后，派人前来还债，魏源祖父没有接受，而是希望陶澍为官清廉，爱护百姓。陶澍不负所嘱，虽为道光皇帝的股肱之臣，但为官清廉，爱护百姓。后来，魏源祖父与陶澍的事迹在当地传为佳话。

乾隆六十年（1795），白莲教在湖南、贵州多地县乡中组织了大规模的农民起义，清政府派兵镇压。战乱持续多年，给当地百姓带来了严重灾难，魏源祖父的经商活动也受到严重影响，家中收入锐减，加上家中人口众多，花费颇多，长期入不敷出，家道因此中落。魏源祖父晚年时，其子只能分家以减少支出。魏源父亲魏邦鲁是其祖父的第五子，为国子监监生，分家后魏源家中拮据，其父魏邦鲁只好在魏源六岁时经由监生捐了巡检小官，到江苏赴任。魏邦鲁为人正直，为官清廉，乐善好施，因此受到了巡抚陶澍和布政使林则徐、贺长龄等人的一致称赞。

魏源的族伯魏都于乾隆年间通过科举考试，出仕后历任广西武缘知县、广西乡试同考官和祁阳县教谕，开了金潭魏氏通过科举出仕的先例。其后金潭魏氏中又出现了多位科举出仕者，渐渐成为以耕读传承的书香之家，到了魏源时期，其家族中人口近两千人①，其中有所成就者有百人，成为当地的望族。金潭魏氏耕读传家的良好家风以及祖上扶贫济弱、乐

① 夏剑钦，熊焰．魏源研究著作述要 [M]．长沙：湖南大学出版社，2009：7.

善好施的优良品质，为魏源创造了良好的生长环境。

二、聪敏少年　刻苦攻读

魏源出生于乾隆五十九年（1794），是金潭魏氏的第十五世孙，属于“达”字辈，因此取名魏远达，字默深、墨生、汉士，字良图，又因在家中排行为二，人称“良图二公”。魏源在年幼时就展现出其不平凡的一面，其中最具代表性的有三个故事。

第一个故事说明了魏源独特的性格。据说魏源从小就和其他孩子不同，他不喜欢和同龄人嬉笑打闹，而是喜欢一个人静坐沉思。当时魏氏家道还未中落，其祖父孝立公有二十八个孙子，在众多孙子中他最疼爱魏源，嘱咐家人不要把魏源当作普通的孩子来教育。

第二个故事说明了魏源的勤奋。魏源七岁时进入家塾读书，一开始就十分刻苦勤奋。据说魏源年幼时常常一个人坐在书楼上苦读，很少下楼玩耍，因此连家里的狗都不认识他。一天晚上魏源一个人下楼后，家中的狗冲他狂吠不止，幸好家人赶来才避免了其被咬伤，此后每次魏源出门，家中的狗仍将他认作陌生人而对他不停地吠叫。当时魏源白天在家塾中跟随老师读书，晚上则伴着母亲的织布机声继续苦读，有时甚至彻夜不眠。其母陈氏常常担心他小小年纪把身体熬垮了，因此时常催促他休息。于是魏源就等到母亲入睡后悄悄起来点上灯读书，为了不让母亲发现，他还常用被子遮住灯光。后来，母亲发现了他的秘密，他才不再熬夜读书。

第三个故事说明了魏源的聪明。魏源读书并非死记硬背，而是在听讲后就能了解书中的大意，并能熟练地运用学到的知识。魏源九岁时到县城童试，当时，其父远在江苏为官，俸禄微薄，其母陈氏一面照顾家中年老瘫痪的婆母，一面纺纱织布维持生计。魏源到县城童试时，母亲提前给他做了几张麦饼用来充饥。魏源赶到童试地点时，县令见其怀中鼓鼓囊囊，厉声责问他怀中是什么，魏源答是充饥的麦饼。县令转头看到画着“太极图”的茶杯，便吟道：“杯中含太极。”魏源摸着怀中的麦饼，脱口对出：“腹内孕乾坤。”其对仗之工整、意境之深远令县令大为惊异，遂追问魏源“何谓乾坤，”魏源不慌不忙地说：“天地即乾坤，我吃了麦饼就能考虑天下大事。”县令听后夸赞魏源小小年纪就有大志向。

魏源勤奋刻苦与聪慧离不开家族的培养，魏源年幼时虽家道中落，但金潭魏氏的家塾却并未随之衰退。金潭魏氏以耕读传家，从很早开始就十分重视子弟的教育，不惜重金兴办族学，延请名师，使金潭魏氏成为闻名乡里的书香门第。魏源曾祖父魏大公在世时，不仅魏氏子弟可以读书，魏家的佃户、用人之子有到魏氏家塾中读书的，魏大公也拿出这些人家每年捐租的一半供其求学，鼓励他们读书仕进。魏源进入家塾求学时，家塾由其二伯父魏辅邦管理。魏辅邦曾在长沙岳麓书院读书，从岳麓书院回乡后就不再参加科考，而是尽心管理家塾，为子侄重金礼聘名师，严格督导子侄读书甚至亲自教导魏源他们。魏源在家塾中的老师有三位，一位是二伯父魏辅邦，另一位是饱学之士欧阳炯明，还有一位则是金潭本地刘家大院的刘之纲先生。魏源在这三人的教导下学业大进，九岁时考中童试；十岁时，邵阳当地发生饥荒，魏源跟随父亲到江苏读书。魏源十一岁时祖父孝立公去世，家境日渐衰落，因此魏源读书也更加刻苦，阅读范围日益广泛。十二岁时魏源喜欢上了《高士传》，阅读时常常忍俊不禁。嘉庆十二年（1807）十四岁的魏源从江苏回到家乡邵阳县爱莲书院读书。爱莲书院即宋代理学的开山祖师周敦颐种莲之地，由《爱莲说》中“莲，花之君子者也”得名。魏源在爱莲书院主要学习四书五经，并准备参加第二年县里举办的“童试”（科举仕进的预备性考试）。童试分为“县试”、“府试”及“院试”三个阶段。嘉庆十三年（1808）二月，魏源参加了邵阳县举办的县试，这次考试中魏源与大其一岁的石昌化名列前茅，被邵阳知县赞为“双璧”。同年四月，魏源到邵阳县所在的宝庆府参加童试的第二关府试，考试结果公布后，魏源与同样来自邵阳的石昌化、何上咸等人同列榜上前几名，“联名如贯珠”，被时人誉为“三神童”。童试的最后一关是院试。院试由掌管一省教育的学政主持。魏源通过府试后，同年又参加了当年的院试。院试结束后，魏源成为生员，即秀才，获得了科举资格，并与何上咸等人共同进入县学学习。三年县学生涯中魏源因为成绩优异获得了“食饩”（古代奖学金）的待遇。县学毕业后，魏源回到家乡邵阳县，为了解决生计问题，他一边继续读书准备拔贡，一边开馆授课，教授蒙童，补贴家用。

嘉庆十八年（1813）是清政府十二年一次的拔贡之年，魏源到岳麓书院学习，做最后拔贡前的准备。同年秋天，拔贡考试结束后魏源回到了家乡邵阳县。虽然魏源在岳麓书院读书的时间只有短短的十个月，但岳麓书院的学术风格和师友们对魏源的一生产生了极大的影响。在这里，魏源不仅受到湖湘学派经世思想的熏陶和影响，而且交到了几位终生挚友。拔贡结束后的第二年，即嘉庆十九年（1814），年已二十岁的魏源与严氏结婚。

三、青年才子　十载交游

嘉庆十九年（1814）春天，新婚后不久，魏源与好友邓显鹤一起怀揣希望与抱负前往京城求学。此次进京到嘉庆二十一年（1816）离京，是魏源一生中最为重要的经历，甚至可以说是其政治、学术思想最为重要的转折点。魏源进京后为了生计到原湖南学政李春湖的家塾中坐馆，一面教授学生，一面读书。当时户部侍郎周系英读过魏源的诗作后，喜其诗作的儒雅淳厚的风格，于是四处宣扬他的诗作，并将其引荐给京中好友，魏源因此誉满京师，同时广交师友，其中不乏当世名士如陶澍、贺长龄、林则徐等人。李柏荣先生曾查阅了与魏源相关的上千种典籍，并从中梳理出了魏源一生的师友，撰写了《魏源师友记》一书。在该书中记载的魏源的233位师友中，对他的政治、思想、学术活动产生重要影响的有三类人群。第一类人群是官宦清流，这些人后来大多成为清朝政府的封疆大吏或改革派代表，也是魏源实现理想和抱负的桥梁。这类人群以陶澍、贺长龄为代表。

陶澍（1779—1839），湖南安化人，七岁时曾到岳麓书院读书，嘉庆七年（1802）中进士，成为湖南安化历史上第一个进士。陶澍于嘉庆九年（1804）出仕，就任翰林院，第二年由于父亲去世，陶澍回乡丁忧三年。嘉庆十三年（1808）陶澍丁忧期满后携全家北上赴任国史馆纂修，嘉庆十四年（1809）调任四川乡试副主考，此后先后调任山西、四川、福建、安徽等省布政使和巡抚。道光十年（1830），陶澍被道光帝任命为两江总督，后加太子少保，督办海运，剔除盐政积弊，兴修水利，并设义仓以救荒年。道光十九年（1839）六十二岁的陶澍病逝于任上。陶澍是清朝经世派的代表人物之一，其与魏源祖父、父亲及魏源三人均有较深的渊源。陶澍早年曾受魏源祖父资助，对其十分感激。陶澍出任江苏巡抚时，魏源的父亲魏邦鲁在其手下做县令，二人既是同乡，又是知己，因此陶澍对魏邦鲁十分器重，“不以小吏待也”。魏源与陶澍既是同乡，又同在岳麓书院求过学，因此二人渊源更深。魏源许多经世思想通过陶澍得以实现，而陶澍对魏源也十分器重，二人诗词唱和，共同除弊革新，成为清朝实践经世致用思想的代表人物。

贺长龄（1785—1848），湖南善化人，曾就读于岳麓书院。嘉庆十二年（1807）魏源备考童试时，贺长龄参加了当年湖南省的乡试，并取得了第一名的好成绩，同年贺长龄参加科举考试并成为进士。之后贺长龄先后就任山西学政、江苏布政使、云贵总督等职，成为以实干精神闻名的清代经世思想实践家。贺长龄与魏源均为湖南人，且同在岳麓书院读书，两人经世致用思想一致，在长期的合作中建立了深厚的友谊。魏源最初的思想即是通过贺长龄得以展现的。

《魏源师友记》中记载的对魏源影响深刻的第二类人群是志趣相投的挚友，即经世致用思想上志同道合的朋友。这类人群以林则徐和龚自珍为代表。

林则徐（1785—1850），福建侯官县人，曾领导近代史上著名的禁烟运动，是清朝著名的政治家和思想家。林则徐和魏源结识于京城。在魏源入京的前一年，林则徐以江西乡试副考官的身份入京，他们通过一些社交活动相识，此后二人的渊源延续至中年。林则徐就任江苏巡抚时，魏源作为两江总督陶澍的幕僚与其同住南京，二人常在一起谈论政事。鸦片战争发生后，林则徐发起并领导了禁烟运动，对此魏源极力支持，并受林则徐所托整理《四洲志》，也促成了魏源《海国图志》一书的编纂和出版。

龚自珍（1792—1841），浙江杭州人，出身名门，才华横溢，其与魏源初识是在嘉庆二十四年（1819）魏源第二次入京时。当时龚自珍入京乡试未通过，拜入刘逢禄门下，彼时魏源亦师从刘逢禄，二人因此相识，后因思想志趣相同成为莫逆之交。鸦片战争后二人都极力支持林则徐的禁烟活动。

《魏源师友记》中记载的对魏源影响深刻的第三类人群是学术上的师友。这类人群以刘逢禄为代表。

刘逢禄（1776—1829），江苏武进（今常州）人，清代著名的经学家。魏源在京学习期间即师从刘逢禄。刘逢禄为清代公羊学派的代表人物，主张经世致用，对魏源的思想和学术事业产生了重要影响。

嘉庆二十一年（1816）乡试时，各种材料中均未见魏源信息，然而可以推测他应该参加了此次乡试，但落榜了。同年冬天，魏源带着遗憾离开北京。在北京的三年中交到的许多师友成为魏源在京的重要收获之一。

嘉庆二十二年（1817），魏源辗转到长沙教书。

嘉庆二十三年（1818），魏源应友人姚兴洁的邀请，到辰州编纂《屯防志》《凤凰厅志》《湖南按察使赠巡抚傅鼐传》等书籍。

嘉庆二十四年（1819），魏源二次入京参加乡试，这一次仍然没有取得会试资格。同年冬天，魏源在返乡途中到山西、陕西和成都、重庆等地游历，其间创作了大量诗作。

嘉庆二十五年（1820），魏源携家人从家乡邵阳出发前往江苏与父亲会合，从此全家在江苏定居，此后魏源只在迁葬祖坟时回过邵阳。同年7月，嘉庆帝卒，道光帝继位后增开恩科，魏源再次入京，这次终于通过顺天乡试，成为举人，取得了会试资格。后来，直隶提督杨芳邀请魏源等人到私塾中任教，其时杨芳在古北口任职，魏源对西北地区十分感兴趣，因此应邀前往。在古北口任教的闲暇之时，魏源经常外出游览，观山川、关隘，详细地了解西北的地理和风土人情。

道光三年（1823），杨芳调任湖南提督，魏源随即至常德杨家任教。

道光五年（1825），受时为江苏布政使的贺长龄之邀，魏源进入贺长龄幕府担任幕僚。至此，魏源结束了长达十一年的漂泊。这十一年中，魏源从满怀希望的青年，屡次遭遇乡试受挫的打击，渐渐成长为思想成熟、志向远大的人才。魏源平生有“三好”：好书、好友、好游。这十一年中魏源结交了众多知心好友，到各地游历、考察，为其此后政治、经济以及学术观念的形成奠定了基础。

四、幕府生涯　施展抱负

魏源在二十岁弱冠之年时离家，直到十一年后才终于找到发挥才能之地。道光五年（1825），时年三十一岁的魏源怀揣着满腔抱负进入贺长龄的幕府，从此开始了其人生中长达十四年的幕府生涯。这段时间也是魏源经世思想逐渐成熟的时期。

清朝的幕府制不同于日本，是清代一种独特的政治体制。清代地方主管在上任初期常聘请国内名流、举业受挫之人、候补京官、仕途失意官员、丁忧人员等有学识和能力的人才辅助自己处理各种事务。这些受聘的人才有多种称呼，如幕客、幕宾、幕僚、幕友、西宾、师爷等。幕客不属于正规官吏，而是幕主自行聘请的人才，其报酬由幕主支付。幕客与幕主之间的关系不是普通的上下级关系，而是平等关系。幕客常以东家、东主称呼幕主。两者之间的关系是自愿结成，幕客来去自由。历史上许多著名官员（如徐渭等）均做过幕客。

（一）编纂《皇朝经世文编》

道光五年（1825）贺长龄出任江苏布政使，他与魏源有同乡之谊，又都在岳麓书院学习过，受湖湘学派学术风气的影响，二人志趣相同，但遭遇却大相径庭。贺长龄一生仕途较为顺遂，而魏源虽有才名和抱负却因科举不顺一直四处漂泊。贺长龄邀请魏源到自己的幕府后，请他负责编纂《皇朝经世文编》，当时贺长龄编纂此书的目的是为漕运改革寻找理论依据。魏源为了编纂这部卷帙浩繁的书，查阅了清朝以来数千本书籍以及奏疏、官方文书、书札等各类文献。道光六年（1826）冬天，魏源历经整整两年才完成这部书，其在付印时署名贺长龄辑，然而时人均知是由魏源编纂。《皇朝经世文编》是一部类书，共一百二十卷，书中辑录了从清朝初年到道光帝之前的数千篇专著、书札等文献，具有极高的实用价值。这部书含有强烈的经世致用思想，在社会上掀起了一股实用类书籍的编纂热潮。对于魏源来说，这部书的编纂完成标志着其经世致用思想正式成熟。

然而，此书的编纂并不是一气呵成的。其间，魏源第二次入京参加会试，却再次落榜。在这次会试中龚自珍也一同落榜，二人的老师刘逢禄感慨于两位学生的怀才不遇，特写了一首《两生行》表示对二人的赞赏。

道光六年（1826）除了会试落第和《皇朝经世文编》编纂完成外，对于魏源来说，还有一件事格外重要，那就是与包世臣的交往。包世臣是安徽安吴（今安徽泾县）人，北宋名臣包拯的第二十九世孙，其学识渊博，在漕运、农政、币制、盐务、河工、水利、赋税、军事等领域均有较为深入的研究，是当时不可多得的一位经世之才。魏源刚到贺长龄幕府时与包世臣相识，之后二人多有书信来往，讨论漕运、盐务、河工、币制等事宜。包世臣的思想对魏源影响较大。

（二）实施漕粮海运改革

除了编纂《皇朝经世文编》，魏源还协助贺长龄处理漕运、盐政等具体事宜，他在贺长龄幕府中的另一项成就则是促进漕粮海运改革。

漕运是古代运粮的一种方式，在我国有两千多年的历史。政府为了供给宫廷消费、军饷开支、官员俸禄、民众食用等，向江浙地区以及山东、河南等地征收粮食，并通过河运、水陆递运、海运三种方式将粮食运输到京师或其他指定的地方，这种粮食被称为漕粮，而运输漕粮的方式即为漕运。

中国江南地区自古以来即为“鱼米之乡”，是历朝历代的重要产粮基地，秦朝统一后，我国就形成了南粮北运的传统。隋朝和唐朝年间开凿的隋唐大运河成为重要的南北水上运粮要道。其后各朝代均对漕运十分重视，自明成祖朱棣迁都北京后，以京杭大运河为基础的漕运成为明朝最重要的粮食运输方式。明代漕运制度几经变革，确立了从南京运送至北京、天津的长运法。到了清朝，由于清政府仍定都北京，因此沿袭了明代的漕运制度。清代征粮范围涉及江苏、浙江、江西、安徽、湖南、湖北、河南、山东八个省，其中有六个省（江苏、浙江、安徽、湖南、湖北、江西）地处南方，这些地区的漕粮占总数的绝大部分。清朝时期这些漕粮都通过京杭大运河运送到通州，统一在通州卸船后，其中一部分进行储存，另一部分运送到京师供各部门、机构食用。为了保证漕运安全，清朝采取军运法运输漕粮，并制定了严格的漕粮征收和运输、储藏制度。从粮食征收到交兑涉及多个环节，多个机构，具体事务繁杂，相关官员、兵丁众多。到了清朝道光年间，原有漕运制度的弊端逐渐显露出来，不仅漕粮征收过程中出现了多征、多收现象，而且漕运官兵中饱私囊，各机构间矛盾重重，盘剥、克扣现象屡见不鲜。此外漕运制度的弊端还引发了国家财政收入减少、农民生活艰难等现象，使传统漕运呈现积重难返之势，成为朝廷的一大隐患。

漕运改革迫在眉睫。漕粮海运还在讨论阶段时，魏源作为贺长龄的幕客，为此做了大量调查和实际工作。魏源曾替贺长龄写了《复魏制府询海运书》文稿，提交给了时任两江总督的魏元煜。在这篇文章中，魏源详细地讲述了漕粮海运的优势和面临的问题及其解决办法。此后，魏源又写了《筹漕篇》（上）。在这篇文章中，他不仅从天时、地利、事件三个方面讨论了漕粮海运的必要性，更难能可贵的是提出了漕粮海运的具体方案：借海上商道运漕粮、雇佣商船和商人为运粮的船只和工作人员等。这些通过贺长龄和陶澍上奏给朝廷，对朝廷做出漕粮海运的决定起到了一定的促进作用。道光五年（1825），道光帝决定试行漕粮海运，命琦善担任两江总督与江苏布政使贺长龄和江苏巡抚陶澍共同到上海设立海运总局，并监督地方官、召集商船，此后又任命数名官员担任漕粮海运要职。这次试行漕粮海运的组织者和指挥者即为魏源的幕主贺长龄以及江苏巡抚陶澍。道光六年（1826），漕粮海运正式实施并取得了巨大成功。魏源参与了整个试运过程，并在其后相继写了《海运全案序》《海运全案跋》《复蒋中堂论南漕书》《道光丙戌海运记》等相关政论文章，对此次漕粮海运试行成功做了翔实的理论总结。道光七年（1827），魏源又写了《筹漕篇》（下），对漕粮海运提出改进措施和方案。这些文章都通过贺长龄上奏给了朝廷。

道光七年（1827）三月，贺长龄从江苏调任至山东担任布政使职务，魏源并没有跟随贺长龄前往山东，而是留在江苏，进入陶澍的幕府担任幕客。陶澍与魏源早有交往，并十分爱护、提携魏源，魏源从道光七年进入陶澍幕府至道光十九年（1839）陶澍去世，一直跟随其左右。这一时期也是魏源经济最为宽裕、事业最为顺遂的时期，然而其科举之路却不平坦。

道光九年（1829），魏源第三次进京参加会试，仍然落第，被候补为内阁中书舍人，可以进入观史馆内阅读秘阁中的图书。因此从道光九年至道光十年（1830）十月，魏源一直留在北京读书、写作，这一段特殊的经历为其今后写作《圣武记》奠定了基础。同年，魏源创作了《诗古微》一书，并邀请老师刘逢禄为之作序。

道光十年十月，魏源跟随杨芳前往天山，到甘肃嘉峪关后又随杨芳返回京城。在这一年，魏源协助陶澍推行两淮票盐改革。

（三）创建票盐制度

在中国古代，盐一直是关系着国计民生的一种特殊商品。春秋战国时期，齐国宰相管仲创立了食盐的国家专卖政策，通过食盐售卖增加财政收入。秦始皇统一六国后也通过垄断食盐价格来充盈国库，此后历朝历代均对食盐加以控制和垄断，并对百姓加收盐课。清代的盐法政策由明代盐法政策变通而来，实行专商引岸制，在全国设置了六个转运盐使司，对每个转运盐使司销售的食盐的产区和数量都有严格的规定。这六个转运盐使司分别是河东、山东、两浙、两淮、长芦、福建，其中两淮转运盐使司销售量和利润最大，居六个转运盐使司之首。至嘉庆、道光年间这种盐法政策已实行了数百年之久，其弊端也越来越明显，尤以两淮地区最为严重，主要表现在三个方面：其一，运道远，盐价高。两淮转运盐使司的销售地区最远可达5000多里，而且这些地区的食盐售价比邻近地区要高数倍不止。其二，产销制度复杂烦琐，为贪官污吏中饱私囊提供了机会。盐商到盐场运盐时要经过重重关卡，缴费项目繁多，而从盐运出到送往销售地区的过程中，还要应付各个沿路关卡，缴纳各种费用，使得盐场工人和盐商苦不堪言。其三，私盐售卖十分猖獗，屡禁不止。清道光年间，官盐销售占全国财政总收入的七分之一左右①，私盐售卖造成官盐滞销，严重影响了国家财政收入，导致两淮盐政积重难返。

① 宋银桂，周巧燕．魏源与两淮盐政改革[J]. 湖南工程学院学报（社会科学版），2009，19（1）：52-54.

道光十年（1830），陶澍调任两江总督，加封太子少保，并署理两淮盐政，其重点是对两淮盐政进行改革。在这次改革中，魏源是主要的倡导者和筹划者，其在陶澍的支持下创建并推行了淮北票盐制度。淮北票盐制度的主要内容有三个方面：其一，废除官盐销售的专商，在盐场中设立收税部门，凡是照章纳税的商人，都可以领票提盐并将盐运到指定的地点进行贩卖。凡是没有票的盐均以私盐论处。其二，盐税一次性缴清，减少运盐、销售环节，取消运盐过程中的不合理收费。其三，降低盐价，刺激消费。魏源的这一改革废除了官商垄断的纲盐制，将官营盐业转变为商营盐业，倡导盐商自由竞争，同时减少中间环节，降低了盐商成本和食盐价格，保证了盐商的利润，极大地调动了盐商的积极性；各地区的盐商纷纷以价低质优吸引消费者，极大地提升了销售额，遏制了私盐销售。另外，票盐制度不仅确保了国家税收，还降低了百姓的购盐成本，同时保障了盐场主及盐场工人的利益。淮北票盐制度的成功试行获得了道光帝的肯定。道光十五年（1835）道光帝召见陶澍，为了表彰其票盐改革的功绩，特赐予其“印心石屋”的御笔题字。道光十八年（1838）魏源针对票盐改革撰写了《淮南盐法轻本私议》，以推动淮南地区的票盐改革。道光十九年（1839），魏源又撰写了《筹鹾篇》等针对票盐制度的时论，然而当时由于陶澍病重，该时论并没有上呈。道光二十七年（1847）魏源将此时论上呈给两江总督李星沅，但因没有受到重视而未能实施。直到道光二十九年（1849）魏源将其上呈给两江总督陆建瀛，这篇时论中的意见才被采纳。然而从其创作时起，已整整迟了十年。[①]这也从侧面说明了贺长龄和陶澍对魏源意见的重视。道光二十八年（1848）时任两江总督的陆建瀛根据魏源的提议在淮南地区改行票盐制度，改革数月后，盐价降低，百姓欢呼，再一次证明了票盐制度的优越性。之后，河东地区、两浙地区以及福建地区也相继改行票盐制度，

① 黑波．从仕途挫败到成大家之名——试析师友之力对魏源理论与实践的益助 [J]. 社会科学论坛，2013（9）：203-221.

大大降低了食盐售价，增加了国家财政收入。

票盐改革是魏源一生中最为重要的经世改革，这次改革的成功使魏源更加坚定了经世致用思想。然而，票盐改革后的第二年，魏源迎来了重大的家庭变故。道光十一年（1831），魏源的父亲魏邦鲁去世。魏源将家人迁往南京，住进其道光五年（1825）时购买的乌龙潭湖干草堂，即小卷阿。

道光十二年（1832），魏源第四次到北京参加会试，再一次落第后，返回了南京。

道光十三年（1833）至道光十四年（1834），魏源仍在陶澍幕府中行事。此时，林则徐调任为江苏巡抚，同住南京。魏源十分欣赏林则徐的实干精神及其经世思想，因此在南京时常常到林则徐府中与其探讨学问，并帮助他处理一些具体事务，直至道光十七年（1837）林则徐调任湖广总督。

道光十五年（1835），魏源第五次进京参加会试，又一次落第，当时他已经四十一岁了。连续多次会试落第对魏源的打击非同一般。他认为自己受阻于科场，并非由于才华不够，想到自己在北京屡屡受挫，而在南京却备受陶澍重视，所以他下决心离开科场，专心写作著述并从事幕府事务。同年，魏源返回南京，并在扬州购买一块地营建了居所——絜园。絜园建好后，魏源将全家迁到了扬州。

道光十七年（1837），魏源在絜园中创作了《明代食兵二政录》。

道光十八年（1838），魏源幼子夭折。

道光十九年（1839）是魏源人生的一道重要分水岭，这一年六月，魏源的幕主、亦师亦友的两江总督陶澍因病去世。魏源万分悲痛之下为陶澍写了行状、神道碑铭、墓志铭，详细地总结了陶澍一生的功绩，后人所写作的《陶澍传》等文章均取材于此。陶澍去世后，魏源转入陶澍表弟、署理两江总督的陈銮幕府谋生。同年十月，陈銮也因病去世。伊里布继任两江总督，魏源仍留在南京，担任伊里布的幕客。之后魏源又于道光二十一年（1841）受林则徐推荐至江苏巡抚裕谦幕府，然而不久就离开了。

因此，尽管之后魏源也曾多次辗转他人的幕府，然而在讨论其幕府经历时，多指道光五年（1825）至道光十九年（1839）其在贺长龄、陶澍幕府中的经历。这一时期也是魏源经世思想得到大力支持、经世才干得到实施的时期，是魏源一生中最为重要的人生经历。

五、宦海沉浮　著作等身

道光二十年（1840）鸦片战争爆发。早在鸦片战争前两年，即道光十八年（1838），道光帝就派遣魏源的挚友林则徐担任钦差大臣前往广州禁烟，同时授予了林则徐节制广东水师的权力。作为一名爱国主义者，魏源时刻关注着林则徐的禁烟进程。

道光二十年（1840）六月，英国侵华总司令懿律率领四千余名士兵和四十余艘战舰侵犯中国领海，第一次鸦片战争爆发。林则徐率领广东水师积极抵抗，这一次英军正面进攻广东的计划没有得逞，不久受到挫败的英军转攻厦门，再次受挫后北上进攻浙江定海。同年七月，定海失守。钦差大臣林则徐被革职，之后广州战局迅速恶化，很快奕山投降，与英军在广州签订了不平等条约，即《广州和约》。道光帝听说后将这一条约的签订迁怒于林则徐，并将其发配新疆。道光二十一年（1841），林则徐遵旨北上，魏源赶到镇江迎接。在这次会面中，二人畅谈别后离情，并针对林则徐在广州禁烟和抗战的事迹进行了讨论。也是在这次会面中，林则徐将《四洲志》的初稿及其多年来收集的资料交给魏源，请其整理后进行出版。[①]除此之外，林则徐还推荐魏源到钦差大臣、两江总督裕谦的幕府中任职。

道光二十一年（1841）七月底到十月，魏源赶赴定海前线，到裕谦

① 李汉武．魏源传 [M]．长沙：湖南大学出版社，1988：37.

幕府中任职。面对被英军占领的定海，朝廷在道光帝的要求下一味地主张收复定海，守卫定海。然而魏源从战争的整体形势出发，提出了暂时弃守定海、重兵防守镇海海岸的意见。该意见在当时其实是正确的，有利于确保整个战局不会因小失大，确保浙东战场的胜利。然而，裕谦及其他朝廷官员却不敢违抗道光帝的旨意，否决了这一正确意见。除此之外，魏源还参与改修定海工事，将内城与外埠分开，这一意见后来也被证明是正确的，然而也遭到了否决。魏源失望之余离开了定海军营，返回扬州开始撰写《圣武记》和《海国图志》。其返回扬州后不久就听到了定海二次失陷的消息，紧接着同年十月十日镇海失陷，钦差大臣裕谦羞愤之下自杀身亡。裕谦死后三天，宁波失陷，整个浙东防线全线溃败。魏源听到消息后十分悲痛。

道光二十二年（1842），魏源相继完成了《圣武记》和《海国图志》五十卷本的写作。

第一次鸦片战争持续了两年，道光二十二年七月二十四日（1842 年 8 月 29 日）清政府与英国侵略者在南京谈判后，在英舰“皋华丽”号上签订了中国近代历史上第一个不平等条约——《南京条约》。无论对于清政府来说，还是对于魏源个人来说，第一次鸦片战争都是一次重创。由于魏源著述需支付大量印刷刊刻费用，然而失去了陶澍赏识的魏源，经济收入也大打折扣，无奈之下只好重新参加科考。

道光二十四年（1844），五十岁的魏源第七次进京参加会试。这一次魏源以中礼部会试第十九名的成绩通过了会试，但却被判试卷潦草，第二年方可殿试，魏源凄凉悲愤的情绪可想而知。道光二十五年（1845），魏源参加殿试获三甲九十三名进士，被赐同进士出身，到东台县（今东台市）担任知县，时年魏源已五十一岁了。从二十岁离家进京参加科考，三十多年来，魏源屡受打击，虽然已是百万字著述作者、著名的经世学家，然而一直挨到五十一岁才中举，其间的坎坷不言而喻。

道光二十五年（1845）秋，魏源上任东台县知县。上任之初，魏源就决定做一个清白知县，为民众谋福利。然而，当时的官场十分黑暗，县官尤其难当。当时清代的田赋具有很大的弹性，县级机关作为征收田赋的最低一级单位，也是清政府与农民矛盾集中的单位。知县本身的俸禄相对较少，而其上级单位又对其“养廉银”进行削减以弥补自己的亏空。同时，县官除了负责自己及相关随从的费用支出外还需对上级进行一定数量的馈赠，而所有这些支出均从农民田赋中收取。然而，由于当时的农业属于“靠天吃饭”的行业，受自然气候的影响较大，在荒年或减收时难免出现赋税收取不足的情况。这在全国是一个普遍现象，而现任知县需对历届前任知县的亏空负责，这就从根本上加重了知县对农民的盘剥。然而，魏源却想在这时做一个清官、好官，建立“民社一隅”，不愿以增加赋税的形式来增加收入，填补亏空。其在东台县时，以恩威并重的形式管理县务。然而正当其一边努力实现自己的理想，一边著述时，母亲不幸于道光二十六年（1846）四月去世。根据清政府的有关规定，父母去世官员需丁忧三年，魏源不得不离开刚刚上任不到一年的东台县。然而，这一年不幸遇到朝廷清查，魏源就任后因没有完成赋税额度，没有还清亏空，非但得不到俸禄，还不得不补偿朝廷“四千金”。这对处境艰难的魏源及其家族是一个沉重的打击。

道光二十六年（1846），魏源从东台县回到扬州为母守孝，然而为了还清朝廷的税银，其只好重新走上幕客的道路，先后进入江苏巡抚李星沅及陆建瀛等人的幕府。一年半之后，其经济状况有所好转。道光二十八年（1848）秋，魏源辞任幕客到岭南地区游历。其间魏源先后对江苏、安徽、湖北、湖南、广西、广东、江西、浙江八省的地理、民情进行了调查。此外，魏源还对香港、澳门等地的外国人的生活进行了调研，购买了香港地图等珍贵材料，以据此对《海国图志》进行补充。

道光二十九年（1849）六月，五十五岁的魏源丁忧期满，出任兴化县（今兴化市）知县。兴化县临近高邮湖和洪泽湖，地势低洼，每当湖水上涨时，便会威胁堤防。而兴化县湖下游百姓多种早稻，一般在秋初湖水上涨时节，早稻已收获，因此其当年的收入不会受到威胁。然而随着清政府的日益腐败，到了道光末年，湖堤上的修缮事宜越来越不受重视，相关的河臣和河工只知贪污河堤款项，整日饮酒作乐，致使湖堤一年不如一年坚实。河臣因害怕溃堤后需承担罪责，常常在湖水上涨期开闸放水，导致下游快到收获期的早稻被大水冲得干干净净，使百姓陷入饥荒。沿湖各县中，尤以兴化县受灾最为严重。道光二十九年四月，扬州地区连续降了十几天大雨，同年六月，又连降大雨，湖水上涨迅猛，管理堤坝的河臣接连催促河工开启邮南五个堤坝。其时，下游百姓所种植的早稻即将成熟，听说又要开启堤坝后，他们集结在堤坝上反对开坝。当时魏源上任兴化县知县才三天。危急之时，魏源先察看了邮南的水势，并亲自到各个堤坝上组织百姓抗洪救坝。因为担心自己一个小小知县无法对抗河督，魏源特地到曾经的东主、时任两江总督的陆建瀛衙门处击鼓撞钟，请陆建瀛到堤坝上坐镇。这时，管理堤坝的河臣才不再强行开坝。魏源在风雨中奔走在堤坝上，连续多天带领十万军民抗洪抢险，毫不退缩，最后感动了全体军民，他们一心一意跟随魏源抗洪保住堤坝，确保了下游早稻未受损失。抗洪成功后，兴化县百姓齐声称呼魏源为“青天老爷”，并为魏源送上“淮扬保障”匾额，燃放鞭炮庆祝。这一年兴化县早稻获得了大丰收，兴化县百姓将其称为“魏公稻”以纪念魏源的功绩。然而魏源本人在此次抗洪中却因连遭暴雨侵袭，落下了病根。经此一事，魏源在兴化县的政务开展得十分顺利，当政期间，其着重修筑堤坝、疏通河道、扩建书院，并规定每年必须等下游百姓收获后才可开闸放水，保证了兴化县等七县百姓的生产生活，受到了兴化县百姓的爱戴。

道光三十年（1850），陆建瀛看到魏源在兴化县的所作所为后，将其调任负责运河西堤工程，魏源因此离开了兴化县。该工程结束后，魏源调任淮北海州分司盐运运判，推行淮南票盐改革，取得了成功。

咸丰元年（1851），魏源被任命为高邮州知州，该职务也是魏源所担任的最高职务。当时，清政府腐败、帝国主义侵略已严重激化了国内矛盾。魏源就任高邮知州的前一年，即道光三十年（1850），洪秀全在广西起义，起义军挥师北上，很快占领了江南多个州县。咸丰三年（1853），洪秀全起义军攻占南京，并定都于此，将其改名为“天京”。战火一下子烧到了魏源所在的高邮州附近。咸丰三年（1853）四月，扬州失守，起义军距离高邮仅二十多公里。面对起义军的高涨气势，魏源作为知州做好了镇压、牺牲的准备。高邮为京杭大运河要冲之地，溃败的清兵从此处经过时烧杀抢掠，无恶不作。魏源亲自组织队伍，每日加强巡防，以雷霆之势肃清境内作乱者，同时迫使起义军不敢越过扬州一步。然而在扬州失守二十多天后，魏源因遭时任江北防剿督办杨以增弹劾迟误文报而被革职。关于魏源被革职的具体原因，历史上众说纷纭，普遍的观点为杨以增、琦善等人的构陷。同年，被革职后的魏源被调往安徽，进入兵部侍郎周天爵军幕镇压另一支起义军安徽捻军。同年九月周天爵病重，不久即离世。兵科给事中袁甲三接任周天爵职务，并奏请魏源复职。然而此时，面对官场上小人当道，魏源已心灰意冷，复职后不久即辞去了官职，带全家人迁居兴化。兴化百姓感念魏源当年护坝的事迹，对其家人十分爱护。此后，魏源潜心著述。

咸丰四年（1854），魏源离开兴化县到苏州；咸丰五年（1855）在高邮州整理《书古微》；咸丰六年（1856）在高邮整理《净土四经》，其时魏源已开始研究佛法。咸丰六年上半年，太平军攻破清军江北和江南大营，魏源转移到杭州僧舍寄宿。咸丰七年（1857）三月初一，中国近代伟大的经世思想家、学者魏源在杭州去世。魏源一生留下了七百万字著述，其中绝大多数均为经世思想著作，他在漕运、河工、盐政、币制改革实践中做出了突出贡献，是一代经世改革大家。

第二节　魏源的思想及其产生的社会文化背景

魏源一生致力于传播经世致用思想，其著作《皇朝经世文编》开近代以来经世学术文风之先河。我国近代历史学家齐思和曾在《魏源与晚清学风》一书中评价魏源“夫晚清学术界之风气，倡经世以谋富强，讲掌故以明国是，崇今文以谈变法，究舆地以筹边防。凡此数学，魏氏或倡导之，或光大之。汇众流于江河，为群望之所归”①。可以说，魏源是近代经世致用学风的开创者、光大者，也是重要经世致用著作的创作者。魏源经世致用思想的产生与当时特殊的社会文化背景以及魏源坎坷的仕途、丰富的人生阅历有着重要关系。

一、魏源经世致用思想的主要内容

魏源经世致用思想的主要内容包括四个方面，即经学经世、史学经世、实事经世和西学经世。

（一）经学经世

所谓“经学”，是指历代中国传统知识分子所尊崇的以“修身、齐家、治国、平天下”为目的的儒家经典，这是其经世治国的基本理论。魏源十分推崇孔子、孟子等儒家先贤，以及西周的周公旦，其认为学习经学的关键即“通经致用”。那么怎么才能做到这一点呢？魏源提出了两个方法：其一，分清主次，明确学习目标，学习经学中“先立乎其大者”即“天下之治”这样的学问，如此才能达到“治国”“平天下”的目

① 齐思和．魏源与晚清学风[M]//魏源全集：第20册．长沙：岳麓书社，2004：706-707.

的；其二，采取直观经义的方法，即直接研究原著，而不借助后人的注疏，以避免被干扰或误导。只有将这两种方法结合起来，将经学、时政等方面不同的经典著作有机结合起来，为现实社会和国计民生服务，才能实现“通经致用”。魏源创作了一系列经学著作，主要有《孔子年表》《孟子年表》《孟子小记》《论语类编》《孟子类编》《诗古微》《礼记别录考》《公羊春秋论》上下篇和《董子春秋发微》等。

（二）史学经世

第一次鸦片战争是魏源经世致用思想中从经学转向史学的重要分水岭，这一时期，经世致用思潮在社会各个领域涌现，为此龚自珍提出了“尊史”的主张。魏源也借助历史资源，生发议论，对国家的大事进行评论，从中总结治世救国之道。魏源强调以史为鉴，希望鉴往知来，强调史学为现实社会服务的观点，从而形成了其独特的“史学经世”思想。这一思想在近代史学启蒙中起到了重要作用。魏源创作的包含史学经世思想的著作包括《皇朝经世文编》《圣武记》《道光洋艘征抚记》《元史新编》等。

（三）实事经世

所谓“实事”，是指实际行动。魏源不仅是一个经世思想家，还是一个经世改革家。其一生中通过贺长龄和陶澍等幕主相继实现了漕运、盐政、河工、水利、币制上的改革，取得了良好的社会实效。例如，在漕运改革中，魏源为了改变运河漕运的种种弊政，改河运为海运，改官办运粮为商船运粮，有效减少了河运中官员中饱私囊的现象；在票盐改革中，其大胆取消了纲盐制度中官商专卖的权利，而倡导众多小商小贩加入官盐销售，同时取消了中间的重重盘剥，只收两种税，有效保证了国家税收，又降低了盐价。此外，魏源在幕府中时还积极协助陶澍治理黄河和长江：针对具体的长江支流以及各地地形提出相应的治洪观点；于道光二十四年（1844）创作了《筹河篇》上、中、下三篇时政文章，以指导黄河治理。魏源的实事经世学具有三个重要特点：一是强调“实”，包括实地调研、实际功绩、实际效果等，魏源在所有实事改革中均十分注重实地调研，其一生游历全国各地，收集了大量的资料。此外，魏源在盐政、漕运改革中十分强调实际效果和实际功绩。二是“破”，指打破旧风气、旧体制、旧习惯等。例如，魏源在票盐改革中打破传统的纲盐制，在漕运改革中打破传统的河运思想等。三是“新”，指新思想、新观点、新措施等，以推陈出新来达到经世致用的目的。

（四）西学经世

所谓“西学”，指的是西方近代资产阶级的先进科技、先进文化等。魏源是“睁眼看世界”的第一批有识之士之一，提出了“师夷长技以制夷”的方针。鸦片战争前后，魏源与林则徐进行过深入交流，其后也亲自参加过定海保卫战，对当时中西方的文明和科技有着深刻了解。因此，魏源在鸦片战争后编著的《海国图志》中不仅包含大量世界地图和各国地图，对于中国在世界上所处的地理位置也进行了详细的说明。此外，该书对西方的军事、教育、科技等知识进行了详细介绍，如西方战舰、西方火器技术以及西方养兵、练兵的方法等。此外，《海国图志》针对如何“师夷长技以制夷”也给出了具体的方法，即学习西方的先进科技，先进战舰、火器制作方法，先进的养兵、练兵方法，以及军队改革方法等。

二、魏源经世致用思想产生的原因

魏源经世致用思想产生的原因主要包括长沙岳麓书院湖湘文化及师友的影响、常州经世学派的影响、晚清政治背景的影响、晚清学术和文化背景的影响、魏源人生经历的影响五个方面。

（一）长沙岳麓书院湖湘文化及师友的影响

湖湘文化是一种特征鲜明的地域文化，该文化的源头为先秦、两汉的楚文化以及宋明时期的中原文化。湖湘文化的发展分为两个阶段：第一个阶段是先秦时以屈原为代表的楚文化时期；第二个阶段是北宋文化时期。当时的儒学大家胡安国率家人等避居衡岳一带，胡安国在湘潭县隐山与次子胡宏共同创办了碧泉书堂（文定书院前身），著书讲学，先后创立了衡麓学派与岳麓学派，在湖南境内聚众讲学，掀起了一股崇尚理学的思潮，统称为湖湘文化。清代嘉庆、道光年间，湖湘文化先后经历了胡宏、张栻、王船山等学术大家的传播，其影响越来越大，陶澍、贺长龄等均为湖湘文化的实践者。湖湘文化的特点是以宋明程朱理学为宗旨，广泛采纳诸家所长，提倡经世致用、治学精神和行动相统一的经世致用学说。长沙岳麓书院作为北宋官办学院，深受湖湘文化的影响，而湖湘文化的创始人胡安国的再传弟子张栻还曾与著名的儒学理学代表人物朱熹在岳麓书院讲学论道。

魏源为湖南邵阳人，长沙岳麓书院对魏源一生的思想和学术风格有着重要影响。魏源的二伯父魏辅邦曾就读于岳麓书院多年，深受湖湘文化的影响。魏源曾于1813年到长沙岳麓书院学习，虽然只有短短的十个月，但深受湖湘文化中经世致用学风的影响。此外，魏源结交的师友中陶澍、贺长龄等人均在长沙岳麓书院学习过，他们也是经世致用思想的践行者。

（二）常州经世学派的影响

对魏源有重要影响的另一学派为常州学派，其历史不如湖湘学派悠久。常州学派创始于晚清时期，该学派的创始人庄存与该学派的代表人物刘逢禄均为常州人，故称为“常州学派”。该学派的主要研究对象为春秋时期的公羊学，讲求经世致用。清代考据学十分兴盛，但随着社会矛盾的日益尖锐，纯粹的学术考据已不适应社会的发展，因此常州学派希望能从古代的“微言大义”中找到当时社会变革的方案，强调经世致用思想。魏源的老师刘逢禄是常州学派的奠基人，其学术思想深刻地影响了魏源的思想。

（三）晚清政治背景的影响

魏源一生中历经乾隆、嘉庆、道光、咸丰四朝，这段时期恰好是清王朝由盛转衰的时期，可以说社会政治背景的变化极大地影响了魏源的思想。

乾隆五十九年（1794）魏源出生时，清王朝已经统治中国一个半世纪。乾隆皇帝好大喜功，一生征战无数，后期吏治不严，导致贪腐成风，所以魏源一出生即面临着一个从兴盛走向衰亡的清王朝。魏源出生的第二年即乾隆六十年（1795），在离其家乡湖南邵阳金潭不远的贵州等地即爆发了声势浩大的白莲教农民起义，魏源的家境也由于战争的影响受到重创。

嘉庆十八年（1813），魏源第一次到北京游学的前一年，华北地区发生了大面积水灾，导致农民颗粒无收，直接引发了林清和李文成领导的天理教农民起义，在清朝军队的残酷镇压下，天理教农民起义失败。这一事件也标志着清朝的社会矛盾进一步激化，历史上的“乾嘉盛世”已经过去。天理教农民起义发生后，本在热河的嘉庆帝匆匆赶回京城，发布《遇变罪己诏》，指出该起义的原因在于弊政积聚，官员玩忽职守。同年十二月，嘉庆帝发布《行实政论》，倡导变革图强的实政风。因此，嘉庆十九年（1814）魏源进京时正是京城讲求实政风的重要时期。

道光二十年（1840）前后，英、法等国家用鸦片大规模腐蚀清朝军队，道光皇帝感慨今后“几无可用之兵”，因此令林则徐到广州禁烟。道光二十年，第一次鸦片战争爆发，使得晚清的社会政治环境更为复杂。魏源奔赴前线，参与抗英战争，然而在此期间他见到了清政府对是战是和的摇摆不定，以及投降派昏庸误国的嘴脸，遂愤而去职。然而在第一次鸦片战争后，魏源对西方的先进技术和先进文化有了新的认识，因此编著了一批经世致用之作，如《海国图志》《皇朝经世文编》等。第一次鸦片战争后，清政府在割让土地、开通通商口岸之余，还需向英国进行巨额赔款。这直接加重了清政府对百姓的压迫，最终使其举起了反抗的大旗。

道光三十年（1850），洪秀全发动了金田起义，一时间应者如云，在多个地区出现了太平军、捻军等起义军。此次起义波及面广、时间长，沉重地打击了清政府，加剧了清政府内部的腐败，导致国家越来越贫困。在这样的情况下，魏源相继写出了一系列经世著作，当时的社会背景也对其经世思想产生了较大影响。

（四）晚清学术和文化背景的影响

清军入关后，为了加强统治，曾一度大兴文字狱，因此到了乾隆、嘉庆年间，许多学者将学术方向转向考据、考史方面。到了道光、咸丰年间，随着各种社会矛盾的凸显和国力的衰弱，清政府对文化和学术的统治相对较为宽松。而统治者也开始追求实用风，广开言路，号召学者讨论国家大事，寻求变革之道。在朝廷的倡导下，许多知识分子中的有识之士从清初不问世事的考据风、纯学术风中解脱出来，开始留心国家大事，并从政治图强角度转变学风，提倡经世之学，“习兵家言，习击刺骑射”①。例如，湖湘学派和常州学派等以治国安民为己任走上了经世致用的学术之路。

魏源在这种学术和文化背景下，大力批判正统汉学的研究，认为其“无用”，而大力提倡经学治世的学术思想，由此创作了《诗古微》等文章。从古代经典著作中的微言大义中寻找当时社会问题的解决方案，使魏源成为晚清经世致用学派的代表人物。

（五）魏源人生经历的影响

魏源的家庭虽不是官宦之家，然而从其曾祖父、祖父时期即秉承着良好的清廉家风和乐善好施的遗风。其曾祖父还曾为了郡中百姓而变卖

① 魏源．荆溪周君保绪传[M]// 魏源全集：第 12 册．长沙：岳麓书社，2004：286.

家产代交赋税，虽然此事造成了魏氏家族的衰落，然而却留下了良好的家风，使魏氏家族被赠以“邵邑醇良”的匾额；其祖父不但慷慨济民，还资助贫困学子立业，如安化县的陶澍等；其父亲虽然只是一个小吏，但因为官清廉、慷慨助民而赢得了多位上官的器重。魏源在这种家族氛围中长大，受着祖辈慷慨济民故事的熏陶，从小就树立了“救裨于世”的志向，形成了好学深思、忧国忧民的优秀品质。

魏源的一生可分为几个阶段。小时候的魏源聪明勤奋，九岁即童试，十五岁考取秀才，二十岁拔贡成功。然而，其在会试中却屡试不中，直到五十多岁才通过殿试。年轻时与魏源相交的知己和朋友相继通过科举考试成为一方大员，实现了政治抱负，只有魏源先后做过私塾中的老师、幕府中的幕客、知县、知州等。当其五十二岁通过殿试后成为东台县知县，正打算将满腹才华付诸实践时，母亲却不幸于第二年去世，遭返乡丁忧的打击。而此次去职又给其带来了巨额债务，迫于经济压力，其不得不在五十多岁时重新进入幕府中担任幕客。三年后，魏源复出后即面临兴化县（今兴化市）洪水施压，不得不想尽办法号召全县民众抗洪，由此染上疾病。而正当其调任知州时，却爆发了农民起义，其不得不参与镇压，然而又被奸臣构陷，悲愤之下毅然去职。之后，其家园在战争中被毁，为逃避战争不得不避居兴化县，而其本人也在苦闷中转而研究佛学，最后在佛寺中孤独离世。综观魏源的一生，其经历可谓十分坎坷。然而正是其坎坷的经历，加深了其对当时的政治、经济、社会、文化、人才等各个层面的思考，使其考虑问题时从改变现状出发，写出了多本包含经世致用思想的著作。

除了以上原因外，喜好游历也是魏源经世思想产生的另一个重要原因。魏源一生中足迹遍及中国诸多省市。其主要的人生游历可分为以下几个阶段：

第一个阶段是嘉庆十九年（1814）。这一年魏源第一次离开家乡前往北京，是魏源人生游历的开始。途经河南时，魏源看到了前一年水灾为河南留下的荒凉景象，这给年仅二十岁的魏源造成了巨大的心理冲击，使其开始关注社会，关心民生疾苦。

第二个阶段是嘉庆二十三年（1818）至道光四年（1824）。这一时期，魏源因科考一直未中，不得不到杨芳等家中设馆授徒，闲暇之时来往于北京、湖南、江苏之间，游览山川地理，考察社会民情。其时，魏源还将精力倾注于经学，将《大学》《曾子》等经典著作中的经学思想与社会上的实际问题和现象联系起来，走上了一条经学治世的学术道路。尤其是道光二年（1822），魏源到时任直隶提督的杨芳家中教学，在闲暇时不仅向杨芳学习军事知识，还勘察地形、关隘，为其日后参与抗英战争、撰写《圣武记》做了充分的准备。

第三个阶段是道光五年（1825）至道光十九年（1839）。这一时期，魏源在贺长龄和陶澍幕府中担任幕客，不仅才华和抱负得以施展，而且在协助幕主处理事务之余，还拥有大量时间游历，使其思想境界得到了较大提升。

第四个阶段是道光二十八年（1848）至道光三十年（1850）。在这两年时间内，魏源前往岭南地区游历，沿途经过了香港、澳门、江苏、安徽、湖北、湖南、广西、广东、江西、浙江等省的多个地区，先后对地理、民情进行了调查，收集了大量这些地区的地理、文化、民俗、民情等方面的资料，以及大量中西方的史料，对于中西方国家间存在的差距进行了深入调研。这些均为其对《海国图志》的扩编奠定了基础。

综上所述，魏源经世思想的产生与发展并不是偶然性的，而是有迹可循的。魏源作为一个有抱负的文人，在其所处的时代环境中将经世思想通过著作和实事表现出来，其成为一代经世思想大家与其自身成长过程中所受到的家风影响、文化影响、社会政治影响和学术风气影响，以及其本人的坎坷经历有着极为重要的关系。作为开一代新风的晚清经世思想家，魏源的经世思想是晚清经世致用思想的重要组成部分。

第二章　经世致用思想的历史回顾及内涵

第一节　经世致用思想的历史回顾

中国的经世致用思想是中华传统文化的重要组成部分，在中国有着数千年的历史。关于中国经世致用思想的产生、发展和演变，梁启超曾指出：“所谓经世致用之一学派，其根本观念，传自孔孟，历代多倡导之，而清代之启蒙派、晚出派，益扩张其范围。”春秋战国时期，随着孔子、孟子等儒家先哲思想的广泛流传，儒家的经世致用学说日益兴盛，并被历代统治者应用于治世之中。宋代以后，随着宋明理学的发展，儒家学说中的经世致用思想逐渐淡化。明朝后期以及清朝末年，随着社会环境的巨大变化，经世致用思想再次兴盛并呈现出新的特点。

一、春秋时期经世致用思想的萌芽与发展

最早的“经世”一词出自《庄子·齐物论》中的“春秋经世，先王之志，圣人议而不辩”。然而后世中倡导经世致用理念的为儒学学者。春秋时期，儒家学派的创立者孔子提出了“仁政”“为政以德”等观念，成为最早倡导经世致用的学者。孔子将经世致用的理念融汇于儒家经典

著作之中，其在世时不但教导出一大批平民弟子，还带领弟子周游列国，游说各国诸侯恢复周礼，以这种模式达到救世、经世的目的。战国时期，孟子继承了孔子的学说，追求“内圣外王之道”。秦汉时期，儒家经典著作《大学》提出，实现“内圣外王”的思想需“明明德”“亲民”“止于至善”，还需“格物”“致知”“诚意”“正心”“修身”“齐家”“治国”“平天下”。中国古代经世致用思想的形成与西周时期开创的“政教合一”的办学传统有直接的关系。春秋战国时期，无论是正统官学还是孔子等人创办的私学，其目的均是为国家培养治世、参政人才。此后，历朝历代的儒家学者从不同角度对经世致用思想进行了阐述和弘扬。例如，北宋时期，范仲淹提出的“先天下之忧而忧，后天下之乐而乐”的主张，以及张载提出的“为天地立心，为生民立命，为往圣继绝学，为万世开太平”的思想，均为儒家“修身”“齐家”“治国”“平天下”思想的延伸和演变。

二、宋朝时期经世致用思想的发展与演变

五代时期（907—960），社会动乱，军队成为当时社会最重要的“武器”，儒学思想不受重视；相应地，当时的儒学知识分子抛弃了“修身、齐家、治国、平天下”的理想，转而崇尚柔弱绮艳的文风。到了宋代，统治者采取了抑武重文的政治策略，一方面承袭唐朝的科举制，通过科举取士提高读书人的热情，直接促进了儒学的复兴；另一方面将唐朝时期的以诗赋取士的政策改为以策论取士，要求儒生们通读儒家经典，并学以致用。因此，儒家学派发展到宋朝后，体现出明显的匡时济世的情怀。北宋时期，国家不仅面临着冗兵、冗官、冗费问题，还面临着巨大的边防压力，这激发了儒家学者对于国家命运的使命感，使得文人开始关心政治。因此，在北宋时期兴起了一种经世致用风气，这种风气直接表现在复古文风上。北宋时期的文章一改晚唐、五代时期的柔弱绮艳文

风，转而强调文章的经世致用功能和反映社会现实的功能。这一时期文学上经世致用思想的代表人物为欧阳修、王安石等。

除了北宋时期的实用文风外，北宋理学的发展也有着深刻的经世致用特色。北宋时期，由于朝廷内忧外患严重，北宋儒学学者的思想中具有了面对现实、寻找救世良方的内容。北宋理学的开山鼻祖为周敦颐，其后经过程颢、程颐、张载、邵雍的发展，北宋理学成为儒家学派中影响较大的一支。北宋理学诸子均十分重视学术的经世服务功能。例如，程颢、程颐所弘扬的理学一派十分重视学术的心性道德追求，同时也强调学术服务社会的作用，如程颐就曾说过："读书将以穷理，将以致用也。"[①] 程颢、程颐认为学习的目的在于将知识应用于社会实践，体现诵经致用的特点。张载则提出了"学贵于有用"的观点，注重将学问用于社会改革。而周敦颐对王安石变法表现出了极大的热情和支持，不仅撰文指出"为法"的必要性，而且提出了一系列改革主张。此外，北宋时期胡安国传承宋代理学思想，在衡山山麓创办了碧泉书堂，开创了湖湘学派，该学派的观点之一即主张经世致用。由于前文已经对湖湘学派做了介绍，这里不再赘述。

南宋时期是我国历史上文化学术思潮较为丰富的时代之一，南宋儒家学派的思想主要为北宋理学的延续。与北宋相比，南宋面临的政治形势更加严峻，南宋儒家学者面对山河破碎、国家图强的政治环境，进行深刻的思考。其中，浙东地区的学者认为学术应该为现实服务，希望从古代经史研究中找到现实社会的改革方案，以实现国富民强、百姓安居乐业的目标，该学派在历史上称为"浙东学派"。浙东学派这种经世致用的观点与当时南宋社会中流行的主要学术思潮有着鲜明的区别。为此，朱熹等理学大师认为浙东学派的主张是一种典型的功利主义，因此对浙东学派进行了严肃的批评。然而，浙东学派的学者却顶住了当时朱熹所代表的所谓"正统"理学的批判，将经世致用的观点坚持了下来。南宋

① 程颢，程颐．二程集[M].北京：中华书局，1981：1187.

的浙东学派，按照地域可以划分为永嘉学派、永康学派和金华学派。其中，永嘉学派主要为在浙东永嘉（今温州）地区形成的浙东学派的分支，黄宗羲曾将该学派的观点概括为“永嘉之学，教人就事上理会，步步着实，言之必使可行，足以开物成务”。该学派对儒家传统观念中的“重本抑末”“农本商末”“重义轻利”等观点进行了批判。该学派在政治上强调抗击金兵、改革弊政，强调以民为本；在经济上提倡发展商品经济反对重农抑商的思想；在学术上通过对古代典籍的研究探索振兴社会的路径。永康学派的主要代表人物为陈亮，其影响范围主要集中在浙江永康、义乌、金华、浦江一带。该学派的主要观点为反对死读书和脱离实际的高谈阔论，倡导专务实学，联系实际，学以致用。该学派在伦理上倡导“义利双行，王霸并用”，在经济上主张农商并重。金华学派的影响范围主要集中在浙江金华地区，其代表人物为吕祖谦。该学派的主要观点为反对空谈，强调经世致用。该学派在学术上强调“学者以务实躬行为本”，讲求实理、培养实才，注重知识在现实中的应用；在政治上主张抗击金朝。

综上所述，南宋时期的浙东学派均讲求义利合一、实利功效，主张牢记“靖康之耻”，抗击金朝，收复故土；反对传统的儒家思想中的“重本抑末”的观点，倡导士、农、工、商并重，同时精研史学，讲求经世致用。

三、明末清初经世思想

梁启超曾在其著作《饮冰室合集》中指出：“明清一代的学者最喜欢谈经世致用之学。”[①]明清学者的这一特点与明末清初的时代背景有着密切的关系。

① 梁启超.饮冰室合集[M].北京：中华书局，1998：9.

（一）明末清初经世致用思想产生的原因

1.明末清初社会矛盾的激化

明朝后期，阉党把持朝政，导致朝廷中政治黑暗，党争十分激烈，社会矛盾激化。一方面，农民与地主阶级之间的矛盾十分突出。自明万历二十四年（1596）开始，明朝政府不断加大对百姓和地方的敲诈勒索，并派遣宦官充当税使以及矿监到山东、畿内、浙江、山西、天津、陕西等地监督税收，这一行为激化了社会矛盾，各地的民变和兵变层出不穷，社会动荡不安，使得众多有识之士对国家的形势感到深深的忧虑。

另一方面，随着明朝国力衰微，北方后金崛起，民族矛盾越来越尖锐。万历四十六年（1618），原从属于明朝的后金政权在努尔哈赤的带领下兴兵反明，短短几年内即占领了抚顺、开原、铁岭、沈阳、辽阳等地区，对明朝的统治形成了严重威胁。清兵入关后，民族矛盾上升为社会的主要矛盾，民间反清情绪十分高涨，各地打着反清复明旗号的起义军层出不穷。

与此同时，明朝晚期，水灾、旱灾、蝗虫灾害不断，造成赤地千里，民众以土为食、易子而食的悲惨局面，农民被迫揭竿而起。尤其是崇祯二年（1629），陕西农民在李自成的带领下起义，这次起义规模大、持续时间长，对明朝政权造成了沉重打击。此外，在东南沿海一带，倭寇日益猖獗，葡萄牙、荷兰等殖民主义者趁机侵入台湾；北方也频繁遭到骚扰。这些都使明王朝面临着严重的社会危机。

2.不良学术风气的影响

宋代以来理学兴起，发展至明代后，明朝的统治者实行文化专制制度，将程朱理学奉为正统大加推崇，对其他儒家学派则予以打击，具体表现在，科举考试中对朱熹所著的《四书集注》做不答题的标准，将科举文章的格式规定为八股文，导致儒家学者思想僵化，严重缺乏创造性。受此影响，社会上兴起了一股空谈性理，将“明心见性”作为学问的根本，而不注重国计民生的学术风气。明末清初，社会上的一批有识之士认识到了这种不良风气的影响，在对王阳明的“心学”进行批判的同时，对程朱理学进行了深刻的反思，从而提出了经世致用的思想，其典型代表为东林学派。

3. 西学东渐的影响

明朝中期，我国东南沿海地区和长江中下游一带出现了资本主义萌芽。明朝末年，一大批西方传教士如汤若望、利玛窦、阳玛诺等来到中国，其不仅带来了西方的宗教教义，也带来了西方先进的文化和科技知识，如农学、天文历算、地理等。这些先进的文化和科技知识，对当时社会上的先进知识分子造成了极大的冲击，使得他们开始关注促进国富民强的实用知识，涌现了徐光启、宋应星、徐霞客等一大批杰出的科学家，有力地推动了明代的科学研究，对于经世致用之学的兴盛起到了极大的促进作用。

（二）明末清初经世致用学派代表学者及其观点

伴随着明朝末年经世致用思潮的兴起，儒家学者中涌现出了一批杰出的经世致用学派的代表人物，如顾炎武、黄宗羲、王夫之等。

1. 顾炎武

顾炎武（1613—1682），明末清初江苏昆山人，原名顾绛，明朝灭亡后改名为顾炎武。顾炎武出生于一个没落的官僚世家，从小受到严格的教育，通读史学和军事学著作。十八岁时，顾炎武加入当时的进步社团——复社，边学习边关注时事，抨击时政。顾炎武的科举之路并不顺畅，在多次参加考试没有通过后，转而投身爱国主义事业。顾炎武一生游历颇多，与反清复明的志士有着密切关系，在经学、文字音韵学、历史地理学考古学、诗文等学术领域均取得了较高成就，创作了《音学五书》《军制论》《天下郡国利病书》《金石文字记》等诸多著作。顾炎武反对空谈，倡导经世致用，主要的经世致用著作为《日知录》，其经世致用思想主要表现在以下四个方面。

一是经学观。经学，是儒家传统学术思想的主流。顾炎武的经学思想不拘泥于传统经学的训诂考证，而是强调经史结合，笃实践履，让经学服务于现实。顾炎武之所以反对传统经学中的训诂考证是因为其认为，当时的学者在治经的过程中，往往根据自己的心意对经文进行擅自改动，因此蒙蔽了儒家经典“六经”的本意，使得原始的儒学主旨变得晦暗不清，导致经学中原本的“修身、齐家、治国、平天下”的思想荡然无存，不具备经世致用的功效。因此，顾炎武主张研究经学重在研究经文中的“修身、齐家、治国、平天下”的学问，以便笃实践履，服务现实。

二是史学观。顾炎武是一位具有爱国情操和高度社会责任感的历史学家。其经世致用的史学观主要有两个特点：第一个特点是将经学和史学紧密结合起来，建立了以历史统摄经学、经史结合的历史观。顾炎武提出“六经[①]皆史”的观点，意图通过历史引证的手段对古代的儒学经典进行详细研究，以达到通经致世、明道救世的目的。第二个特点是主张以史为鉴，通过对历史上重大事件的总结和研究，发挥其对现实社会的借鉴作用，彰显了其“探讨国家治乱之源，生民根本之计”的经世致用史学观。

三是道德伦理观。顾炎武反对传统伦理学说中的“至善”观点，而是从人性的角度出发，构建了一个符合实际生活和人性特点的道德行为规范体系。其经世致用思想中的道德伦理观主要有三个特点：其一，顾炎武认为人性中存在私欲，因此当政者在施政时不应该强调“以公灭私”论，要求民众抛掉个人私欲，一心为公，这是不可能实现的，而是应当坦诚地承认私欲的合理性，顺应民意，因势利导，这样才能实现国家的有效统治。其还从这一观点出发对农田经营生产方式、政府垄断食盐买卖等提出了建议。其二，顾炎武从古代孝道、礼义观和廉耻观入手，提出了修己治世的道德伦理观。其三，顾炎武将“天下兴亡，匹夫有责”

① “六经”即《诗》《书》《礼》《乐》《易》《春秋》。

作为经世致用的最高道德伦理观。

四是社会政治思想观。顾炎武经历了明末的乱世和清初的高压统治，其将经世致用思想运用于现实政治中设计出了一套政治改革方案。该方案主要包括三个方面：其一，顾炎武认为，统治阶层只有体恤百姓，停止对百姓的肆意盘剥才能获得国家的长治久安。其二，顾炎武对中国封建社会中的分封制和郡县制进行了详细对比，提出了“寓封建之意于郡县之中”的政治主张，认为只有下放君主权力，扩大地方官员职权才能精简吏治，做到吏治清明。其三，顾炎武反对明末的科举制度，提出拓宽人才选拔渠道，用考试和征召辟举的两种择才方法，挑选出真正的治国人才。

2. 黄宗羲

黄宗羲（1610—1695），明末清初浙江虞姚人，出身于官宦世家，其父亲是东林党人，被魏忠贤迫害致死。黄宗羲十八岁时其父冤案平反，黄宗羲上疏请诛阉党余孽许显纯、崔应元等，在出庭做证时当庭痛击崔应元，被明思宗赞为“忠臣孤子”。此后，黄宗羲发愤读书，加入复社，清王朝建立后他变卖家产，召集家乡的青壮年反清，起义失败后连续多年被朝廷通缉，晚年复明无望后潜心著书讲学，成为清代浙东学派的代表人物。黄宗羲治学严谨，一生著述颇丰，与顾炎武、王夫之并称“明末清初三大思想家”，也是一位经世致用学家。

黄宗羲的经世致用思想主要包括四个方面。一是政治改革方面：主张反对君权的民主启蒙思想。黄宗羲是一位爱国志士，其经历了明朝覆灭、积极反清复明的过程，对中国的封建君主专制制度有着深刻的研究和体会。黄宗羲认为要实现国家富强，就要对封建君主专制制度进行改革，具体的改革措施有三项：其一，用相权对君权进行限制；其二，主张法治和人治相结合、以法治为先的治理方法；其三，主张学校在培养人才之余，参与议政，监督政权。这些改革措施中包含着极为重要的经世致用思想，以及近代启蒙思想。

二是学术方面：主张经世致用的实学思想。明朝末年，儒学中本为纠正理学而创建的心学走向“空谈心性”，儒生和士子们不关心时事，不探讨实际学问而是沉溺于背诵语录，对于明朝的内忧外患视而不见，不对朝廷提出任何实用的措施和建议。许多学者认为这种不良学风是明朝一步步走向覆灭的主要原因之一。因此，黄宗羲倡导实学，反对空谈，其认为学术与事功应当统一，衡量学术的标准不是其理论多么深奥而是有没有社会实际效用。黄宗羲的学术思想是着眼于社会变革，而朱熹的理学和王阳明的心学均是为了封建王朝的长治久安，因此其学术主张与前人的学术主张有着根本性的区别。此外，黄宗羲在治学时强调治经与治史相结合，在治史时要遵循重视考证、实事求是以及去伪存真的原则。黄宗羲作为清代浙东学派的代表人物开创了以经世史学为特色的研究思潮，对后世的史学思想有着深刻的影响。

三是科学方面：主张求实明理的科学思想。明朝的衰亡与其故步自封、不重视科学技术的治国策略有关。明末清初，随着传教士将西方的先进科学技术带到中国，儒学中的先进知识分子纷纷发起了以“求实”“明理”为目标的振兴科学运动，黄宗羲即是其中的主要代表。黄宗羲反对科举制度，主张以务实的学校和崇尚科学的课程来代替落后、腐朽的科举制度。同时，黄宗羲崇尚科学，对于天文、地理、数学等自然科学有着极为浓厚的兴趣，追求先进的科学精神，反对封建迷信与宗教迷信。

四是民族气节方面：主张华夷之辨的民族意识。黄宗羲生于明朝末年，清朝建立后，其立场坚定地鼓励民族气节，掀起了华夷之辨的思潮。在这一思潮的影响下，黄宗羲毅然投身于反清复明的革命运动，坚持高尚的民族气节，拒不出仕为官，同时坚持以教学和著作达到经世致用的目的。

除了以上几点外，黄宗羲还反对传统封建社会的“重农抑商”政策，倡导“工商皆本”，主张废除金银，实行钱钞为核心的币制改革，以顺应资本主义工商业的发展。

3. 王夫之

王夫之（1619—1692），衡州府城南王衙坪（今衡阳市雁峰区）人，与顾炎武和黄宗羲并称“明末清初三大思想家”。王夫之出生于诗书之家，青年时期就以才学名闻天下，然而由于明末社会动乱而未出仕为官；中年时期，清兵入关，对汉族人民采取高压政策，王夫之投身抗清运动。王夫之听闻南明永历皇帝在昆明死亡后，在形状如顽石的石船山隐居，以教学和著书立说为业，自称为“船山病叟”，因此儒家学者多称其为“船山先生”。王夫之一生致力于反对程朱理学，倡导经世致用思想，著述颇丰，代表作品有《读通鉴论》《宋论》《尚书引义》《读四书大全说》等。

王夫之与顾炎武、黄宗羲等经世致用思想家均为好友，年轻时曾多次在一起交流探讨治学救世之道。晚年时，王夫之将自己所倡导的“经世致用”总结为四大思想内核，并将这四大思想内核作为其开创的“船山学派”的行为宗旨。第一大思想内核是为学处世均应“务当世之务”。王夫之认为无论治学还是实践，均应从务实的角度出发，密切联系社会实际，以经世致用作为为学处世的宗旨。第二大思想内核是要心怀天下，勇于担当。王夫之从顺治二年（1645）投身于抗清运动，直到康熙元年（1662）南明永历帝亡于昆明时止，近二十年时间均在抗击清朝，深知其中艰难，然而他却从未放弃。因此，王夫之在强调经世致用的过程中要有百折不挠、不畏艰难险阻的精神，勇于担当，这样才能够达到经世致用的社会功效。第三大思想内核是治学时不因循古人，要独立思考，并有所创新。王夫之一生著述颇多，在哲学、文学、史学等领域均有突出的成就，并开创了“船山学派”，对于学术创新有着深刻的感悟。因此，其强调门生的独立思考能力以及创新能力，以使学而有用。第四大思想内核是不可空谈，应该注重调查研究，讲求实事求是。王夫之对于明朝末年崇尚空谈的学术作风十分不齿，他认同顾炎武“清谈误国”的思想，因此提出了为人做事不可空谈的学说，主张通过充分的调查研究，实事求是地提出解决问题的办法，以达到利国利民的目的。

除顾炎武、黄宗羲、王夫之三人外，明末清初的经世致用学派代表学者还有唐甄、魏禧、朱之瑜、陆世仪、方以智、傅山、颜元、李塨、王源、刘献庭、顾祖禹等，这些学者的具体思想有所区别，但其总体特点均为主张经世致用学说。明末清初学者的经世致用思想对当时的社会各个领域有着深刻的影响，为清朝末年经世致用思潮的发展指明了方向，推动中国经世致用思想一步步走向成熟。

四、清朝末年经世致用思想

清朝的经世致用思潮共有两次，呈现出马鞍形的特点，一次在清朝初年，另一次在清朝末年。在“康乾盛世”时期，政府一方面以程朱理学作为科举考试的主要标准；另一方面大兴文字狱，使得清朝中期的经世致用思潮相对沉寂。道光、咸丰年间，随着清朝国力的下降，社会矛盾越来越突出。到了清朝末年，社会矛盾主要有两个。第一个矛盾是清王朝内部的社会矛盾。清朝末年土地兼并现象十分严重，导致大量农民只有少量土地，或完全失去土地沦为佃农，甚至出现了无地无工的“饿民”。这一现象出现的根本原因是官僚集团的巧取豪夺和各级官员的腐败。这一矛盾导致农民和地主之间的贫富差距进一步拉大，使得农民和地主之间的矛盾激化，失去土地的农民频繁发动起义，全国农民起义达数百起之多。

第二个矛盾是长期实行闭关锁国政策的清政府和西方殖民国家贸易摩擦越来越严重。从16世纪开始，西方殖民国家通过海外殖民和海外贸易迅速完成了资本主义发展初期需要的资本积累，在科技、文化、生产工具、经济制度、政治体制方面赶超中国。尤其是自工业革命后，西方资本主义国家发展迅速，而中国明清时期却一直坚持闭关锁国政策，对于西方的进步视而不见，沉浸在以往的“天朝上国”的美梦中，导致中国的发展落后于西方资本主义国家。由于清朝的闭关锁国政策，英国等西方殖民国家的海外贸易频频受阻。据统计，道光二年（1822）英国的纺织品在广州销售时亏损达百分之六十以上。而自嘉庆五年（1800）起英国等西方殖民国家开始通过贿赂官员、勾结私贩，向中国大规模输入鸦片。据不完全统计，道光八年（1828）至道光十九年（1839）十一年间，西方殖民国家向中国输入鸦片的数量从四千箱增加至四万箱，增长幅度达十倍以上。大量鸦片输入使得中国与西方，尤其是中英之间由贸易顺差变成贸易逆差，造成大量白银外流。从19世纪30年代开始，鸦片成为英国对中国进行贸易掠夺的主要商品，因此清政府的禁烟政策对英国的经济利益产生了巨大影响，使得英国不仅采用多种卑劣手段阻止禁烟，还公然发动了侵略中国的鸦片战争。鸦片贸易不仅加速了清朝的腐败，而且使清朝面临着极为严重的财政困难，对中国的军队、社会产生了巨大危害，使得清朝末年的社会危机和民族危机越发严重。在这种情况下，一大批具有远见卓识的知识分子重新举起"经世致用"的大旗，从经学、史学、实学中寻找救国之路，如贺长龄、陶澍、林则徐等一大批经世致用思想家和实干家。

第一次鸦片战争后，中国面临着"百年未有之大变局"，经世致用思潮成为当时社会上的主要思潮之一。这一时期经世致用思想的代表人物是林则徐和魏源。

林则徐被誉为"近代中国睁眼看世界的第一人"。作为禁烟运动的倡导者和领导者，以及第一次鸦片战争的参与者，林则徐在与西方侵略者，尤其是英国侵略者的接触中，意识到了西方国家先进的生产工具和先进的军事制度。因此，林则徐萌生了向西方学习，用西方技术打败西方的想法，开始收集西方的先进技术、文化、军事训练等资料，并主持编纂《四洲志》。道光二十一年（1841）林则徐被革职发配时，将其收集的资料交给了志同道合的好友魏源，并详细表达了自己的思想，委托魏源代为整理《四洲志》。魏源在林则徐提供的资料的基础上编纂了中国历史上第一部较为完整地记述西方先进思想和技术的《海国图志》，并明确提出了“师夷长技以制夷”的主张。这一时期的经世致用思想有两个鲜明的特点：第一个特点是主张学习西方的先进科学技术；第二个特点是涉及面广，不仅涉及政治、经济、文化、教育等方面，还涉及理财、治河、漕运、海运、盐务、水利、刑狱以及养民、边政、海防、“夷务”等方面。

咸丰六年至十年（1856—1860）英国和法国向中国发起了联合侵华战争，史称“第二次鸦片战争”。这次战争仍以清政府的失败告终，这对中国的知识分子造成了巨大震动，其中的有识之士接过林则徐、魏源“经世致用”的思想大旗，认为只是单纯地以土地、赋税、荒政、礼治、盐政、河工、治兵、漕运等实政改革来救国已经不能达到目的，因此提出了“师夷智”的主张，掀起了一场利用西方先进技术建工厂，求强致富的洋务运动，将晚清时期的经世致用思潮推向了一个新的高度。这一时期的经世致用代表人物是奕訢、曾国藩、李鸿章、左宗棠、张之洞、沈葆桢等。这一时期的经世致用思想有两个特点：第一个特点是代表人物为亲王和封疆大吏；第二个特点是学习西方近代工业先进技术，主张“师夷长技”，建立官办企业以制造新式武器，以达到师夷长技又不受制于夷的目的。洋务运动从19世纪60年代一直持续到90年代，时间长达三十多年，然而此次以实学为主的经世致用实践虽然取得了一些成绩，却以失败告终。

19世纪七八十年代，一批学习了西方文化的知识分子意识到，改变晚清境况的关键不在于实业和坚船利炮，而在于政治制度、经济制度和文化，因此主张以经世致用思想对清政府的政治体制进行改革。这一时期的经世致用代表人物是早期维新派代表郭嵩焘。这一时期的经世致用思想有三个特点：第一个特点是倡导教育改革，主张创办西式学校，培养留学生，并将西方教育中的算学、天文、制造等知识纳入教学内容，以达到学习西方科技的目的。第二个特点是学习西方的经济制度。中国自古以来就以农业治国，这种以农为本的经济制度与西方国家以工商业为本的经济制度有着根本区别。因此，郭嵩焘主张大力发展工商业，包括洋务实业派的官办企业，同时加强对民营资本主义企业的培育，以此达到国家富强的经世目标。第三个特点是学习西方的政治体制。郭嵩焘曾出使英国和法国，对西方国家的政治制度、民主、法治进行了详细的考察。他主张对中国的封建君主专制制度进行改革，但不必完全学习西方，只是对部分政治制度进行改良。郭嵩焘的这种经世思想体现了当时的知识分子在探索国家发展道路过程中的思索和追求。

综上所述，晚清时期经世致用思潮的延续时间达百年之久，其随着社会的发展和环境的变化而呈现出多个发展阶段，涉及政治、经济、科技、文化、教育、实学等多个方面，是中国经世致用思潮的重要组成部分。晚清的经世致用思潮一方面继承之前的经世致用思潮的特点，另一方面又由于时代的特殊性而呈现出新的特点，反映了清朝末年经世致用学者对中国发展道路的探索。无论是哪一个时期，晚清的经世致用思想均以救国、图强为目的，对近代的维新改革起到重要的推动作用。

第二节　经世致用思想的内涵及特点

“经世致用”一词最早是由近代思想家梁启超提出的。梁启超在其著作《饮冰室合集》中谈到明末清初的社会思潮时指出，顾炎武、王夫之、黄宗羲、朱之瑜等人“抛弃明心见性的空谈，专讲经世致用的实务。他们不是为做学问而做学问，是为政治而做学问……宁可把梦想的‘经世致用之学’依旧托诸空言，但求改变学风以收将来之效”①。所谓“经世”，意为“治理世事”；所谓“致用”，意为“尽其所用”。因此，从字面意义来看，经世致用的内涵为关注时事和社会现实，用学习到的知识解决

① 梁启超．饮冰室合集[M]．北京：中华书局，1989：75.

社会上的矛盾和问题，以便达到安民治国的目的。不同历史时期的经世致用思想的内涵和特点也有所区别。

一、不同时期经世致用思想的内涵

（一）春秋战国时期儒家的经世致用观

春秋战国时期，儒家学派创始人孔子面对当时“礼崩乐坏”的社会，试图通过经世致用思想，重新建立起社会的伦理道德秩序。这一时期经世致用思想的主要内涵可以概括为“三纲领”与“八条目”的儒家思想，即“明明德、亲民、止于至善”以及“格物、致知、诚意、正心、修身、齐家、治国、平天下”。由此可见，儒家思想从诞生之日起，就带有强烈的经世致用色彩。这种经世致用思想对历朝历代的儒家学者产生了深刻的影响，他们纷纷通过关注时事、针砭时弊、救国于危难等行为实践这种思想。

（二）宋明时期儒家的经世致用观

宋代的经世致用思想主要体现在湖湘学派和浙东学派两个学派中。这两个学派均以经世致用为治学宗旨，通过对儒家经典的考察和解读对于现实社会提出明确的主张。受特殊的政治环境和社会特点的影响，宋代的儒家学者有着较高的经世致用追求，最突出的表现是通过对儒家经典的解读构建义理之学。例如，宋代兴起的理学即为当时儒家学者的经世学说之一。到了南宋时期，朱熹在北京理学的基础上提出了“存天理，灭人欲”的社会伦理准则，这一准则是针对当时南宋所面临的内忧外患提出的，其目的在于改变社会风气，拯救国家。这一时期，经世致用思想的内涵包括以下两个方面：一是强调学术为社会服务的作用。无论是湖湘学派、浙东学派还是其他宋代理学学派均强调学习有用的学问，并把所学知识应用于社会实践；二是从历史、现实中探讨经世之学和治世之方，反对重农抑商，主张农商并举，抗击金兵，改革时弊。

兴起于宋代的程朱理学虽然最初的目的是经世致用，但后来却过分强调“修身”而忽略了其与齐家、治国、平天下之间的有机联系，从而走上了“穷理”的道路，失去了对现实的指导意义，难以达到学以致用的经世目标。为了纠正程朱理学后期脱离现实的缺点，明代王阳明创建了“心学派”，强调人的主观能动作用，以解决现实社会中存在的问题。王阳明心学的经世致用内涵包括三个方面：第一个方面是“良知只在声色货利上用功”①。王阳明指出心学既要专注于儒学思想，在儒家“忠信礼义”思想的基础上，兼顾社会现实、人情世故，做到功和利相结合，在实践中重视普通百姓的利益，提出改善民生、发展经济等经世致用主张。第二个方面是重视社会实践性，强调事功，通过赏罚鼓励人们建功立业，报效国家。第三个方面是重视民生，强调务实。王阳明的经世致用思想以改造社会为目标，因此主张通过重视民生、强调务实的工作作风来达到造福百姓、改造社会、利民利国的经世目标。

（三）明末清初儒家的经世致用观

明末清初的儒家经世致用思想家以顾炎武、王夫之、黄宗羲、颜元等为代表，这一时期经世致用思想的内涵主要包括以下两个方面：

第一个方面是批判唯心主义的理学，提倡实学之风。明末清初的经世致用思想在学术上最突出的表现是对空疏之学的批判。王夫之还从哲学入手用唯物主义观点对唯心主义的空疏不实大加抨击和批判，提倡务实的学风和治学方法，以此来达到富国强兵、匡扶时事的经世目的。

第二个方面是对封建专制主义进行批判，倡导社会政治改革。明末清初的经世致用学者从明朝灭亡的角度出发对封建专制主义中的君权进行批判，认为“君主以天下之利尽归于己，以天下之害尽归于人”，倡导对政治进行改革以达到“不以天下私一人”的目的。此外，这一时期

① 王阳明．王阳明全集[M].上海：上海古籍出版社，2012：107.

的经世致用学者相继提出了一系列学校、社会、经济改革措施，以实现国家富强、百姓安居乐业的经世目标。

这一时期的经世致用观的特点如下：

一是“务当世之务”。这一观点是顾炎武提出的。这一时期的经世致用学者反对空谈，注重学习儒家经典学说中的“当世之务”。顾炎武曾指出：“凡文之不关于六经之指当世之务者，一切不为。”意思是对儒家经典中与“当世之务”不相关的内容不必详加学习。这里的“当世之务”包括天下、邦国、生民之事等内容，可见当时这批经世致用学者具有直面现实、积极承担责任的品质。

二是勇于任事的精神。这一特点与第一个特点相辅相成。明末清初的这批经世致用学者大都经历了明朝灭亡、清朝建立的过程。他们中有人终身不出仕清朝，有人在明朝灭亡后积极投身反清复明运动，还有人立志只要活一日就要为民办事一日。这种强烈的时代责任感使得这批经世致用学者勇于担当救国、救世大业，为人民谋福利。因此，明末清初的经世致用学者大都提倡勇于承担、积极任事的精神。

三是致力于创新的精神。创新是明末清初经世致用思想的重要内容，也是其重要特色之一。明末面临的“大乱之世”与明朝的不良学风以及变化的社会政治、经济环境有直接关系。因此，明末清初的经世致用学者多对当时学术和社会上流行的不良风气进行大力批判，同时强调不因循古人、独立思考以及创新精神。例如，顾炎武曾尖锐地指出“有明一代之人，其所著书，无非窃盗而已”[①]，强调做学问要提出古人没有提到的思想，以此为后世开辟新的思路。正是这种可贵的创新精神，才使得明末清初各领域新思想、新学说层出不穷，别开生面，取得了巨大的成就。

四是注重调查研究。明末清初的经世致用学者的创新并不是盲目的创新，而是建立在对事实的调查研究基础上的实事求是的创新。例如，

① 顾炎武编纂，黄汝成辑释．日知录集释 [M]. 上海：上海古籍出版社，1985：1429.

著名的经世致用思想家顾炎武就十分注重调查研究。顾炎武在游历中随身携带书籍纸笔，每到一个地方就向当地的兵卒详细打听该地方的历史沿革及民情特色，如果发现事实与平时所读书籍中的记载不相符，就即刻向相关书坊求证。顾炎武还在游历中以寻找国家动乱的真相以及为国计民生服务作为目标，对多地进行考察和调研，一年中几乎有半年是在考察游历的路上。本着这种精神，顾炎武写出的《日知录》以及《天下郡国利病书》均切中时弊，其中《日知录》更成为明末清初重要的经世致用著作之一。除顾炎武外，顾祖禹等其他经世致用学者也十分注重调查研究，其成为这一时期经世致用思想的重要特点之一。

五是研究范围广。明末清初的经世致用思想涉及政治、经济、军事、国家、民族、法律、教育、地理、风俗、人情、自然科学等领域，范围十分广泛。明末清初的经世致用学者多为擅长多个领域研究的大家。例如，黄宗羲即为“上下古今，穿穴群言，自天官、地志、九流百家之教，无不精研”的大学者；顾炎武“凡国家典制，郡邑掌故，天文仪象，河漕、兵农之属，莫不穷原究委，考证得失”，对于这些领域均有着较为深入的调查和研究。因此，这一时期的经世致用学者从国计民生的角度出发“穷源溯本，讨论其所以然”，其研究内容远远超出了传统的经学和理学范围，研究范围广成为这一时期经世致用思想的特点之一。

（四）近代儒家的经世致用观

近代以来，经世致用思想随着时代的发展和社会政治、经济环境的变化呈现出多个不同的发展阶段。总体来说，这一时期经世致用思想的内涵包括以下四个方面：

一是倡导向西方学习。清朝末年第一次鸦片战争前，一批先进儒家知识分子所秉承的经世致用思想并没有跳出传统经世致用学说的框架，囿于漕运、盐政、水利等领域，致力于以实干精神改革时弊。第一次鸦片战争后，经世致用学者开始将目光投向西方，学习西方的先进技术和先进文化。这一时期出现了大批介绍西方的地理、科技、历史、政治、经济、语言、军事、物产、气候、宗教、服饰等内容的著作，如《四洲志》（林则徐著）、《海国图志》（魏源著）、《西洋奇器述》（李兆洛著）、《英吉利纪略》（陈逢衡著）、《域外丛书》（王蕴香著）、《舟车所至》（郑祖光著）、《海国四说》（梁廷楠著）等。这些著作对于长期闭关锁国的清朝政府来说无疑具有振聋发聩的作用，对于开启民智、从整体上认识中国的现状具有积极的作用。同时，向西方学习的思想，也使得清朝政府和人民开始正视西方世界，探寻这一时期的富国强兵道路。

二是批判社会现实。清朝末年，清政府政治腐败，官僚主义盛行，政府和官员对西方殖民者的贸易侵略行径视而不见，造成社会矛盾尖锐，使清政府面临严重的内政外交危机。因此，这一时期的经世致用学者对这种社会现实进行了深刻的批判和强烈的谴责。例如，经世致用学者在政治上批判当朝权贵的昏庸和不作为，揭露了文武官员粉饰太平的丑恶嘴脸；在经济上批判土地兼并造成的贫富差距；在文化上批判落后的科举制度。由此可见，这一时期的经世致用学者对社会的批判蕴含着经世、救世的思想。

三是改革社会弊政。在对社会现实表达不满和进行批判之余，这一时期的经世致用学者对于如何改革土地兼并、科举制度、边防、吏治、军务、漕运、盐政、河工、兵饷等方面的社会弊政提出了一系列方案。例如，对吏治改革提出了惩治贪污的策略；对科举制度和土地兼并提出了“改图更法”的观点；对弊端严重的漕运提倡以海运代替河运，有效解决了漕粮运输中的弊政；在盐政改革上提出了以票盐法代替纲盐法的主张；在黄河治理和水利建设上主张以治为主，防治结合，并提出了有效防止贪污腐败的改革方案；在兵备、兵饷问题上强调精兵简政，提出了开源、节用、除弊、塞患等措施。

四是振兴实学。清朝末年的经世致用学者一方面对社会时弊进行批判并提出改革建议，另一方面积极振兴实学。鸦片战争后，魏源、龚自珍等主张“通经致用”，从现实问题出发，通过学术经世来改善国计民生。而曾国藩、张之洞等人则从实务角度出发，发起洋务运动，通过振兴工业来实现富国强兵的经世目的。清朝末年，外国侵略者开始觊觎中国边疆地区，东南沿海地区被迫在不平等条约签订后开辟通商口岸，同时东北、西北、西南边疆地区也出现了严重的边患。因此，这一时期的经世致用学者还十分重视对边疆史地问题的研究，通过游历、调查潜心创作了一大批相关著作，以达到巩固边防、抵御外侮的经世目的。

近代经世致用思想呈现出以下四个明显特征：

第一个特征是具有强烈的时代色彩和超越性。中国近代面临的客观环境十分复杂，既存在着社会衰败引发的多种社会内部矛盾，又存在着明显的中西方文化冲突。这种复杂的客观环境使得这一时期的经世致用思想与历史上其他时期的经世致用思想相比具有鲜明的时代特色，尤其是对西方文化的研究，对近代的学术、教育、政治、经济等领域的经世致用实践有着极为重要的影响。除此之外，这一时期的经世致用思想还表现出超越性的特点，这一特点主要体现在今文经学的兴起上。例如，咸丰、同治年间，曾国藩提出“义理”“考据”“辞章”“经济”的学术风气，强调学术面向现实、为现实服务的经世作用。

第二个特征是具有自发性向自觉性转变的特点。近代经世致用思想有着传统儒家经世致用思想的特色，如入世精神和“修身、齐家、治国、平天下”的精神等。鸦片战争后，传统的儒家知识分子意识到了西方科学技术的先进性，因此在保留入世精神的同时，自觉向西方学习。例如，以林则徐和魏源为代表的经世派，在第一次鸦片战争后提出了“师夷长技以制夷”的主张。

第三个特征是史学研究和创新研究并重。近代经世致用思想十分注重史学研究，强调对经典儒家专著进行考察，同时注重学术创新和思想创新。

第四个特征是既有积极效果也有消极效果。经世致用思想的积极效果十分明显。这一时期的经世致用思想顺应历史潮流，主张学习西方科技、实业技术等，对于清朝的弊政起到了重要的改革作用。然而，由于经世致用思想的根源为儒家思想，经世致用学者虽对政治、社会弊端进行了大力批判，却只能在封建体制内部提出改革方案，因此无法摆脱固有束缚，也无法达到真正的救世图强的效果。

二、经世致用思想的特点

从上文对历史上各个时期的经世致用思想的内涵和特点的梳理可以看出，经世致用思想虽然历经演变，却具有一定的内在逻辑性，其总体特点主要表现在以下三个方面：

第一，经世致用思想是一种面对现实的、以解决现实问题为导向的思想。儒家思想自诞生之日起即提倡“入世”的观点。无论是春秋战国时期，还是宋明时期，抑或是明末清初之际和近代，经世致用思想都反映出对现实问题的关注。经世致用学者们一方面从传统儒家经典中汲取知识，另一方面将这些知识用于富国强兵，以达到改善国计民生的经世目的。

第二，经世致用思想既表现在对儒家传统典籍的解读上，也表现在对具体事务的处理上。传统的儒家经世致用思想，是通过对儒家经典的解读，结合对历史的研究达到经世致用的目的。而明末清初和鸦片战争以来出现了一批经世致用实干家，其将经世致用思想融入传统的制度沿革以及漕运、水利、盐政、税法、兵制、币制等具体事务上，如陶澍、贺长龄等人对漕运、盐政、币制的改革以及对黄河的治理，魏源等人对西方政治制度、风土人情、历史地理、宗教文化等的介绍。这些都是传统儒家经世致用思想所没有的特点。此外，鸦片战争后出现了一大批通过吏治整顿、军事改革、经济改革来改变国家贫弱现状的官员和学者，他们通过创办实业、学校、改革时弊来实现经世致用的目标。

第三，经世致用思想具有鲜明的开放性和创新性。在不同的历史阶段，经世致用学者们一方面通过对儒家经典进行重新解读，从经典著作和历史事件中寻找现实问题的解决方案；另一方面通过对儒家经典的重新解读，从新的角度对现实问题提出解决方案。而无论是尊重史实和经典，还是对史实和经典进行重新解读，均属于儒家经世致用思想的研究范围。因此，从这个意义上说，儒家经世致用思想具有鲜明的开放性。除此之外，儒家经世致用思想还具有鲜明的创新性。在不同的历史时期，面对不同的社会现实，除了从儒家经典出发并对其进行解读外，儒家经世致用学者们还不拘泥于传统，从创新视角出发，秉承实学、实干精神，通过引进西方先进思想等途径寻找富国强民的经世、救世方案。

综上所述，儒家经世致用思想在数千年的发展过程中，在社会危急时刻，通过经世致用学者发挥着重要的救国图强、治世安邦的作用，是我国古代传统思想的重要组成部分。

第三节　基于“经世派”伦理、政治及经济思想的分析

如前文所述，中国历史上经世致用思潮的发展主要分为春秋战国时期、宋代时期、明末清初时期以及近代时期，在这四个历史时期中出现了湖湘学派、浙东学派、常州学派等多个不同的学派。此外，不同历史时期都涌现出了一批思想和观点各不相同的经世致用学者，下面就对其伦理、政治和经济思想进行简要分析。

一、“经世派”伦理思想分析

（一）湖湘学派的伦理思想分析

湖湘学派始自北宋学者周敦颐，至南宋时，胡安国、胡宏、张栻等一批学者在湖南衡山、长沙一带讲学、著述，逐渐形成了一个地域性质的理学学派。湖湘学派的发展大致可分为三个历史时期。第一个时期是

南宋时期，胡安国在湖南衡山创办了碧泉书堂，张栻作为胡安国的再传弟子则主持了岳麓书院，形成了弟子众多、声名显赫的“湖湘学派之盛”的局面。南宋时，湖湘学派成为与朱熹创办的闽学学派、陆九渊创办的江西学派、吕祖谦创办的金华学派齐名的四大学派之一。第二个时期是明末清初，以王夫之为代表的经世改革家反对空疏、虚诞的理学，推动实学思潮的发展。第三个时期是清朝末年、近代时期，以贺长龄、陶澍、魏源为代表的经世实用派，因倡导经世致用学风将湖湘学派推向发展的高峰。第二次鸦片战争后，来自湖南的曾国藩承袭湖湘学派经世致用思想建立军队并以实业救国，延续了湖湘学派的传统。这里笔者主要对近代湖湘学派的伦理思想进行分析，其主要包括义理经济合一、“治世之术一衷于礼而已”、理想道德主义三个方面。

第一，义理经济合一。湖湘学派自诞生起一方面注重“内圣”的道德修养，另一方面注重经世务实的学风。近代以来，以贺长龄等为代表的湖湘学派高举反对空谈、注重实用的旗帜，提出了“义理经济合一”的主张。湖湘学派强调“义理”修身养性的作用，同时以经世实学补充宋学“外王”的不足，重视外在事功和作用。这种伦理思想对当时的学术界产生了巨大影响。湖湘学派“义理经济合一”的伦理思想还讲求实学和实政，因此具有极强的“匡时救世”的社会价值。

第二，“治世之术一衷于礼而已”。近代以来，湖湘学派的曾国藩等提出了“以礼经世”的学说。这里所谓的“礼”，意思是“经济之学”“治世之术”。曾国藩认为“礼”上承传统儒家学说中的“义理”，下启天下万事万物，因此其希望通过推行礼治达到经世致用的效果。

第三，追求“仁”“义”“诚”“礼”“信”等理想道德主义。近代湖湘学派的经世致用学者们认为儒家传统的道德主义思想可以用来正己，也可以作为经世致用的工具。例如，曾国藩在其创建的湘军中以“仁”“诚”“礼”等道德观念约束将士。其中，“仁”即将官对待士兵要有仁爱之心，以此调和将官与士兵的关系，达到使士兵与将官团结一心、共同抗敌的目的；“诚”即无论是将官还是士兵均应将忠君爱国的诚心放在首位，忠诚是官兵最重要的道德品质；“礼”即强调军队中将官和士兵之间有严格的上下尊卑关系，士兵要严格服从将官的命令。从目的上来看，这三个道德要求包含着强烈的经世致用思想，在其影响下湘军成为清朝末年一支战斗力强、道德观念优良的部队。

（二）浙东学派的伦理思想分析

浙东学派形成于北宋时期，指浙江一带及籍贯为浙江的学者。浙东学派的发展可划分为三个阶段：第一个阶段是宋朝时期，第二个阶段是明朝时王阳明开创的“阳明学派”，第三个阶段是明末清初黄宗羲创立的“浙东史学派”。其中影响最大的是王阳明开创的“阳明学派”和黄宗羲创立的“浙东史学派”。浙东学派伦理思想分析以明末清初的黄宗羲为主，其主要包括三个方面。

第一，黄宗羲的义利观为“人各自私，人各自利”。这一伦理观点与中国传统的义利观截然不同。义利观是传统儒家学说中的基本伦理观点之一。南宋朱熹就曾说过：“义利之说，乃儒者第一义。”江西学派的陆九渊也曾指出，学习儒家思想的首要任务即为识公私之辩、义利之辩。传统的儒家义利观主张“居利思义”“义以为上”。例如，孔子就曾指出，“君子喻于义，小人喻于利”“君子义以为上”，将义利的划分作为君子和小人的道德判断的标准。孟子对于利的态度是“何必曰利”。汉朝时期，董仲舒提出“不谋利、不计功”。儒家传统的义利观在社会上形成了一种重义轻利的风气，使君子士大夫等儒家知识分子羞于言利。到了明朝末年，随着资本主义的萌芽和社会经济的发展，整个社会重利轻义思想盛行。黄宗羲据此指出人生来即有私欲，利己思想是人的一种天然属性。为了适应社会的发展，黄宗羲在传统儒家义利观的基础上提出了公私合一的义利观。他认为公利和私利是辩证统一的，不能为了满足私利而损害公利，也不能因为公利而完全剥夺人的私利。黄宗羲的义利观将个人私欲和国家制度紧密联系在一起，在客观上具有鼓励商业发展、保持社会稳定的功能。

第二，黄宗羲的带有民主色彩的本末观为“治之以本，切为民用”。在中国传统儒家学说中存在着一种本末论。春秋战国时期，齐国丞相管仲在管理国家时将人民群众划分为四个不同的社会层次，即士、农、工、商，这就是著名的“四民分业”。墨家提出将农业作为本业，而韩非子则提出工商业是“四民”中的末业的思想，儒家继承了这些观点。西汉时期统治阶级开始采取重农抑商的政策，直到明末清初时，统治阶级仍然坚持这一观点。后来黄宗羲在其《明夷待访录·财计三》中提出了“工商皆本”的思想。这一思想既上承明朝中叶兴起的“为工商正名”的思潮，又为近代重商理论的提出做了铺垫。

第三，黄宗羲的消费伦理观为黜奢崇俭。传统儒家的消费伦理观包括三个层面：其一，儒家认为消费观并不是一个单纯的经济问题，还是一种道德问题和个人素养问题，因此其提倡安贫乐道、勤俭节约的消费观；其二，儒家认为消费行为也是人们伦理地位和社会身份的一种表达，因此其提倡俭朴节约，但不提倡过分的、有违礼制和有损体面的节约。其三，传统的儒家消费伦理观始终与“义”有关，将是否符合道义作为判断人们消费是否合理的标准。明代时期，随着社会经济的繁荣和资本主义商业经济的萌芽，一些有识之士对传统的儒家消费伦理观提出了怀疑。在此基础上，黄宗羲针对当时的社会现象提出了“去习俗”“除蛊惑”“革奢侈”的消费伦理观。当时社会上流行对婚礼、丧葬、祭祀等大操大办，造成了资源的极大浪费。对此，黄宗羲提出了“黜奢崇俭”的观点。

（三）顾炎武的伦理思想分析

顾炎武作为明末清初著名的经世致用思想家，其伦理思想对明末清初及近代的经世致用伦理思想有着深刻的影响。顾炎武的经世致用伦理思想主要包括三个方面。第一个方面是对现实人性的思考。传统的儒家思想认为，“人之初，性本善”，顾炎武则认为人性通过后天环境和个人努力的作用是可以改变的。同时，顾炎武指出“存天理，灭人欲”是一种错误观点，他认为个人私利是客观存在的，这一点与黄宗羲的伦理观相一致。顾炎武指出个人私利的存在与家庭这个社会最基本的单元有关，因此是不可消灭的。政府可以利用人们的私欲改变民众的贫困现状，还可通过奖励措施营造“以名为利”的氛围，引导人心向善以达到经世致用的目的。第二个方面是对“天下兴亡，匹夫有责”的担当精神。在封建社会中人们以家庭作为最小的社会构成单位，以血缘宗法关系凝聚在一起，因此，封建社会是一种家国一体的社会。顾炎武对于“国家”和“天下”做了详细区分，认为在封建社会中，“国”代表着一家一姓的君主政权；而“天下”则是跨越姓氏的，指整个国土以及国土上的人民。因此，在天下危亡之际，每一个普通老百姓都应积极承担责任，即所谓“天下兴亡，匹夫有责”的思想。顾炎武的这种思想正是一种经世致用的处世原则，以达到“明道救世”的经世目的。第三个方面是“以名为治”的道德教育原则。顾炎武认为道德具有“立人之大节”“治人之大法”的重要作用，因此他十分注重伦理道德的教化作用，为此提出了“以名为治”的道德教育原则。这一原则将“正人心，厚风俗”作为实现治国理政经世目标的重要途径，通过“礼义廉耻”等引导人心向善，打造和谐、良好的社会风尚。

二、“经世派”政治思想分析

（一）湖湘学派的政治思想分析

根据所处的时代不同，湖湘学派各个时期的政治思想也有所侧重。例如，南宋时期，湖湘学派的代表胡宏针对南宋偏安一隅的政治环境和社会变革，提出了推崇封建井田制度的政治主张；明末清初，王夫之针对动乱的社会现状提出了分权众治的主张；清朝末年，湖湘学派的陶澍则针对当时的政治腐化提出了整顿吏治的政治主张。总体来说，湖湘学派各个时期的政治思想具有以下三个共同特点。

第一个特点是主张实行仁政。胡宏是南宋湖湘学派的代表人物，其在儒家传统的仁义道德理论的基础上提出了“仁也者，人也。人而能仁，道是以生。生则安，安则久，久则天，天以生为道者也”的观点。这句话的意思是，人应该以仁为目标，通过仁道认识天道。由这个观点出发，胡宏主张统治阶级实行仁政。明末清初，王夫之也指出要发扬仁义为本的治国精神，以仁义治国。为此，王夫之对汉高祖斩杀功臣的做法进行了严厉批评。在主张仁义的同时，王夫之还坚决反对政府使用权谋，即便迫不得已使用权谋，也应牢记天理和人心。相应地，王夫之在反对政府使用权谋时，提倡用大义凝聚人心，以便达到仁义治国的经世目的。

第二个特点是主张整顿吏治。陶澍是清朝嘉庆、道光年间湖湘学派中经世致用的佼佼者之一。陶澍官至两江总督，掌管道光帝的半壁江山，深刻地了解清王朝内部的政治腐败和贪污等弊政，因此提出了整顿吏治的主张。陶澍的这一政治思想包括四个方面。其一为化民成俗。嘉庆、道光年间社会最大的痼弊是人心、风俗“日坏”，因此他将正人心、正风俗作为施政的主要方针，通过端正士风，对士民中存在的崇尚空谈、不关心时事的作风进行改革，用历史上的节义之士来感化士民。此外，陶澍认为学校、书院不仅是国家培养人才的场所，也是化民成俗的工具，要实现其教化功能。在对民众的教化上，陶澍还主张从蒙童开始教化，让民众从小养成良好的风俗习气。其二为整肃吏治。嘉庆、道光年间，清朝的吏治严重败坏，具体表现在官僚机构庞杂，冗员过多；各级官员玩忽职守、各部门中饱私囊的现象十分普遍，官场中买卖官爵、贿赂公行之风盛行；科举制度也十分黑暗，有才者在考场蹉跎多年，而无才者却能轻松中举。陶澍从小小的文职做起，一路升至地方大员、边疆重吏，对清朝的吏治腐败有着清晰的认识。因此，他对清朝的不良吏治作风进行了批评，并对冗员问题以及各州县的弊政提出了许多真知灼见。其三为察吏选贤。陶澍认为要做到政治清明，必须严格选用官员。为此，他十分重视各州县官员的素质。其四为严保甲制度。保甲制度是中国封建社会的一种基础政治制度，具有教化民众、维护社会秩序的作用。因此，陶澍在施政过程中非常注重发挥保甲制度的作用，以达到整顿吏治的经世目的。

第三个特点是主张多样化地选拔人才。中国各个经世致用学派都十分关心人才的选拔和任用，湖湘学派也是如此。明末清初湖湘学派的代表王夫之就曾提出了明确的人才观。王夫之认为，在社会变革时期应采取多样化地选拔人才的方法。第一，采用乡举里选与征辟的方法。这种选拔人才的方法始于西汉时期，在当时取得了较好的人才选拔效果。王夫之认为，人才选拔的方法应随着时代和环境的变化而变化，在明末清初的社会动荡中重拾乡举里选与征辟的方法有利于人才的发掘。第二，反对九品中正制。九品中正制又称为九品官人法，兴起于东汉，兴盛于魏、晋、南北朝时期。王夫之对这种选拔人才的方法给予了严厉的批判。第三，支持以经世文章为主的科举取士制度。自从隋朝设立进士、以文章取士以来，中国封建社会长达千余年的科举制度正式形成。到了明末清初，科举制度以八股取士，而这种取士方法只崇尚文章浮化，无半点实用价值。王夫之认为，欲达经世致用，文必以载道，只有同时兼顾文章的内容和形式才能选拔出经世致用之才。第四，针对科举制度的弊政，王夫之指出要兴办学校，选拔学生，兼重文、行，端正学风，如此才能选拔出真正的经世致用之才。

（二）浙东学派的政治思想分析

与湖湘学派相似，在不同的历史时期浙东学派的政治思想也不尽相同，其中最具代表性的政治思想是南宋陈亮的“事功”政治思想和明末清初黄宗羲的民本政治思想。

1. 南宋陈亮的“事功”政治思想

陈亮的“事功”政治思想包括三个方面的内容。

第一，“尊王攘夷”与恢复统一。陈亮的这一政治主张与南宋所处的政治环境有着密切关系。南宋偏安江南，北方少数民族入侵导致其山河破碎。作为一个爱国经世致用思想家，陈亮与当时的儒家学者一样希望朝廷能够抗金复国，力主北伐以求恢复中原。当时南宋朝廷中存在一股持“投降”论调的势力，不但不奋发自强收复失地，反而割地赔款以求一时之安。这使得陈亮十分气愤，他强烈反对议和，认为兴兵作战恢复中原顺应天道人愿，而割地赔款的苟安行为则是极其错误的，因此力主抗金北伐。

第二，变革除弊以救国。陈亮认为统治者在制定政治制度时要根据社会的现实状况对“祖宗之法”进行现实性调整，这样才能符合“天道”，顺应“民意”。因此，陈亮主张通过适时、适度、适量的变革来实现国家富强的经世目的。陈亮主张的变革不是盲目的，而是考虑当时的社会背景以实现抗金目的而进行的改革。为了实现这一目的，陈亮主张在政治上实行简政放权与相对分权政策，提出了“天下不可以才智独运”的观点。这一观点与明末清初黄宗羲的民主思想有着异曲同工之妙。此外，陈亮还指出在政治改革中要提倡法治，限制人治。传统的儒家思想主张“人治主义”，然而陈亮则认为法治是政治的必要手段，将适当的法治和人治相结合可以达到消除国家弊政的效果。这一思想在当时具有一定的先进性。除以上观点外，陈亮还强调富民，通过大力发展商业达到民富国强的目的。南宋是一个积贫积弱的王朝，陈亮认为要改变这一现状，就要实现民富：一方面通过重视农业，保障农业生产来巩固社会的经济基础；另一方面通过减轻赋税，使人民财富得以积累。此外，更重要的一点是发展商业，陈亮认为“商籍农而立，农赖商而行”，农业和商业之间的关系并不是相互对立而是相互促进的关系，只有农商并举才能实现真正的民富和国富。富民安民是陈亮事功政治思想的重要组成部分。为此，陈亮还指出要反对平均主义，保护在商业活动中出现的豪民富商的利益，以拉动经济发展，增加国家赋税。除了以上内容外，陈亮还强调要通过变革国家财政制度、充实各级地方财政来达到减轻人民赋税负担的目的。

第三，“王霸”思想、“义利”思想和“成人”思想。“王霸”思想、“义利”思想和“成人”思想是儒家经典学说中的三个基本思想。在这三个思想上陈亮的观点与同时代的朱熹的观点不同，二人曾对这三个思想进行了辩论，这也是儒家学术中的经典辩论。

“王霸”思想即所谓“王道”和“霸道”思想。陈亮与朱熹通过对春秋战国时期、汉唐时期以及南宋时期的“王道”和“霸道”思想的辩论表明了不同的经世致用观。朱熹认为王道政治是对仁义的维护，是一种道德的实现，而霸道政治则只强调现实功业，不依附于仁义。因此，在朱熹看来，王道强调行为动机的善，而霸道则更注重行为的最终结果。这一思想与儒家传统的“王道”和“霸道”思想一脉相承。然而，陈亮则从事功的角度来看待这两个思想，认为南宋以儒治国，尊崇王道政治，但流于空谈；霸道政治所强调的富国强兵以及人民的利益才是南宋统治者应该坚持的。他还认为“王道”和“霸道”思想在不同的时代有不同的表现，它们并非严格对立的两个方面，在不同的历史时期统治者根据实际状况将两者结合来治理国家，曾取得了不错的效果，因此主张“王霸之杂”的治世之道。

除了对“王霸”思想的辩论外，陈亮和朱熹还对“义利”观念进行了激烈的争论，这一次两人争论的焦点是如何看待“利”。传统儒家学者对于“义利”观念的看法，自古以来都是褒扬义贬低利，追求“不义而富且贵，于我如浮云”的思想境界。在春秋战国时期，孔子和孟子虽然褒扬义贬低利，但并非将两者对立，还曾在具体治国实践中将两者相结合。到了宋朝，以程颢和程颐为代表的理学派将义和利完全对立起来。例如，程颐曾指出“大凡出义则入利，出利则入义。天下之事，唯义利而已”，认为世间除了义便是利，二者非黑即白。朱熹继承了二程的观点，认为义理是天理，而利欲则是人欲，提出了“存天理，灭人欲”的观点。然而，陈亮却认为义与利之间并不是完全对立的，而是和谐统一的，因此肯定了社会上的普遍功利，提倡并鼓励人们追求利，认为利在价值上也是善的。同时，陈亮并没有因此而贬低义，而是提倡运用义来限制利，从而维护国家和人民的根本利益。这一观点为朱熹所不齿，并大加批判，认为陈亮过于强调功利。从以上分析可以看出，陈亮对“王道”和“霸道”思想以及义利问题的观点是源于南宋面临的特殊政治背景，是对政治的一种变革。陈亮反对将义（道德）与利（功利）、王道与霸道截然对立起来，认为这样既与圣人的理论不相符合也不符合实际情况。由此可见，陈亮所提倡的事功理念是从经世致用的角度出发的，只要有利于各种现实问题的解决，无论是“王霸”思想还是“义利”思想都可加以运用。

除了“王霸”思想和“义利”思想之外，朱熹与陈亮还对“成人”思想进行了辩论。朱熹认为所谓“成人”就是要成为真正的“醇儒”，这就要求君子士大夫不仅注重自身道德意志的涵养，还关注个体道德的践行和人格的完善。陈亮则认为，“成人”必须达到“才德双行”，而不能将人教育成只注重言论而不注重行为、空谈性命之学的“醇儒”。由此可见，在“成人”思想之辩中，陈亮更强调功利主义，从经世致用的角度出发，将儒家的道德修养和现实的经世目的相结合，以达到儒家所倡导的“内圣外王”之学的和谐统一。“成人之道”思想是陈亮事功思想中颇具特色的思想。陈亮在辩论之中还提出了“成人”的目标：首先是“正心”，即注重个人道德修养的培养；其次是躬行践履，即通过具体的实践成就自己，同时影响社会和改造世界；最后是注重“成人”的外部因素——礼乐教化，即注重外界客观环境的影响，而礼乐教化则是儒家一直坚持的教化方式，具有“得民心，顺民意，安民命”的功效。

2.黄宗羲的民本政治思想分析

明末清初，社会发生了“天崩地解”的重大变化，在这一背景下黄宗羲对明代的政治制度进行了批判与重构。黄宗羲民本政治思想主要包括两个方面。

第一个方面是对权力起点的批判与政治伦理的重建。黄宗羲在其著作《明夷待访录》中对君主专制的本质和后世的异化进行了详细说明。君主权力是传统政治伦理的基础，君主掌握着天下的生杀大权，中国的封建君主拥有分配天下利害的权力，为了满足自己的欲望，将天下的好处尽归于己，将天下的害处尽归于他人。后世的君主更是将天下作为自己的私人财产，将君主的权力用世袭的方式传给自己的子孙。没有君主之前，人人都能维护自己的私人利益，设立君主之后，人人都需要维护君主的权力，所以君主实际上是天下最大的祸害。既然君主的权力之大使得天下人人都想做君主，因此出现王朝兴替，导致天下暴乱不断。对此，黄宗羲提出了“天下为主，君为客”的观点，主张君主应当以民为本。他认为君主是一个权力与责任相统一的职位，应该以义务为本位，为天下人民除公害、兴公利。这一观点延续了传统儒家的民本思想，与当时社会上流行的“君主民客”的观点正好相反。黄宗羲通过对历代政治制度的研究指出，尧舜禹时代的上古之君是“一人奉天下”，而夏朝之后的历代君主则是“以天下奉一人”，这两者之间的区别在于对君主权力与责任的认识。黄宗羲倡导现代的君主效仿上古之君，以义务为本，为天下兴公利。

第二个方面是对封建社会权力网络的批判与重建。对君主的权力进行论证后，黄宗羲又对君臣之间的伦理关系进行了论述与重构。传统的封建君主专制认为君主权力来源于天，君主是秉承天命的真命天子，因此君主的权力也是“受命于天”的，整个封建君主专制制度的权力网络是围绕着这种天命君权而构建和分配的，其核心是君臣关系，再从君臣关系推及臣民关系。因此，传统的纲常伦理将“君君臣臣”的忠君伦理作为儒家学者为官的核心，封建君主专制制度中的“君要臣死，臣不得不死”即是这一君臣关系最突出的表现。而在臣民关系中这种“君君臣臣”的忠君伦理则被推及为忠孝伦理，即形成了“父父子子”的伦理关系。黄宗羲对君臣关系伦理的重构是围绕着君臣共同为民办事的经世致用的目的进行的。黄宗羲认为，君臣共同治理天下的分工是合理的，君臣之间关系的建立不应该从“天下是君主的私产”这一观点出发，而应该从“天下是天下人的天下”出发。因此，黄宗羲提出了臣子为万民而出仕的观点，将君主与臣子的关系从主与仆的关系中分离开来，不再以“君君臣臣”作为两者之间的首要关系，而是提出了颇具新意的君臣师友论。黄宗羲认为君臣之间的关系是以共同治理天下的责任作为纽带而产生的，如果没有这个纽带，君臣则不是同路人。既然臣子选择了出仕，就是把天下的责任作为自己的责任，只有这种为天下出仕的人才可以称为臣。相反，如果单纯是为君主服务，就不应该叫作臣，而应该叫作君主的奴仆。从这个角度来看，为天下而出仕的臣应该是君主的朋友和老师。

黄宗羲的这种君臣师友论是将君主和臣子作为平等关系来看待的，认为君臣之间只有分工的不同，没有地位的差别。这种君臣共治观、君臣师友论对传统的尊君卑臣的观念进行了批判和抨击，对于明末清初及近代的经世致用思想以及近代维新运动有着重要的推动作用。

围绕以上两个民本政治观点，黄宗羲还提出了以天下大治为目的的重构政治秩序的具体方法，其包括四个方面：其一，将尧舜禹时期的法律制度应用于后世，即强调治法和治人相结合，先治法后治人，以此保障百姓的利益，实现保民、富民、育民等经世致用的民生理想。其二，在行政制度上，恢复宰相制度以对君主的权力进行约束。在传统的封建君主专制制度中，宰相的权力仅次于君主，因此被形容为“一人之下，万人之上”，然而在“私天下”的观念中，君臣之间是主与仆的关系，也就是说宰相虽然为百官之首，但从根本上说也是君主的附庸。而黄宗羲所倡导的宰相制度，则是以“公天下”为前提，是为了与君主共同治理天下，既实现相权对君权的制约，又实现相权对君权的分权行为。其三，在监督机制上，倡导树立学校的监督权。黄宗羲认为学校除了承担培养人才的责任外，还承担着监督君主和政府作为的责任，拥有议政、传播舆论的权力。君主对于人民有教化和培育责任，学校既是承担这一责任的机构，又承担着治理天下的方法的智库的责任。黄宗羲认为学校是容纳天下人才的地方，因此应充分发挥学校的智库功能，让学校中的人不再“两耳不闻窗外事”，而是从书斋中走出来，关注时事，评论时事，通过议政对国家政策产生积极影响。除此之外，学校还是独立于政府机构的、跳出权力体系的一种外在舆论力量，可以对君主的权力和政府的治理进行监督。其四，在人才选拔上，主张选拔时要宽而用人时要严。在传统的封建君主专制社会中，科举制度是普通百姓进入国家治理体系的唯一途径，其意义在于给儒家知识分子提供一个相对公平、客观的机会。然而随着明代科举制度的僵化，其选拔的人才既不知道学问是什么，也不清楚怎么做官。因此，黄宗羲指出科举取士应注重两个方面：一是人才选拔，二是人才任用。黄宗羲主张在人才选拔上除了科举外还应增加举荐、太学、任子、邑佐、辟召、绝学、上书等多种途径；而在人才任用上则必须严格，这样才能达到使官员为民谋福利的经世目标。

三、“经世派”经济思想分析

无论是浙东学派的学者还是湖湘学派的学者，在具体的经世致用实践中均十分重视经济思想。总体来看，这两个“经世派”的经济思想具有四个共同特点。

（一）主张“工商皆本”

湖湘学派和浙东学派均反对传统儒家“农业为本，工商业为末”的观点，均认同“工商皆本”的观点。

湖湘学派的魏源坚持“以农为本”，重视“本富”，在承认农业的基础地位的同时，大力提倡发展商业。第一次鸦片战争后，魏源认识到在西方殖民国家强行打开中国的国门后，中国将不可避免地融入世界商品经济大潮。因此，魏源主张发展商品经济，提出了“缓本急标”的产业发展观，肯定了商品经济在国民经济中的首要地位。他呼吁清政府改变之前单纯的农耕经济，大力发展商品经济：一方面，主张打破政府对商业活动的垄断，积极发展民营商业活动；另一方面，主张国家富强的基础在于工业，提倡大力发展现代工业生产。除此之外，魏源还主张向西方发达国家学习经济策略，引进西方发达国家的机器和生产组织形式，建立现代企业制度。湖湘学派的王夫之虽未明确提出“工商皆本”的观点，但在肯定农业地位的同时，大力提倡发展商业。王夫之认为商业可以“通天下以相灌输”，可以解决战争或荒年时的物资运输等问题。此外，当遇到荒年时商业资本可以助民渡过难关。浙东学派的黄宗羲明确提出了“工商皆本”的思想，认为工商业和农业一样都是维持民生、促进经济增长的重要因素，提出了只有发展商品经济才能富民、富国的观点。

（二）主张对货币制度进行改革

浙东学派的黄宗羲在明末清初提出了“废金银，通钱钞”的货币改革措施。当时社会上流通的货币以金银为主。明代中后期，国家陷入了严重的经济困境。黄宗羲认为陷入这一经济困境的原因是统治阶级和贵族囤积了大量的金银，导致市场上流通的金银枯竭。为了走出这一困境，黄宗羲提出进行货币改革，废除金银，通行钱钞。为了论证这一观点，黄宗羲提出了通行钱钞的优势，即用钱钞代替粟帛缴纳赋税，可以减轻民众的经济负担；钱钞资源充足，可以保证市场上商品的正常流通，改变社会贫富悬殊的现象；钱钞携带方便，可以防止官员藏赃等。此外，与金银相比，钱币的最大优势在于其具有“久远之利”，即保证国家内部的货币流通，实现社会长期稳定的经世目的。清朝末年，白银大量外流，造成国内经济混乱，湖湘学派的魏源对此提出了自己的货币主张。鉴于当时社会上有人主张发行不可兑换钞币，魏源对此进行了反驳，提出效仿西方的方法，自铸银圆来代替金银。此外，魏源还大力提倡开采金银矿，用以制造铸币。魏源的货币改革主张虽然没有黄宗羲的成熟且先进，但在当时的社会背景下具有一定的经世实用价值。

（三）主张对赋税制度进行改革

中国传统封建社会以农为本，从事农业生产的人占国民的绝大多数，农田税是国家税收的主要组成部分，是一个关系到农民个体和国家利益的税种，直接影响着社会的稳定和国家的长治久安。中国传统封建社会的农田税有多种形式，农民负担十分沉重，尤其是在明末清初，农民常常不堪重负。浙东学派的黄宗羲提出了赋税改革的思想，其核心在于降低税率以减轻农民负担。湖湘学派的王夫之与黄宗羲同处于明末清初时期，也提倡对赋税制度进行改革，然而他是以适应资本主义发展的需要为出发点的。王夫之的赋税改革观点主要包括三个方面。第一个方面是主张以货币作为租税缴纳工具，指出用货币代替实物缴纳赋税具有四大便利性：其一可以减轻贪官污吏的勒索；其二可以减少奸商对人民的盘剥；其三货币存储方便，其四方便单丁寡产者。第二个方面是主张抛弃传统的农业单一税思想。王夫之认为人人都有缴纳税款的义务，这种意识在当时的社会是难能可贵的。第三个方面是主张二十而取一或更低的税率，反对什一税。王夫之认为历代的赋税都过重，因此应该降低税率。王夫之的这种赋税改革制度有利于商业资本的发展，其中有些思想至今仍为后人所用。

（四）主张以富民达到富国

作为“经世派”，浙东学派和湖湘学派均十分关注富民强国的政策，他们都从富民观中发现了富国强国的道路。南宋时期，浙东学派的叶适就提出了富民的主张。叶适的这一主张来自儒家传统的“藏富于民”的观点。叶适的富民观具有双重含义。第一重含义是许民求富，反对政府对人民求富行为的抑制。因此，叶适反对井田制和兼并制，认为井田制均以富人财富扶助贫弱的出发点虽然好，但不应实行。第二重含义是保民之富，为富人辩护。叶适认为富人对社会所起的积极作用比贫民大，即“富人代天子养小民”，富人是国家的根基，其社会功能可谓无所不包，因此国家应当对富人进行保护。值得注意的是，叶适提倡富民的主张，为富人辩护，是从国民的整体利益出发的。叶适强调的富民并不是纯粹的富民思想，而是建立在国家整体利益基础之上的富民思想。这种思想与当时社会上所流行的“不富不贫”的主张大相径庭，具有一定的优越性。湖湘学派的魏源作为经世致用改革的中坚，也提倡通过富民来实现富国和强国的目的。魏源主张百姓富裕是政府富裕的前提，也是国家富裕的基础。只有大众富足了，国家才能富强。相反，如果国家一味地向百姓索财、敛财，则并不会富裕，只会积贫积弱。因此，魏源提出了“藏富于民”的经济思想，认为只有这样，才能保证国家的健康发展。关于魏源的富民主张，之后的章节会进行详细分析，这里不再赘述。

除了以上经济思想外，浙东学派和湖湘学派的学者还提出了许多其他经济主张，如浙东学派黄宗羲的“黜奢崇俭”以及湖湘学派王夫之的财政改革思想等，这些主张因在前文中有所涉及，这里不再赘述。

第三章　魏源经世致用思想的内涵及深入分析

第一节　魏源经世致用思想的内涵

魏源是近代经世致用思想的主要代表人物，他的经世致用思想对于整个近代经世致用思潮的发展有着极为重要的奠基和推动作用。下面笔者将从魏源经世致用思想的发展和演变、内容以及原则三个方面对其进行较为全面的分析。

一、魏源经世致用思想的发展和演变

魏源的经世致用思想并不是一朝形成的，也不是一成不变的，而是随着社会环境的变化和魏源人生的不同时期而呈现出逐渐发展和演变的特点，从时间上划分，魏源经世致用思想的发展和演变经历了三个阶段。

（一）第一个阶段：1814—1839 年

魏源经世致用思想发展和演变的第一个阶段是从嘉庆十九年（1814）魏源第一次离开家乡前往北京到道光二十年（1840）第一次鸦片战争爆发

前。这一阶段是魏源经世致用思想的形成时期。嘉庆十九年（1814）魏源随父亲到北京后，跟随胡承珙、姚学塽和刘逢禄三位老师学习。这三位老师的理念和研究方向各不相同，其中胡承珙为汉学（古文经学）大家，姚学塽为朱学大家，刘逢禄则是公羊学派的奠基人。除了跟随老师学习，了解各学派的观点外，魏源还广交天下名士，与林则徐、龚自珍、黄爵滋、姚莹等人来往密切，一起谈经论史，讨论时事。这一时期，受林则徐等学者以及当时社会上经世致用思想的影响，魏源开始反对空疏无用、脱离实际的汉学，崇尚经世致用的今文经学。汉学又称古文经学，发展到清朝末年时成为不切实际的空谈之学，不关注现实与时事，针对清朝面临的政治、社会处境不能提出有效的建议。而今文经学则主张以经学治世，这一点恰与魏源的思想相统一。因此，魏源选择师承常州学派的庄存与和刘逢禄，向其学习今文经学，主张“以经术为治术，以救裨当世”。这也是魏源这一阶段经世致用思想的主要内容。这一阶段，魏源从儒家的典籍出发，以常州学派今文经学的“微言大义”为写作特色，本着以经治学的思想，将文章、经术、政事三者融为一体，先后创作出了一批具有经世致用作用的著作，如《书古微》《诗古微》《董子春秋发微》《两汉经师今古文家法考叙》《老子本义》《周易通义》《孙子集注》等。这些经学著作将清朝末年的今文经学推向了一个新的发展阶段。

道光五年（1825）至道光十九年（1839），魏源先后在贺长龄和陶澍的幕府中担任幕客。道光五年，魏源受江苏布政使贺长龄所聘，编纂《皇朝经世文编》。在编纂这本书的过程中，魏源更加坚定了以经治史的学术方向。道光七年（1827）转至陶澍的幕府中后，魏源对当时的社会矛盾和社会弊病有了更加深刻的认识，因此提出对社会弊病进行改革，主张“天下无数百年不弊之法，无穷极不变通之法，无不除弊而能兴利之法，无不易简而能变通之法”。在这一思想的指导下，魏源协助贺长龄和陶澍进行漕运、水利、票盐等方面的改革，成为一代以经治史的经世改革家。

（二）第二个阶段：1840—1850 年

道光二十年（1840）第一次鸦片战争爆发后，魏源因林则徐推荐于道光二十一年（1841）进入主持浙江防务的钦差大臣裕谦的幕府担任幕客，经实地勘察后，魏源根据当时的战况提出了两条正确的建议，然而却遭到了裕谦的否决。魏源一方面忧心于战争形势，另一方面却又无法对当时的战况产生影响，因此不久后便离开了裕谦的幕府。道光二十二年（1842），裕谦因兵败自杀，第一次鸦片战争以清政府的失败而告终。魏源对此十分忧愤，因此从以经治世转向以史治世，先后创作出了《圣武记》《海国图志》等著作。《圣武记》是一本专题性史书，通过对清朝早期战争的记叙，从中总结战争胜利的原因，希望朝廷能够借此改革军队中的弊政，以图变法革新。而《海国图志》则是一本有关世界地理和世界历史的著作。在这本书中，魏源对于世界各国的历史沿革、地理环境、国际关系和社会状况等进行了较为全面的介绍，同时对清政府在鸦片战争中失败的原因进行了分析，是中国历史上第一本世界地理和历史著作，极大地开阔了当时人们的视野，激发了人们的爱国思想。魏源在这本书的前言中表明这本书是“为以夷攻夷而作”，开启了近代“师夷长技以制夷”的思潮。这一时期，魏源以史经世的思想对清政府的历史仍然予以歌颂。而在太平天国运动爆发后，魏源以史经世的思想则更加尖锐。

（三）第三个阶段：1851—1856 年

咸丰元年（1851），太平天国运动爆发，起义军气势高涨，短短数月内接连攻下多个州县，并一路挥师北上，占领南京。在太平天国起义军的影响下，各地农民纷纷揭竿而起，一时间各地起义不断，社会阶级矛盾以及民族矛盾迅速激化。太平天国运动爆发时，魏源正在离扬州不远的高邮州担任知州，其参加了对太平天国的镇压，不久后即受冤去职。太平天国运动持续了十几年，魏源的晚年都在太平天国运动与清政府的战争阴影中度过。这一时期，魏源的经世致用思想仍为以史经世。咸丰元年（1851），太平天国运动刚刚爆发时，清朝统治者惶恐之下为缓和统治阶段的内部矛盾平复了一批冤案，在第一次鸦片战争中被冤去职的林则徐被平反，重新得到重用。魏源趁机修订并出版了记述鸦片战争真相的《道光洋艘征抚记》。这本书对清政府内部的腐败和弊政进行了深刻揭露，并公开对清政府统治者进行谴责。太平天国运动爆发后，魏源创作并出版了《元史新编》。这本书从元代末年统治者面临的与清政府相似的社会阶级矛盾和民族矛盾入手，对元代灭亡的历史进行了详细描写和说明，企图通过"元亡之鉴"警醒清政府统治者，以达到经世、救世的目的。然而，在组织抗击太平天国运动失败后，魏源知晓事不可为，加上对一生坎坷身世的感怀，故辞官，转而学习佛学。

综上所述，魏源经世致用思想的发展和演变可以分为三个不同的阶段，然而无论是哪一个阶段，魏源都始终坚持通过经世改革实现富国图强、人民安居乐业的目标，其倡导的经世思想和采取的经世方法对于后人有着重要的示范意义。

二、魏源经世致用思想的内涵

魏源经世致用思想的内涵包括三个方面的内容。

（一）魏源经世致用的政治思想主张：变革

变革是魏源经世致用思想中最为重要的内容。封建王朝的统治者为了维护政治稳定都极力反对社会变革，清政府也是如此，通过强调"天地之理不可变""圣人之道不可违""祖宗之法不可变"等观点阻挠社会变革。然而，清朝末年，随着清朝国力由盛转衰以及世界形势的变化，清政府面临着极为严重的内忧外患，这些内忧外患唯有通过变革才有可能消除。因此，魏源首先从理论上对统治阶级宣传的不可变革的理论给予了有力回击，指出"易，天道也"，从变化即天道本身入手论证了事物的发展规律，认为政治制度正是随着社会和历史的发展而演变的，因此政治变革不仅不违天道，反而是顺应天道之举。此外，魏源还从社会的政治经济环境出发，指出如果再不变革，国家便有亡国灭种的危险，因此必须进行政治变革。魏源的政治变革思想包括主张以科学的取士标准代替落后僵化的科举制度；针对清政府漕运、盐政、黄河治理中的弊政也提倡用变革的手段进行改善，并取得了不错的效果；在税收制度上，同样倡导变革；鸦片战争后，强调用西方先进技术对清政府的落后技术进行改革。值得注意的是，魏源提倡的变革，并不是剧烈的变革，而是渐进性的变革。

（二）魏源经世致用的经济思想主张：重商富民

中国自古以来就奉行重农抑商的政策，所谓“士农工商”，其中“商”位于最后。然而，随着国内资本主义的萌芽和西方殖民国家对中国贸易侵略的加剧，魏源提出应该打破之前的“重农抑商”方针，提高商业的地位，以达到富民、富国的经世致用目的。“重农富民”是魏源经世致用思想的重要内容之一。这一思想又包括两个不同的方面。第一个方面即大力发展新兴商业。中国历来强调富民思想，但其却是建立在农业基础上的富民，而魏源则提倡通过商业经营和商业资本运作达到富民、富国的效果。魏源认为，商人阶层的富有是国家强大的主要标志，也是应对国家危难的重要后备力量，只有提高商人的地位，重视商业活动，才能缓解和改善国家积贫积弱的局面。第二个方面即重视货币财富的思想。中国传统封建社会将农业生产形成的富强称为“本富”，将经营工商业形成的财富称为“末富”，舍本逐末的行为为历代封建统治者所不齿。因此，中国的经济发展受到了严重制约。第一次鸦片战争前后，西方殖民国家，尤其是英国向中国大量输入鸦片，导致清朝大量白银外流，因此魏源提出了食货并重、“本富”与“末富”并重的经世致用经济思想。从这一观点出发，魏源针对漕运、盐务、海防、对外通商等领域涉及的经济问题提出了独具个性的主张，这些主张对于清朝末年经济的发展和改革起到了重要的促进作用。

（三）魏源经世致用的人才思想主张：选贤举能

清朝末年，社会政治环境风云变幻，社会面临着百年未有之大变局。在这种变局之下，社会各个领域的发展和改革均需要人才。尤其是第一次鸦片战争之后，政府迫切需要大量了解西方社会的人才。魏源的经世致用思想主张改革，而改革需要大量德才兼备的人才，以监督改革过程，及时纠正改革中出现的偏差，让改革真正落到实处。因此，人才思想也是魏源经世致用思想的重要内容之一。魏源的人才观带有极强的经世致用色彩，其主要表现在三个方面。第一个方面强调人才的重要性。魏源作为一位参加过第一次鸦片战争，并明确地提出了“师夷长技以制夷”思想的学者，深刻地明白人才的重要性，他指出“利器不如人和”，如果只有坚船利炮而没有相应的人才，那么坚船利炮再多也没有作用，因此人才是国家经世致用改革中最重要的角色。第二个方面强调人才的标准。人才分很多种，魏源指出只有心中有国家、对民众报以极大热情的人才才是真正的经世致用人才，创造性地将人才的才能和德行联系在一起，形成了独特的经世致用人才观。第三个方面强调选拔人才的动机。中国传统社会的人才选拔制度中均掺杂着私心，科举作为一种相对公平公正的考试，却因为考试方式和考试内容僵化而很难选拔出真正对社会有用的人才。因此，魏源指出，选拔人才要出于公心，不能因私废公，只有这样选拔出来的人才才有可能成为心怀天下，以为民图富、为国图强为己任的经世致用人才。

三、魏源经世致用思想的原则

魏源在《皇朝经世文编》序文中提出了经世致用思想的四大原则，这四大原则也是魏源经世致用思想的概括。

第一个原则："事必本夫心。……善言心者，必有验于事矣。"这一原则从儒家传统学说中的事物主客观关系与规律入手对经世致用思想进行了论证。其中"事必本夫心"是指万事万物都是由人心来主宰的，这是一种唯心主义说法，以"心"来衡量万事万物。这与魏源反对空谈的思想正好相反，因此魏源提出了"善言心者，必有验于事矣"，这句话的意思是人们在处理事务时，不能只从主观愿望出发，还需依靠深入的调查研究以及以往的经验来对事物做出判断。

第二个原则："法必本于人。……善言人者，必有资于法矣。"这一原则中的"法"，意为规则、法则。这一原则揭示了人与规则之间的关系。"法必本于人"的意思是规则是由人制定的，但是人们在所制定的规则成为社会的行为准则后就必须按照规则办事，以此规范自己和他人的言行，如果不按照规则办事就会导致事情难以达到既定的目标。对于政府来说，如果官员不按照规则办事，则会出现营私舞弊的现象，导致政治腐败、社会黑暗。"善言人者，必有资于法矣"的意思是处理人事问题时，也要依据规则，不能因私心作祟而有所偏颇。这一原则中暗含了魏源的经世思想。

第三个原则："今必本夫古。……善言古者，必有验于今矣。"这一原则反映了儒家思想的另一个态度，谈论了古与今的关系。儒家思想中有着明显的"厚古薄今"观念，在这一原则中，魏源以"今必本夫古"肯定了"古"的地位，认为现在的典章制度均是由古代的制度发展而来的。尽管如此，许多古老的制度和规则已经不再适应现实社会的发展，因此必须进行变革，即"善言古者，必有验于今矣"，即古老的制度必须经过现实的检验才能确定其是否适用于现实。如果适用于现实，那就借鉴这一制度；如果不适用于现实，那就只能进行变革，用新制度代替旧制度。

第四个原则："物必本夫我。……善言我者，必有乘于物矣。"这一原则中的"物"是指他人的观点、意见或认识，"我"是指个人的观点、意见或认识。“物必本夫我”的意思是别人的意见正确与否取决于“我”的判断。魏源并没有对此进行正面反驳，而是提出正确的认识和观点离不开与他人的讨论和对他人的咨询，只有集思广益、相互质询、相互讨论和争辩，才能得出更好的观点。因此，魏源反对独断专行。

这四个原则之间并不是孤立的，而是相互联系的。魏源认为对待事物既要客观，又要联系实际，分清古今的关系，集思广益，这样才能制定出适用于现实的规则，而按照规则办事才能真正达到经世致用的目的。

第二节　魏源经世致用思想的文化阐释

魏源的经世致用思想具有丰富的文化意蕴，主要体现在哲学意蕴上。魏源反对儒家学说中的“心学”和程朱理学，其思想中蕴含着朴素的唯物论和辩证法，这些哲学思想为魏源的社会变革论提供了理论基础。

一、先行后知的唯物主义认识论

认识论是哲学中的一个基本思想，人们对世界的认识体现了人们的价值观。儒家学说中的“心学”强调知行合一，而魏源则崇尚先行后知的认识论。所谓“知”，意思是人的认识；所谓“行”，意思是人的行为、行动等。魏源的认识论师法于明末清初王夫之的学说。王夫之提出“知非先，行非后，行有余力而求知”[①]，王夫之认为，知并非在先，行也并非在后，而是先行后知。魏源继承了王夫之的这一思想，认为从书本上得来的知识始终是别人的经验，不能作为对事物的整体认识，只有亲身接触事物，并了解事物的客观规律后，才能真正地认识事物。因此，在认识论上魏源强调“及之而后知”。所谓“及之”即亲身经历，强调直接

① 王夫之．尚书引义[M]．北京：中华书局，1975：76.

经验；“及之而后知”即亲身感受到了事物才能了解事物。在生活中，对有些事物的认识来自人们的直接经验，对有些事物的认识则来自人们的间接经验。魏源指出，间接经验不如直接经验有效。由此可以看出，魏源的认识论具有朴素的唯物主义观点。魏源提出认识事物的规律有三个前提：其一，事物的主体具有一定的认识能力；其二，事物的客体具有客观实在性，而不是虚无缥缈的；其三，认识事物有一个从接触、了解到感知的过程。其中，“及之”是“后知”的前提，“后知”是“及之”的结果。由此可以看出，魏源的认识论是建立在“行”的基础上的，主张从“行”出发去认识事物，从而形成一定的观点，再将这些观点作用于事物，达到依托现实，解决现实中的困难和问题的目的。

“先行后知”“及之而后知”涉及如何认识事物的问题，那么以什么标准来对事物做出评判呢？魏源提出了两个认识论的标准：一个是“众议之参同”，另一个是“以匡居之虚理验诸实事”。所谓“众议之参同”，是指个人的认识或见解与众人相同。正如上文所提到的“善言我者，必有乘于物矣”，魏源不赞同认识事物只从个人的片面观点出发，而是肯定了群众智慧的价值。他曾指出“合四十九人之智，智于尧、禹”，这一观点与俗语“三个臭皮匠顶个诸葛亮”意思相近。他认为一个人的观点再正确也不可能达到尽善尽美的境界，而如果集众人之智，则可能弥补个人观点的不足，形成相对较为全面的认识。此外，魏源还对“圣人”之言进行了论断，他认为圣人也是众人中的一分子，因此其观点也存在“圣人之过”。所以，对于圣人的言论应采取“去伪存真”的态度。所谓“以匡居之虚理验诸实事”，意思是用事实来检验、判断抽象理论是否正确。这里的“虚理”即为抽象的理论，其不能像客观事物那样“及之”，因此，要判断其正确与否，则需要用“实事”即实际的事件或事物来检验。魏源的这一观点强调了实践的重要性，具有强烈的唯物主义色彩。那么怎么用实事来检验“虚理”呢？魏源提出了“以实事程实功，以实功程实事”的主张。所谓“实功”，意思是行动的真实效果，这句话的意思是用实际的行动来达到真实的效果，并通过真实的效果对实际的行动进行衡量，只有这样才能达到事功一致的目的，才能对“虚理”做出真实而正确的评价。魏源的这一观点具有强烈的务实色彩。

解决了如何认识、以什么标准认识事物后，魏源又指出了认识的目的。从哲学角度来看，认识的目的即为改变世界，而改变世界需要积极行动、身体力行。魏源在谈到认识的目的时指出：“人定胜天，既可转贵富寿为贫贱夭，则贫贱夭亦可转为贵富寿……祈天永命，造化自我，此造命之君子，岂天所拘者乎？”在这句话中魏源首先否定了“天命”，而强调“人定胜天”，即人们通过后天的行动，可以将富贵转为贫贱，将长寿转化为夭亡，同样可以将贫贱转化为富贵，将夭亡转化为长寿，这一切均是由“造命之君子”决定的。这里的“造命之君子”即为人，也就是说无论先天条件如何，人类后天的努力才是决定事物发展的关键。这一观点与明末清初王夫之的观点一致，强调了人的主观能动性在事物发展中的作用。

在这一观点中，魏源还将人类分为了三种人格，分别为“造命之君子”“侍命之小人”“立命之君子”。所谓“造命之君子”，是指能够充分发挥主观能动性、努力改变命运的人。所谓“侍命之小人”，是指不受天命影响，用强烈的个人意志与命运相抗争，甚至在面对命运的捉弄时，采用极端方式，达到改变命运的目的的人。所谓“立命之君子”，是指不受天命影响，用独立的人格承担起改变世界的重任，甚至不惜以舍生取义的壮举来达到改变世界的目的的人。与“造命之君子”相比，无论是“侍命之小人”还是“立命之君子”虽然都不服从于天命，但都稍显被动，而只有“造命之君子”才能在“造命”的过程中，成就自己的理想人格，同时实现改变命运的目的。在这一观点中，魏源还指出了实现“造命”的途径。魏源认为强大的意志力是“造命”的动力，也是实现“造命”的必然条件。魏源提出“造命之君子”的目的是启智，即将国人从沉睡中唤醒，充分发挥人的主观能动性，以培养能够匡扶世事、改变国家命运的人才，最终达到经世救国、经世富民、经世富国、经世强国的目的。

二、矛盾关系中的唯物主义辩证论

清朝末年社会上存在着两种突出的矛盾关系，即清朝内部地主阶级和农民阶级之间的矛盾关系，西方殖民国家与中华民族之间的矛盾关系。这两种基本的矛盾关系成为魏源哲学思想的基础。魏源的哲学思想体现了其对中华民族和西方殖民国家之间矛盾关系的深刻认识。

在道光二十年（1840）第一次鸦片战争之前，由于清政府长期实行闭关锁国政策，大部分中国人并不清楚西方国家的发展情况，也不清楚中国在世界版图中的位置。当时清朝内部地主阶级和农民阶级之间的矛盾是社会的主要矛盾。第一次鸦片战争后，中国沦为半殖民地半封建社会，中国社会的主要矛盾变为帝国主义与中华民族之间的矛盾。面对以英国为代表的西方殖民国家对中华民族的侵略行为，魏源提出了“师夷长技以制夷”的斗争策略。魏源认为，西方殖民国家的殖民统治和中华民族的反抗之间存在着矛盾，二者之间是一种相互斗争和排斥的关系。但这种关系并不是绝对的，而是相对的。通过学习西方即“师夷”，可以增强中华民族的实力，从而在两者的矛盾中将劣势转变为优势，即达到“制夷”的目的。而要实现“师夷”和“制夷”就必须先对西方殖民国家进行详细了解，只有知己知彼，才能百战百胜。魏源指出“天下物无独必有对”，这里的“独”是指孤立的事物，“对”则是指相对的两个事物，它们之间是一种既对立又统一的矛盾关系，这种矛盾关系普遍存在于自然界和社会中。这是一种唯物主义的矛盾观。认识到矛盾具有普遍性后，魏源认为中华民族和西方殖民国家均属于世界的一部分，在特定的历史阶段，两者之间是一种对立关系。鸦片战争则是中华民族和西方殖民国家即“外夷”之间的矛盾激化的一种表现。在这种历史背景下，二者之间是一种对立的、此消彼长的关系，中华民族不能以投降或和平方式达到二者和谐相处的目的，而只能通过“以甲兵止甲兵”的方式，达到壮大自己、消灭敌人的目的。而要壮大国力，就要建立健全军事力量，“非海战不可矣”。因此，魏源指出中华民族必须先建立一支强大的海军以对抗西方殖民国家，又进一步指出这支海军必须具备强大的进攻与防守能力，而要达到这一点就必须先向西方国家学习。在学习西方国家的先进技术之外，还要学习西方国家的军队培养方法、作战方针等。在《海国图志》中魏源还指出了中华民族在对抗西方殖民国家时的具体作战策略，如“守外洋不如守海口，守海口不如守内河”等防御措施，其具有十分重要的战略指导意义。

此外，魏源还指出这对矛盾中双方的关系是可以相互转化的。第一次鸦片战争时期，与装备精良、财富充足的西方殖民国家相比，清朝则呈现出积贫积弱的一面，国内矛盾突出，腐败的朝政导致军队内部管理松散、武器装备落后、军官和士兵的精神面貌差，兵惰将怯，将官不敢指挥，受制于朝廷，缺少机变权和决断权等，最终使清政府在第一次鸦片战争中失败。然而，通过“师夷”则可以达到改革武器、变革人心、改善将士的精神面貌以及军队管理的目标，从而达到提升中华民族的战斗力、改变中华民族和西方殖民国家的强弱关系的目的。因此，魏源在《海国图志》中指出“善师四夷者，能制四夷；不善师四夷者，外夷制之”，意思是一个国家如果以周边的国家作为老师，向周边的国家学习，那么国力必然强盛，达到“制夷”的效果。相反，如果一个国家对周边国家的进步和长处视而不见，长期实行闭关锁国政策，那么其必然会落后于其他国家。魏源同时指出，清朝应该学习西方殖民国家的火器制造、战舰制造以及练兵养兵之法，认为清朝通过这三个方面的学习可以达到增强战争实力的目的。除此之外，魏源还十分重视作战指挥的作用，提出了“器利不如人和”的观点。这可能与魏源在第一次鸦片战争中亲眼见到清政府及其相关大臣做出了错误的指挥导致战争失败的经历有关。

魏源指出要改变中华民族和西方殖民国家的关系，必须训练、培养一批优秀的指挥人员。在战争中将领的作用十分关键，优秀的作战指挥人员可以通过战术有效发挥作战力量，达到以弱胜强的目的，从而改变战争双方的强弱关系。在唯物主义矛盾关系方面，魏源认为，“制夷”的目的就是改变中华民族和西方殖民者之间的关系，使中华民族从弱者变成曾经的强者，恢复昔日在世界上的强盛地位。虽然两者的强弱关系可以改变，但两者之间的矛盾关系却始终存在。魏源作为一名传统的儒家学者，站在地主阶级的立场上提出了“师夷长技以制夷”的观点。这一行为是儒家经世致用学者对传统的“修身、齐家、治国、平天下”的理想的进一步延展，是为地主阶级服务的，因此具有一定的局限性。从唯物主义辩证思想来看，魏源的这一思想在当时的社会具有一定的先进性，起到了开启民智的作用。

三、反传统的价值观取向

魏源作为一名具有先进经世致用思想的儒家学者，具有鲜明的反传统的价值观取向。这种价值观取向与当时的时代特性和社会背景有着密切的关系。近代以来，尤其是第一次鸦片战争后，中国的社会背景发生了重大变化，一方面，中国沦为半殖民地半封建社会，成为西方殖民国家的原料倾销地。而随着国门的打开，中国的资本主义迅速萌芽，商业得到了发展。另一方面，中国在经济和社会发展过程中与西方殖民国家发生了激烈的利益冲突。西方殖民国家的倾销使得中国和人民日益贫困，大量白银等国家财富外流。在这种社会背景下，中国的仁人志士产生了通过学习西方以及经世致用实践达到壮大中国国力、迅速使中国恢复民富国强地位的想法，魏源就是其中之一。魏源认为只有对传统的“重义轻利”的儒家思想进行变革才能实现富民、富国的目标，因此产生了反传统的价值观取向。魏源的这种反传统的价值观取向包括三个方面，即“缓本急标”的重商观、“崇奢”的富民观、“重利”的财富观。

1."缓本急标"的重商观

在中国传统经济活动中农业被视为根本，商业被视为末流。因此，这里的"缓本急标"中的"本"即指农业；"标"即指现象、表面，此处指工商业。早在明末清初，顾炎武、黄宗羲、王夫之等人就对中国封建传统社会中"重农抑商""重本抑末"的思想给予了批判，提倡"士农工商"皆本的观点。第一次鸦片战争后，清政府战败后需赔偿英国殖民者大量白银，这直接导致清政府国力减弱，国家财政出现严重赤字，造成了国家积贫积弱的后果。农业虽然重要，但在乱世之中并不能迅速积累大量财富，工商业虽在传统的经济活动中属于末流，但可以迅速积累财富。魏源受到明末清初黄宗羲等人思想的影响，对传统的观点进行反驳，提出了"缓本急标"的重商观——"官告竭，非商不为功也"，指出在这种特殊时期只有发展商业才能从根本上解决朝廷的当务之急。魏源提出的"缓本急标"的重商观从根本上说就是通过大力发展商业，增加生产，促进消费，以满足社会需求，增加社会财富。魏源的"缓本急标"的重商观有一个前提，即以国家利益为导向，通过以生产促消费、以消费带生产的良性循环达到发展经济的目的。魏源认为"商"是实现国家富强的重要因素，在特殊的历史时期，只有通过经济改革创造财富，才能解决清政府面临的财政困难。魏源这种"缓本急标"的重商观在近代中国对促进资本主义商业经济的发展具有十分重要的意义。

2."崇奢"的富民观

第一次鸦片战争后，随着中国资本主义商业经济的萌芽，中国传统的消费观也发生了变化。中国儒家思想中一直有"黜奢崇俭"的观念，提倡节俭，反对奢华。魏源则对这种传统观念进行了反驳，提出了"崇奢"的富民观。魏源的这一观点有一个前提，即认为传统的"黜奢崇俭"观念是十分正确的，但其并不适用于全体国民，只适用于统治阶级和社会贫民，而社会上有一定消费能力的富民则不包括在这一范围内。魏源认为统治阶级提倡节俭是十分必要的，这样才不会把民脂民膏用在过多的奢侈品上；贫民本身就没有财富积累，仅有的财富需要用于吃穿，因此也应提倡节俭。然而，具有一定消费能力的富民则不必过分节俭，而应“崇奢”。魏源认为富民的消费可以带动商品经济的发展，富民在奢侈品上的消费可以促进相关行业的发展，使得大量财富能够在市场上流通，进入商品交换环节，有利于国家资本主义商业的发展。魏源还根据固定资产将富民分成两种类型：一种是有田富民，另一种是无田富民。有田富民可以通过纳税捐租等为国家财政做贡献，但是因为其财富主要集中在田产上，一旦遇到灾荒，其财富就会大打折扣，因此魏源强调国家应对有田富民进行保护。无田富民以商业为生，可以推动商业的发展，政府应对其加以引导和保护。魏源的这种“崇奢”的富民观突破了中国传统价值观的束缚，引发了社会上的重商主义思潮。魏源认为国家应允许富民存在和增加，只有这样才能拉动社会消费，最终达到富国强国的经世目的。

3.“重利”的财富观

义利关系是儒家思想的一个重要内容，儒家认为利益是建立在“义”的基础上的，所谓“君子爱财，取之有道”就是这个意思。魏源的财富观并没有跳出这一思想，只是从经世致用和社会改革的角度出发，具有浓郁的重利色彩。魏源认为“利”与“仁”一样，是天人相和的重要条件；庶民百姓言利、逐利的行为都是十分正常的，且是合乎圣人观念的，因为“圣人以名教治天下之君子，以美利利天下之庶人”，即圣人以名对天下君子士大夫们进行束缚，对天下的庶民百姓则以利进行诱导，使其遵从教化。因此，国家应鼓励民众追求财富，因为普通民众占国民的大多数，他们追求财富，有利于国家繁荣经济、发展贸易、增加税收，对于国家的经济发展大有裨益。

综上所述，魏源从社会变革的需要出发对传统的价值观取向进行了反驳和重新诠释。其反传统的价值观是建立在特殊的时代背景和强烈的爱国主义思想基础之上的，是适应近代社会的发展和变革需求的，因此具有极为重要的现实意义。而其重商观、富民观、财富观具有一定的先进性，其中有些思想至今仍为经济学所沿用。

四、便民的历史观

魏源的历史观与传统的历史观不同，具有一定的先进性。魏源认为世界是由气组成的，即提倡气本论。气聚集后即可成为万物，万物散尽后则又重新变成了气。因为“气化无一息不变”，所以社会和自然界也时刻处于变化中。“三代以上，天皆不同今日之天，地皆不同今日之地，人皆不同今日之人，物皆不同今日之物。”这一变化是向上的变化，体现了历史和时代的进步性。按照魏源的这一思路，后世比前世更进步、更文明；相应地，后世的制度也比前世的制度更加合理、更加适应社会的发展。魏源的这种历史观在当时的社会是一种十分先进的历史观，正因为他倡导“气化日新”的观念，所以他从历史观出发，认为西方社会的民主政治制度与中国传统封建社会的君主专制制度相比有一定的先进性。因此，魏源提倡学习西方国家先进的民主制度。魏源的这一历史观是建立在对西方社会的考察和调查基础之上的。第一次鸦片战争中，国人见识了西方殖民国家先进的生产力，魏源为编著《海国图志》阅读了大量西方国家的资料，从中找到了西方国家先进生产技术产生的原因，并将这一原因归结为西方的政治制度。通过对西方社会的研究，魏源指出，中国已经远远落后于西方各国，要改变这种局面，恢复原有的“天朝上国”的地位，除发展技术和经济外，还必须对清朝现行的参政、议政制度进行改变。魏源在其著作中介绍了西方各国不同的政治制度，因此提出了“合四十九人之智，智于尧、禹”的政治观点，即集体智慧远超古代圣贤智慧。魏源认为圣人尚且免不了有“圣人之过”，何况那些平庸的君主呢？因此认为君主的“独得之见”与全民的“众议参同”相比具有一定的落后性。魏源企图通过这种观点，促使清政府对君主专制制度进行改革，然而其理想虽然是美好的，却不符合清政府和地主阶级的利益。由此也可以看出魏源思想的先进性。

除了倡导学习西方政治制度外，魏源还认识到历史的进步是不以人的意志为转移的，因此提出了“变古愈尽，便民愈甚”的观点，意思是说古代制度变革得越多，对于民众越有利。魏源认为“便民”“利民”是检验国家规章制度是先进还是落后的重要标准。只要人民感到方便，维护了人民的利益，那么当前的社会制度就是合理的、符合人民的发展意愿的，也是符合时代特色的。相反，如果人民感到不方便，损害了人民的利益，那么当前的社会制度就是不符合历史发展规律的。这一观点打破了传统儒家思想中“尽人事以听天命”的被动的宿命论，在当时属于一种先进的历史观。魏源还明确地反对保守主义的复古思想，从务实的民本思想出发，把民众的利益作为衡量社会进步的标准。例如，魏源提出的漕运改革即是从民本角度出发的，力图实现“国便、民便、商便、官便、河便、漕便”的目的。魏源的这种便民、务实的历史观成为后代争相效仿的观点之一。

第三节　魏源经世致用思想的社会实效、影响及时代局限性

魏源是近代经世致用改革家，其经世致用思想不仅极大地推动了鸦片战争前后经世致用思潮的复兴，还对洋务运动、维新运动的改革起到了积极的促进作用。

一、魏源经世致用思想的社会实效

魏源的经世致用思想是以社会变革为目的的，因此在具体应用中取

得了诸多社会实效。魏源经世致用思想产生的社会实效可以划分为三个时期：第一个时期是魏源在贺长龄和陶澍幕府中担任幕客的时期，这一时期，魏源协助贺长龄和陶澍进行了漕运改革和票盐改革；第二个时期是魏源担任东台县令和兴化县令时期，这一时期，魏源的主要实践是县邑内部治理，率领军民积极保坝；第三个时期是魏源担任高邮知州时期，这一时期，魏源的主要功绩为仁政爱民之举。

1.第一个时期，漕运改革和票盐改革

道光五年（1825）至道光六年（1826）的漕运改革是魏源进入贺长龄幕府后参与的第一件朝廷大事，当时魏源从正在编纂的《皇朝经世文编》中汲取了大量的漕运实用知识，为改河运为海运的方案提供了理论建议和实际操作思维。此外，进入陶澍幕府后，魏源积极协助陶澍推行票盐改革，在淮北实行票盐制度并取得了巨大成功。道光三十年（1850），魏源进入陆建瀛幕府，被任命为淮北海州分司运判，上任后带动了淮北盐产量的增加，并成功在淮南地区推行票盐制度，降低了盐价，减轻了百姓的负担。以上两个事迹在前文中均有详细介绍，这里不再赘述。

2.第二个时期，率领军民积极保坝

道光二十五年（1845），五十一岁的魏源终于通过科考被任命为东台县令，在位时间虽然较短，但魏源将其作为自己施展抱负的机会，因此治理得十分用心。但魏源在东台县（今东台市）上任伊始进行征粮时就遇到民众击鼓反对，面对此情景，魏源将滋事者押入监狱，给予抗缴粮食的民众以极大的震慑。此后魏源又通过宽严相济的方针，对被捕入狱的民众进行教育，待其知错后将其释放，并且不追究民众的责任，使得民众心悦诚服，缴纳了漕粮。此外，魏源在东台县时还在县衙庭柱题联“上有青天，一片冰心盟上帝；民皆赤子，满腔热血注民瘼”来提醒和勉励自己为老百姓办实事；同时通过改建书院、兴办义学、整饬育婴院、增加社会救助等方式为百姓办实事，然而其“民社一隅”的志向还没有实现就因母亲去世不得不在家丁忧。

道光二十九年（1849），丁忧结束后魏源出任兴化县（今兴化市）知县，到任时恰逢连降暴雨，这导致兴化县遭遇水灾，颗粒无收。危急时刻，魏源顶着压力上堤坝，查水情，带领士兵和百姓抗洪。正是魏源的坚持，才保住了堤坝，也保住了下游即将成熟的早稻。兴化百姓为颂扬魏源为民保坝的功绩，将其称为“淮扬保障”，还将新收的稻谷命名为“魏公稻”。

魏源在兴化县上任后对兴化县的水利环境进行了详细调研。通过查阅兴化县历代的治水资料、案卷图说，发现自明正统五年（1440）到明崇祯三年（1630）近二百年间，兴化县共发生了二十九次水灾，即平均六年发生一次水灾；自顺治元年（1644）到道光二十九年（1849）的二百多年间，兴化县共发生了五十五次水灾，即平均四年发生一次水灾；仅道光元年（1821）至道光二十九年的二十八年间兴化县就发生了十二次水灾，即平均两年就发生一次水灾。魏源调研后感慨兴化县人民饱受水患之苦，“无一岁不虞河患，无一岁不筹河费，此前代所无也”。为了弄清楚水灾越来越频繁的原因，魏源的足迹遍及兴化县的下河地区以及兴化县周边州县，其通过了解河水情势、水患灾情、堤防状况、地形地貌等，摸清了水系的来龙去脉，并请教兴化县有治水经验的行家，通过长达数月的实地调研，魏源终于弄清楚了兴化水灾越来越频繁的原因。

第一个原因是兴化县地处里下河水系，两面临水，其中淮海在北、运河在西、高宝湖和洪泽湖在东，每年秋汛时淮水水位上涨，导致兴化县发生水灾；而黄河改道淮河后，淮水则向南转移，加快了运河和里下河等河流秋汛期水位上升的速度，导致淮河和里下河流域洪涝灾害频发。

第二个原因是运河东堤上建有昭关坝、车逻坝、五里中坝、南关坝、南关新坝等五座减水坝，平时用条石封死，泄洪时根据各地的实际情况将条石启开即可。然而由于运河堤坝常年失修，其对洪水的防御能力减弱，历任河工为了避免洪水冲毁堤坝，往往不依照以往的规定而提前开坝，给民众造成了巨大的损失。

第三个原因是兴化县内的运河是沟通南北经济的大动脉，能够有效推动沿岸城市的经济发展。黄河改道淮河后携带的泥沙在河道中堆积，使得运河河床逐渐淤高，导致漕运困难。而秋汛时的洪水上涨却可以大大推动当地漕运的发展，因此管理运河的漕运官就将原来商定好的泄洪地点的二十四个河闸全部封死，导致水势一旦高涨，就会威胁运河东堤的安全。这又回到了第二个原因，造成恶性循环。

第四个原因是兴化县整体呈现“锅低洼”的地形，境内河网密布、湖沟纵横，每年汛期都面临着外洪内涝、排水困难的情况。而兴化县入海的河道曲折蜿蜒，下泄时速度极为缓慢。

针对这些原因，魏源经过详细勘查后，撰写了《上陆制府论下河水利书》，并在其中提出了一系列改造措施和主张。其一，对东堤进行加固，杜绝溃堤风险。东堤是里下河和淮河洪水之间的唯一屏障，只有加固东堤，提高东堤的抗洪水能力才能确保兴化县免受洪涝灾害之苦。因此魏源提出用“补砌条石，加桩灌汁”的方法加固东堤，以解决兴化县内的水患问题。其二，对西堤进行加固，以水御水。对东堤进行加固后，魏源没有就此罢休，而是提出在东堤的外面再建筑一道西堤，这样在洪水到来时就有双重保障，而且，西堤筑成后两面都是水，这样就大大减小了水对堤坝的压力，即便水漫过西堤，东堤的压力也不会加大。这一建议得到了朝廷的认可，并调任魏源为运河西堤工程的负责人，总督运河西堤工程。其三，西堤建成后，每年在农时开坝，灌溉农田，改善当地的盐碱地质。东台、盐城、阜宁等海濡之地原来用海水灌溉，不能用于种植；而经过西堤水灌溉后可以用来种植；西堤水灌溉农田的政策还使得高邮、泰州、兴化等地从恶水遍布的地区转变为土壤肥沃、水肥充足的良田。通常情况下只要是西堤水经过的地方，当地农民第二年的收入必然会翻番。此外，魏源认为，每年在立秋前开坝，只有害处没有益处，每年处暑前开坝，利害各占一半；每年处暑后开坝，则只有益处没有害处，因此魏源禀报朝廷后，朝廷规定，每年必须等秋谷丰收后方可开坝放水。其四，汛期为保护漕运，每年河水上涨后漕运官员均会与地方官员就运河堤坝的开坝问题产生矛盾，因此魏源提出了开坝前先启闸以减轻洪水压力，再开坝，以达到分洪减压目的的方法。魏源在兴化县任职时曾向时任两江总督的陆建瀛上书，建议采用先启闸后开坝的方法，陆建瀛同意后，即便是里下河沿线地势较低的农田也能保证不受洪水干扰。其五，通过改革票盐制度筹集资金修建堤坝。道光三十年（1850）魏源改任淮北海州分司盐运运判，其通过在当地改革票盐制度，有效遏制了私盐，降低了官盐价格，稳定了税收，并因此筹集了大笔资金。魏源将这笔资金用于修建和加固堤坝。

魏源提出的治水方针，有效减轻了里下河的灾情，提高了里下河的抗洪能力，然而并没有一劳永逸地解决洪水问题。为此，魏源感慨："以全局形势通筹亦多致疑难，难以操券。"他认为只有对淮河、黄河、运河等进行统一协调治理，才能从根本上解决兴化县的水灾问题。

3. 第三个时期，高邮施仁政

魏源调任高邮知州后，依然坚持经世致用思想，为当地百姓谋福利。魏源刚到高邮时，高邮内部多诉讼。为此，他提高了工作效率，不因诉讼而耽误民生经济。同时，魏源还在当地建立文台书院，以解决学生的求学问题，并将挑筑湖心岛改建为湖船避风之地，用一件件实事体现了其勤政爱民的思想。

二、魏源经世致用思想的社会影响

魏源是近代经世致用思想较为成熟的学者之一，其经世致用思想不仅深刻地影响了与其同时代的学者，在我国近代思想史上也产生了深远的影响，推动了中国近代经世致用思潮的兴起。具体来说，魏源经世致用思想的社会影响体现在两个方面。

第一个方面，魏源的经世致用思想从程朱理学的主导思想中挣脱出来，促进了中国近代的思想大解放。清朝在建立后即对国内的儒家知识分子实行文化专制统治，通过大力扶持程朱理学，控制官方舆论，使儒家知识分子的思想长期处于封闭状态，由此出现了知识分子只关心学术，不言时事，不关心现实生活，畏惧政治，逃避现实的现象。因此，当时的中国思想文化界处于一潭死水、“万马齐喑”状态。而魏源的经世致用思想则犹如一股新风，吹开了清朝文化专制统治的幕布，开启了知识分子关心国事，关注现实，敢于揭露社会黑暗，正视国家面临的处境的新学风。这一经世致用思想为中国人从传统的封建思维向近代思维转化奠定了思想基础。

第二个方面，魏源的经世致用思想弘扬了中国的经世致用学风，推动了中国新思潮的诞生。清朝末年，各种弊政层出不穷，然而面临新的世界形势和新的社会矛盾，其却不断宣扬“天不变，道亦不变”的思想，统治阶级坚持“祖宗之法不敢言变”的陈腐观念，导致整个社会在巨大的内忧外患下却抱残守缺，不敢言变。然而，魏源等一大批杰出的儒家知识分子却从西方社会的变革中产生了强烈的危机感，因此魏源从经世救世的角度出发，想通过自己的著作和思想来化解社会危机，改变清朝积贫积弱的局面。魏源的经世致用思想和经世改革实践对顽固守旧的观念造成了冲击。尤其是在第一次鸦片战争后，魏源在其编纂的《海国图志》中对西方国家进行了详细的介绍，使人们真正认识到中国在世界上的地位。魏源通过“悉夷”“知夷”“制夷”的主张，激发了近代知识分子革新图强的勇气，加快了近代中国向西方学习的步伐，推动了中国文化的发展。

三、魏源经世致用思想的时代局限性

魏源的经世致用思想在当时社会的进步意义毋庸置疑，然而其也有着受时代所限的消极的一面，具体体现在以下几个方面：

第一，魏源经世致用的最终目的是提高国家实力。其提出的“师夷长技以制夷”的救国思想，试图通过单纯的技术改革提高国家的综合实力，以历史的眼光看，这是十分天真的。时隔数十年，魏源的思想终于得到了朝廷重臣的肯定，他们通过开办军事学校、制造船舰和先进的火器等提高国家的军事实力；同时开办工厂，推行近代商业制度，试图通过经济上和军事上的“师夷”达到“制夷”的目的。然而，按照这种思路辛苦训练的北洋水师却在甲午战争中失败，轰轰烈烈的洋务运动也无疾而终。由此可见，对于当时的中国来说，只对技术或经济进行改革是无法改变现状的，只有通过对政治的改革才能达到社会变革效果。然而，魏源的知识体系及哲学体系，以及长期的儒家思想文化的影响使得魏源的思想具有一定的局限性，他虽然对英国的君主立宪制和民主政治制度十分向往，却不能提出改革封建专制制度的建议，而如果不能彻底推翻封建专制制度，社会变革就不会成功。

第二，魏源坚持经世致用思想，但却对一些具有积极意义的思想进行了屏蔽。在第一次鸦片战争前，魏源一直坚持以经治世的思想，认为传统文化可以用来对现实社会进行改革。

第三，魏源的经世致用思想没有跳出儒家传统知识分子的局限。魏源希望通过以经治世、以史治世来达到提高国家实力、使人民安居乐业的目的，却没有意识到资本主义国家的进步，因此魏源这种在乱世中通过实政改革达到治世致用目的的理想是不可能实现的，提高国家实力只有通过整体的社会改革才能实现。

当然，魏源经世致用思想的时代局限性并不能抹杀其所具有的积极意义。

第四章　魏源经世致用思想与《皇朝经世文编》

第一节　《皇朝经世文编》的创作背景和主要内容

《皇朝经世文编》又名《皇清经世文编》《清经世文编》。该书共有一百二十卷内容，收集了自清朝建立至道光二年（1822）的各类论著、官方文书、官员奏疏以及书札等六百五十四位作者的两千两百三十六篇文章。该书是清末民初以“经世文编”命名的第一部经世致用著作，反映了以贺长龄和魏源为代表的经世致用学者对经世实务的重视，也标志着清朝末年经世致用思潮的形成。

一、《皇朝经世文编》的创作背景

《皇朝经世文编》是由贺长龄主持，以魏源为主要编纂者编纂的经世文集，其创作背景包括社会背景和学术背景。

（一）社会背景

《皇朝经世文编》开始编著于道光五年（1825），成书于道光六年

（1826）。当时道光皇帝上位仅五年，史称“嘉道中衰”的时期。这一时期，清王朝前几代帝王励精图治打造的“康乾盛世”已落幕。从乾隆末年开始，官员贪污、营私舞弊成风，吏治越来越腐败，国家财政收入日益减少。到了道光年间，国力已开始走下坡路，突出表现在以下几个方面：

第一，贪污腐化成风。清朝内部贪污腐化的不正之风开始于乾隆时期，乾隆帝是清朝历史上当政时间较长的一位，其在位时间长达六十年，而掌权时间长达六十三年之久。在这段时间内，乾隆皇帝为清朝的兴盛建立诸多不世之功，然而也为清王朝的衰落埋下了隐患。尤其是乾隆中晚年时期，倡兴奢侈之风，他曾效仿康熙六次下江南巡视，每一次都耗资甚多，是康熙年间的十倍有余。而每逢乾隆皇帝大寿以及皇室成员过寿时，都大肆操办，奢侈之风盛行。这种由皇室引发的奢侈之风迅速被民间效仿，助长了官场和社会上奢侈浪费的不正之风。这种奢靡之风在乾隆帝的纵容下愈演愈烈，到了嘉庆、道光年间，尽管朝廷号召节俭，但也无法遏制。

第二，吏治败坏严重。乾隆中晚期时吏治已经严重败坏，具体表现在权臣当道弄权，官吏结党营私严重，对上欺蒙粉饰，对下贪污克扣，官吏昏聩无能，大贪、巨贪横行。乾隆后期任用大贪官和珅，宠信和珅近二十年。其间，和珅大肆培植党羽，其党羽内有公卿之流的朝廷勋贵，外有封疆大吏，不依附于和珅的官员则被其肆意排挤，“不附己者，伺隙激上怒陷之，纳贿者则为周旋”。和珅这种专横跋扈的行为在嘉庆帝上位后仍未有所收敛，反而依仗乾隆帝的太上皇之威更加嚣张。和珅在被宠信的二十多年中大肆贪污受贿，积聚起了惊人的财富。乾隆帝驾崩，和珅被抄家。据统计，其家产约为清朝十五年的财政收入。嘉庆、道光年间依然是权臣当道，其他官员慑于权臣之威不敢多言，大多奉行“多磕头，少说话”的为官之道，将国家大事、要政统统抛诸脑后，出现了大批无能力、无作为的官员。官场上吏治十分黑暗，各种弊政层出不穷，在军队方面突出地表现为军务废弛。清朝的八旗军队中腐败横行，奢侈之风盛行，官兵只知蓄积财富，“其在京谙达、侍卫、章京无不营求赴军，其归自军中者，无不营置田产，顿成殷富”，军队无心训练，导致八旗军丧失了战斗力。

第三，土地兼并严重。清朝中期以后，随着地主阶级的政治地位日益巩固，其经济势力大增，导致一大批清朝贵族、官僚阶级、地主、有钱有势的商人开始对土地进行疯狂兼并。清朝的土地兼并始于清朝初期的圈地运动。清兵入关后，满洲贵族以八旗田、皇室庄田、宗室庄田等各种名义圈占了大量良田。此后，八旗圈地的行为一直存在，康熙八年（1669）清朝才正式下达了停止圈地的旨意，然而满洲贵族仍然大肆侵占民田。据统计，乾隆时期，仅由皇室控制的各种官田和皇庄就有六七千万亩。而乾隆后期，仅和珅侵占的良田就达数千顷，除了满族权臣和官员，汉族官员也借助权势大量侵占良田。一般的大商人和大地主则动辄兼并千万亩良田。到了嘉庆时期，土地兼并越来越严重，导致“富者田连阡陌，而贫者无立锥”的局面。大批失去土地的农民沦为大地主和大商人的雇工和佃农，甚至出现了大量无田可耕、无地可居的流民。而沦为佃农的农民则不得不接受地主阶级的残酷剥削，缴纳朝廷的各种苛捐杂税，造成大批农民挣扎在贫困线上。一旦遇到水旱灾害，这些佃农或少地的贫民就不得不沦为流民。各地政府对于流民多采取驱赶的态度，因此流民遍布全国各地，城市、边疆、关外、深山密林等都有流民的足迹。据统计，嘉庆时期在北京城内的流民有十万多人，大部分流民沦为乞丐，以讨饭为生。这种严重的土地兼并现象导致社会经济凋敝，同时大批流民的存在以及频繁迁徙为社会增添了不稳定因素，导致社会动荡不安。

第四，农民起义四起。清朝后期大规模的农民起义频繁爆发，清政府与起义军长年混战，导致人民生活在水深火热之中。嘉庆元年（1796）在四川、湖北、陕西边境地区爆发了白莲教大起义，此次起义的时间长达九年零四个月，这次战乱波及湖北、四川、陕西、河南、甘肃等多个省内的数百个县乡。起义军还攻破和占据了清朝数百个州县。清朝在镇压这次起义的过程中调用了全国十六个省的兵力，耗费白银两亿两，相当于清政府五年的财政收入。这次起义也是清朝国力迅速衰落的重要原因之一。嘉庆十八年（1813）在京畿一带和河南、直隶、山东三省交界处爆发了天理教民变，这次农民起义虽然很快便被镇压，但其影响却十分深远。之后昏聩的清朝又实行闭关锁国政策，对西方殖民国家通过鸦片对中国进行贸易侵略的行为视而不见。鸦片不仅摧残了中国人民的身心健康，也对中华民族的生存造成了严重威胁。

（二）学术背景

“康乾盛世”时期，由于清政府大兴文字狱，儒家学者不敢议论时政，而是回归书斋，专注于文字、音韵、训诂、金石等研究，使得清朝学术水平大大提升，然而相应地形成了脱离实际、趋于末流的学风。此外，程朱理学发展到清朝时，崇尚空谈，不切实际，使得晚清在种种社会危机面前全无对策，于是儒家学者开始对此进行反思。当时社会上兴起了两个学派：一个是产生于宋朝的宋学，另一个是诞生于清末的今文经学。宋学曾一度在清朝科举制度中扮演士子入仕的敲门砖的角色，屈居宋明理学之下。嘉庆、道光年间，汉学衰微，宋学趁机复兴，这一时期的宋学根据时代的发展特色增添了经世致用的思想。今文经学则是由庄存与、刘逢禄开创的以公羊学中的“三世说”和孔子“受命改制说”为核心内容的、宣扬经世思想的学说。今文经学紧密联系现实，致力于解决漕运、河防、盐政、兵饷等问题，为经世致用派的改革提供理论与史实依据。

面对日益严重的社会弊病和社会上的不良学风，一些有识之士萌发了通过改革使国家走出困境，再现“康乾盛世”的想法，贺长龄就是其中的一员。他们试图通过从古代的儒家经典、边疆史志、典章制度、政策政令中寻找经验，以图改革。

1825 年，贺长龄出任江苏布政使后萌生了通过编纂文编的形式为改革提供理论依据的想法，鉴于其日常政务繁忙，所以需要另外选择一个人来负责这本书的编纂。贺长龄便选择了其知交——魏源。

二、贺长龄与《皇朝经世文编》

（一）贺长龄生平与成长经历

贺长龄是湖南善化人（今长沙人），出身书香门第，其一生经历可以分为三个重要阶段。

第一个阶段即乾隆五十年（1785）至嘉庆十三年（1808），这一阶段主要是贺长龄的幼年和求学时期。贺长龄从小家教严格，又生长于政治、经济、文化中心之地，因此从小受到了良好的教育；二十岁时师从长沙岳麓书院的著名学者罗典，受其经世致用思想的影响，成为经世致用思想的拥趸。

第二个阶段即嘉庆十三年（1808）至道光十四年（1834），这一阶段是贺长龄进入官场的初期阶段。嘉庆十三年二十三岁的贺长龄离开家乡前往北京参加科考，科考通过后成为进士。

嘉庆十四年（1809），贺长龄被授予编修职位，这一时期贺长龄结识了魏源等一批青年才子，在谈论学术时大力宣传湖湘学派的文化思想；

嘉庆十五年（1810），贺长龄改任广西乡试副考官；

嘉庆二十一年（1816），贺长龄担任山西学政；

嘉庆二十五年（1820），贺长龄被任命为御史；

道光元年（1821），贺长龄出任江西南昌府知府，被时任两江总督的孙玉庭大加赞赏；

道光二年（1822），贺长龄出任山东兖沂曹济道；

道光四年（1824），贺长龄出任广西按察使，因防汛有功，于 1825

年调任江苏布政使；

道光六年（1826），贺长龄调任山东布政使；

道光七年（1827），贺长龄调任江宁布政使；

道光十年（1830）至道光十三年（1833）为母丁忧期间贺长龄曾到岳麓书院讲学。

从以上经历中可以看出，贺长龄曾长期担任编修、学政等文职，出入于翰林院等文史资料珍贵且丰富的机构，阅读了大量珍贵典籍；后又辗转各地担任官员，一路从底层官员做到地方中层官员。在北京时贺长龄与各地、各学派的才子和中下级官吏相交；到地方任职时将积累的理论经验应用于实际，使得书本上的知识转化为可以操作的实用之学，并在各个职位上一展才华，积累了大量的实践经验。在理论和实践相统一的前提下，贺长龄也逐渐形成了经世致用思想。

第三个阶段是道光十五年（1835）至道光二十八年（1848）。道光十五年贺长龄带病出任福建布政使；道光十六年（1836）调任直隶布政使，后又调任贵州巡抚。道光二十五年（1845），贺长龄升任云贵总督兼云南巡抚。道光二十六年（1846），贺长龄因云南起义处置不力被降为河南布政使，后又因回民起义被革职，道光二十八年（1848）在故乡去世。

从以上贺长龄的生平可以看出，贺长龄之所以决心编纂《皇朝经世文编》与其个人所受的教育及成长经历有直接的关系。

（二）《皇朝经世文编》的编纂准备

贺长龄决定编纂《皇朝经世文编》时已过不惑之年，这部书是贺长龄在长期的实践中对经世致用思想的一次梳理和解读。

1.确认编纂目的

贺长龄编纂《皇朝经世文编》最主要的目的是为道光年间的漕运改革寻找理论依据。嘉庆、道光年间漕运弊政严重，尤其是道光四年

（1824）漕运运道被冲毁，导致漕运无法正常运转，漕运改革被提上日程。当时朝廷内部对于漕运改革有诸多争议，相关的解决方案有三个：其一为引黄济运，其二为盘坝接运，其三为改行海运。贺长龄在多年的为官生涯中有多次实行漕运改革的经历，在这方面积累了许多实践经验，取得了一定的成绩，他认为在这三个方案中改行海运是最好的方法。为了给自己的改革寻找理论依据，也为了宣传经世致用的思想，贺长龄决定编纂一部以"经世致用"为宗旨的大型文编。

2. 确定主编

在准备编写这部书时，他先选择了一批优秀的人才作为编纂人员。《皇朝经世文编》共收录了两千两百三十六篇文章，编著这样一部卷帙浩繁的文献著作，需要编纂者从浩如烟海的资料中筛选有用的资料。因此，编纂者不但要拥有充沛的精力，还要拥有广博的学识、较高的鉴别能力，最重要的是要有坚定、明确的经世致用思想。

在贺长龄选择的编纂人员中，最主要的就是魏源。魏源的仕途不像贺长龄那样顺利，自嘉庆十九年（1814）第一次到北京参加科考失败后，直到道光四年（1824），魏源始终辗转于科场与各家塾、各官员的幕府中。从魏源的经历来看，其经世致用实践经验远没有贺长龄丰富。而贺长龄选择魏源有如下几方面的原因：第一，魏源的才学广为人知，声名远播。魏源虽然科场一直不得志，但是其对经世致用之学的研究从未止步。在道光五年（1825）进入贺长龄的幕府之前，魏源已经编纂了《曾子注》《老子本义序》《大学古本叙》《孝经集传序》《曾子章句序》《凤凰厅志》等多部著作。第二，贺长龄与魏源渊源颇深。二人都曾就读于长沙岳麓书院，都曾深受湖湘文化的影响。贺长龄与魏源在年轻时就曾相交，贺长龄担任山西学政时曾邀请魏源担任其幕客，因此其对魏源的思想十分了解。第三，也是最为重要的一个原因，受湖湘文化和常州学派的影响，魏源始终坚持经世致用的思想。因此，贺长龄选择魏源作为《皇朝经世文编》的主编。编纂《皇朝经世文编》也是魏源对经世致用思想进行深刻了解的过程，也是促进魏源经世致用思想成熟的关键。

3. 编写保障

因为魏源在编纂《皇朝经世文编》时，其自身的经世致用思想还未成熟，所以贺长龄一直对其起着较为重要的引导作用。此外，一部大型的文献汇编持续时间长，需要众多人员协同合作，还需要收集海量资料，完成后还需要进行印刷和发行，因此需要大量的人力、物力、财力支持。在这方面贺长龄发挥了重要的作用，不仅利用职务之便四处收集资料，还对此次编纂工作给予了经济保障。最后对编次、校勘、刊印、发行等整个编纂过程进行了梳理。

三、《皇朝经世文编》的编纂原则和标准

（一）经世致用的原则

《皇朝经世文编》的编纂总原则为经世致用。这一点是毋庸置疑的，那么什么是经世致用原则呢？魏源在署名为贺长龄的《皇朝经世文编叙》中指出了经世致用的四项基本原则，这四项基本原则也是魏源的经世思想准则：第一个基本原则是“事必本夫心……然无星之秤不可以程物，故轻重生权衡，非权衡生轻重。善言心者，必有验于事矣”。第二个基本原则是“法必本夫人……然恃目巧，师意匠，般、尔不能闭造而出合。善言人者，必有资于法矣”。第三个基本原则是“今必本夫古……然昨岁之历今岁而不可用，高、曾器物不如祖、父之适宜。时愈近，势愈切，圣人乘之，神明生焉，经纬起焉。善言古者，必有验于今矣”。第四个基本原则是“物必本夫我。然两物相摩而精者出焉，两心相质而疑难形焉，两疑相难而易简出焉。……切焉劘焉，委焉输焉。善言我者，必有乘于物矣”。这四项基本原则分别从“心与事”“人与法”“古与今”“物与我”的四种关系方面对经世致用进行了阐述。关于这四个基本原则的具体意思，在前文中曾进行了详细解读，此处不再赘述。

（二）《皇朝经世文编》编纂原则

《皇朝经世文编》是一部卷帙浩繁的文献著作，需从浩如烟海的书籍、资料中撷取所需的部分，这就要求编纂者依据一定的标准对材料进行筛选和加工。魏源在《皇朝经世文编·五例》中提出这部著作遵从审取、广存、条理、编校、未刻五项编纂原则。所谓“审取”，即不同的书籍、资料的宗旨、实用目的等各不相同，在编纂中以经世致用原则作为衡量标准，以学术为纲领进行分类；所谓“广存”，即编纂时不可因人而废言，不论原作者是否有名，不论其资料来源是儒家经典还是平民的文章，不论其中所述道理是浅显还是高深，也不论其是呈于朝堂的奏疏还是朋友间的私论，只要是符合经世标准的，全都加以收录；所谓“条理”，即严格地按照标准将内容进行分类，按照纲目进行编纂；所谓“编校”，即参考陆耀《切问斋文钞》的体例进行编纂；所谓“未刻”，即说明刊刻的具体事宜。

（三）《皇朝经世文编》选文标准

《皇朝经世文编》编纂原则中的“审取”“广存”指明了选文标准，其具体包括以下六个标准。

第一个标准，“三不取”。选文的标准首先要符合经世致用的要求，即“道存于实用”“时务莫切于当代”，既要有实用价值，又要切合嘉庆、道光年间的社会发展趋势和时代背景。在这一前提下，“三不取”主要体现在：一不取观点艰涩粗劣的文章；二不取观点陈旧、不适合嘉庆、道光年间时代背景的文章；三不取观点在过去对国有益而现在却是窠臼的文章。

第二个标准，异说并存。在《皇朝经世文编》中存在着众多意见不一致甚至完全相反的观点，其常常是在对某一事物或事件讨论时产生的。例如，对于酒禁政策，不但收录了支持酒禁的文章，也收录了反驳酒禁的文章，还对阐述如何禁酒、提出具体的禁酒措施等的文章进行了收录。收录这些观点相异的文章是为了达到经世致用的目的，为读者提供更多解决问题的思路。

第三个标准，不因人废论。这一点是《皇朝经世文编》的一个十分重要的选文标准。《皇朝经世文编》中收录了六百五十四位作者的文章，这些作者中有的是学术界著名的鸿儒，有的是不知名的儒家学者，有的是高中状元的俊才，有的则是默默无名的举人，然而无论是什么身份，只要其文章符合《皇朝经世文编》“适用之文”的标准，即可收录。

第四个标准，取材广泛。《皇朝经世文编》中选取的文章有鸿篇巨制，也有奏疏、书信等。这些文章主要的来源有两个：其一是专集，包括私人著述、文集、书札、奏疏、公牍等在内的文章均属于专集，这类文章在《皇朝经世文编》中占比为百分之六十左右。其二是他书别见，即没有收入文集的文章，但该文章所述事件在其他著作中也被提到了。这一来源主要包括各类政书、文献汇编、府志、州志、县志等。除了这两个主要来源外，还有一种来源是传钞，即抄本。它们并没有刻印或出版，其内容难以复核，但是可以充实《皇朝经世文编》的内容。因此，为了避免遗漏重要文献，《皇朝经世文编》中收录了八位作者的传钞中的文章。

第五个标准，收录部分当时还在世的学者（时人）的文章。这是仿照陆耀的《切问斋文钞》收录文献的一种方法。《皇朝经世文编》收录了五十四位在世学者的一百七十九篇文章，占《皇朝经世文编》总篇目的百分之八，其中包括魏源自己的十余篇文章。《皇朝经世文编》中收录在世学者的文章的标准是其能否解决社会危机，是否具有实用性。这些文章大多涉及漕运、河政、兵政等时政问题的解决方案。

第六个标准，以刻本为依据。魏源曾指出《皇朝经世文编》在编纂中“咸据椠本”，这里的“椠本”即为刻本，也就是正规的出版刊印的图书，有明确的来源。虽然部分内容来自传钞，即抄本，但因其所占比率小，所以不影响《皇朝经世文编》的整体选文质量。

四、《皇朝经世文编》的内容

《皇朝经世文编》中收录了从清朝顺治帝至道光五年（1825）前后近二百年历史的清朝早期、中期的两千余篇文献，按照编纂体例可分为学术、治体、吏政、户政、礼政、兵政、刑政、工政八纲，这八纲中又包含六十五目总共一百二十卷。[①]

（一）学术

学术纲中共包含六卷文章，这六卷中又分为原学、儒行、法语、广论、文学、师友六个目，其中包括顾炎武、唐甄、阮元、潘耒、龚自珍、全祖望、李二曲、黄宗羲、章学诚等人的一百一十七篇文章。这些文章的主旨涉及传统学术中的立志、立节、立吉、立功、原性、原道、原天、原人、原命、天道、人为等问题。正如上文所说，其中一个主旨的文章涉及的观点可能完全相反。然而，无论是观点相近还是相反均突出了学术的实用价值，因此收录在学术纲中的文章都是研究清朝自开国以来至第一次鸦片战争前的学术风气、价值观念、思维模式等方面的宝贵材料。

（二）治体

治体纲中共包含八卷文章，这八卷又分为原治、政本、治法、用人、臣职五个目。其中，“原治”目中涉及“治”的本质的问题，选编了王霸之辨、去争、持满、权实、富民、尚朴等主题的文章。“政本”目中涉及对皇帝言行的要求问题，选编了唐甄的《抑尊》、熊伯龙的《纳谏》、冯景的《鼻息说》、茅豫的《请行实政疏》和嘉庆帝的《遇变罪己诏》等文章。“治法”目、“用人”目涉及法治与人治的关系问题。“臣职”目则综合了为臣职分和评价人物的标准等方面的文章。

① 李汉武．魏源传[M]．长沙：湖南大学出版社，1988：73.

（三）吏政

吏政纲中共包含十一卷文章，这十一卷又分为吏论、铨选、官制、考察、大吏、守令、吏胥、幕友等八个目，共收录文章二百一十三篇，这二百一十三篇文章对封建政治体制下的吏治问题进行了详细探讨。

（四）户政

户政纲中共包含二十八卷文章，这二十八卷又分为理财、养民、赋役、屯垦、八旗生计、农政、仓储、荒政、漕运、盐课、钱币、榷酤（酒税）等十二个目，涵盖了封建国家经济方面的所有问题，并对这些问题进行了全面探讨，其中涉及税收、农业政策、漕运、盐法、币制、备荒等问题的文章是研究第一次鸦片战争前清代的经济状况的宝贵资料。

（五）礼政

礼政纲中共包含十六卷文章，这十六卷又分为礼论、大典、学校、宗法、家教、婚礼、丧礼、服制、祭礼、正俗共十个目，其中收录的文章对鸦片战争前清代的封建社会等级制度、政治伦理、礼法制度、行为规则、民情风俗、社会心理等问题进行了全面讨论。

（六）兵政

兵政纲中共包含二十卷文章，这二十卷又分为兵制、屯饷、马政、保甲、兵法、地利、塞防、山防、海防、蛮防、苗防、剿匪十二个目，这些目中收录综合的文章涉及清代兵制、兵饷、军事方面指导思想、战略战术原则和清政府镇压人民与各少数民族反抗的问题，是研究清代前期战争史的重要资料。

（七）刑政

刑政纲中共包含五卷文章，这五卷又分为刑论、律例、治狱三个目，其中收录的文章对清代早、中期的人治、刑法等问题进行了讨论，也体现了封建专制制度中的人治刑法的缺失。

（八）工政

工政纲中共包含二十六卷文章，这二十六卷又分为土木、河防、运河、水利通论、直隶水利、直隶河工、江苏水利、各省水利、海塘九个目，其中收录的文章是研究清代水利和黄河治理的重要资料。

五、《皇朝经世文编》的编纂方法

《皇朝经世文编》在选取文章时对其进行了去粗取精的加工，以保证所录文章达到经世致用的要求，在具体的编纂中采取了七种方法：

其一，修改标题。《皇朝经世文编》中收录的文章除了少部分原文引用的标题没有改动外，大部分标题都进行了改动。这种改动包括两种情况。第一种情况是选录多篇文章重新组合成一篇文章，这样的文章的标题统一重新拟定，或者选取所收录的众多文章中的一篇原文的标题作为整合后的文章的总标题；或者选用同一著作中的多条语录重新拼合成一篇文章，这样的文章因为无法使用原文的标题，所以根据所选语录的内容重新拟定标题。有的拼合文章所收录的文章并没有统一的主旨，在拟定标题时无法用一个统一的主旨进行概括，这时就以“杂言”为标题进行统摄。第二种情况是选录的文章中出版一篇文章或一本专著。在这种情况下也根据收录文章内容和主旨的不同而对文章的标题进行了重新拟定。重新拟定的标题要么反映了收录文章的主题内容，如将收录的《南崖集·卷二·上成佥事三》的标题修改为《皇朝经世文编·兵政十·上成佥事论昌化海防》，修改后的标题依从了《皇朝经世文编》的体例，且从标题上即能了解文章的主题；要么反映了文章适用的地区和范围，如将收录的《培远堂文檄·卷三十九·申饬不阅文稿檄》的标题修改为《皇朝经世文编·吏政七·申饬陕闽属不阅文稿陋习檄》，其中标明了其适用的范围是“陕闽属”；要么通过在标题中加入“记”“说”“述”等具有文体特征的词汇表明文章的所属种类及性质，要么综合运用以上几种方法。在这种方法中有的文章也会对原文的标题进行删减，以更符合《皇朝经世文编》的体例。无论哪一种修改标题的方法都有一个共同的标准，即准确、朴实、简明、真实，以方便读者检索、查阅。

其二，拼合文章。《皇朝经世文编》很少选用单独的文章，更多的是将几篇文章进行拼合，拼合文章的总原则为主旨内容保持一致。拼合的方法主要有三种：第一种是将同一篇文章中的几个段落按照一定的逻辑顺序进行重新编排，以使文章的主旨更加明确、更加切合现实，具有更强的经世致用性。第二种是从不同的文章中摘录主旨相同的段落重新拼合成一篇文章，有的则是将几篇不同的文章进行全文拼合，为了保证拼合后的文章读起来通顺，编者在文章中加入了过渡词语或句子，或者将所选文章或段落中的个别词语或句子进行了简化和删减，以达到融会贯通的目的。第三种是将多篇文章进行拼合，这种方法主要适用于书信格式的文章。与第二种方法类似，在这种方法中编者也将文章中的个别词语或句子稍加修改，以使文章更加通顺。

其三，添加词语或句子。这种方法即在多篇文章拼合而成的文章中加入过渡词语或句子，以使上下文之间过渡自然。

其四，修改词语或句子。《皇朝经世文编》收录文章的过程中，为了使文章指代更加准确会对原文章中的词语或句子进行修改。修改的内容包括：修改年号、事件名称以示对本朝先贤的敬意；修改代词以使指代更加清晰、明了；修改句子的表述方式以使文章的主题更加明确；将口语化的词语或句子修改为书面语或将主观色彩浓厚的词语修改得更加客观；将原文中涉及地名的称谓不一致的词语改成统一称谓等，以确保文章的整体性和连贯性。

其五，对文章进行删减。《皇朝经世文编》中所收录的文章具有很强的实用性，十分精练，因为其在收录文章时常会对文章进行删减。具体的删减方法有：对奏议类文章的例句、奏疏特有的措辞用语进行删减；对收录文章中重复的内容进行删减，在收录文章中有的是同一篇文章前后内容重复，有的则是几篇文章中部分内容重复，编辑者在收录过程中对这些文章进行了去粗取精，删除了重复内容，只摘录与所收录文章主旨相关的段落，将其他与主旨无关的段落删除。

其六，对文章进行精简，使其表述更加简练。《皇朝经世文编》是鸿篇巨制，所涉八纲六十五目每目中收录多篇文章，每篇文章只有三五百字，可谓言简意赅，然而这三五百字却将文章的主旨表述得十分清楚、透彻。具体的精简方法有以下几种：第一种为对原文举例部分进行精简；第二种为对原文中具体的说明性文字进行精简；第三种为对原文中个别句子进行精简。

其七，在文章中加入句读和圈识。《皇朝经世文编》的一大特色为打破了古文中不加句读的传统。为了使文章阅读起来更加方便、更加容易断句、意思表述更加清晰明了，编辑者在文章中加入了句读和圈识："句读以省浏览，圈识以明章段。"

《皇朝经世文编》这些编纂方法成为清朝末年以来编纂文献的重要方法和策略，对后世文献编纂也有较大影响。

六、《皇朝经世文编》的意义

《皇朝经世文编》掀起开创了清朝末年的"经世文编"热潮，在中国近代文化史上具有十分重要的意义。

首先，《皇朝经世文编》具有珍贵的文献价值。《皇朝经世文编》中收录了清朝早期和中期的两千多篇文章，其来源广泛，除了一部分来自作者的专集外，大部分来自当时的各种散见材料。如今，这些材料中的大部分原本已经遗失，只在《皇朝经世文编》中有所保留，其中涉及的一些文章反映了清朝早期和中期的学术或施政方针、纲领等，有的为仅存的资料，有的与珍贵的史料相互印证，成为后人研究清朝历史的重要参考资料。而与《皇朝经世文编》同一时期或在《皇朝经世文编》后编纂的《皇舆图表》《会典提纲》《明代经世》《职官因草》等文献资料因编成后未及时刊刻而导致编纂原本遗失，这也从另一个角度证明了《皇朝经世文编》的珍贵。

其次，《皇朝经世文编》开创了清朝末年经世致用的时代潮流。魏源和贺长龄并不是经世致用文编的首创者，早在明代崇祯年间，陈子龙、徐孚远、宋徵璧等人就编纂了《明经世文编》。这部文献对明朝末年"俗儒是古而非今，撷华而舍实"的腐朽学术风潮进行了批判，本着"明治乱、存异同、详军事"的目标对明朝的政治进行了总结，企图从中找到经世、救世的方法。这部文献对明末清初顾炎武、黄宗羲的经世思想具有一定的启发意义。此后，明代陈九德著有《皇明名臣经济录》、陈其愫著有《皇明经济文辑》、万表著有《皇明经济文录》，这些著作均为经世致用文编，然而在明朝并没有引起社会的广泛关注。清朝的学风共有"三变"。第一变是顾炎武、黄宗羲等受明代经世文编影响的明末清初思想家，在明朝灭亡后开始从文化上检讨明朝灭亡的原因，从而得出了空谈误国的结论，开始倡导关注现实，表现在经学上即重视儒家经典著作，倾向于从儒家经典诸经的本意中寻找理论，以对社会实际工作进行指导。因此，以实学思潮为核心的社会批判学风兴起，这一学风在一定意义上对明代末年兴起的空谈心性的学风进行了纠正。第二变是清政府统一全国后开始加强国内文化统治和思想统治，一方面大兴文字狱，用残酷手段压制知识分子对时事的抨击和议论；另一方面尊程朱理学为正统，鼓励知识分子以此为研究对象，并在科举制度中为程朱理学张目。此外，清政府还通过培养、收买知识分子意见领袖以及开办史馆等方式对知识分子加以引导。在这种软硬兼施的政策下，清朝学风转向考据学、文字学等纯学术研究，不再关心和议论时事、实务，从而导致知识分子对明朝末年兴起的经世致用思想进行了完全否定。第三变是嘉庆年间朝廷面对日益尖锐的社会矛盾以及频繁的农民起义，无奈之下只能转而求助于经世致用思潮和实学。因此，在嘉庆十八年（1813）天理教农民起义后嘉庆皇帝下达了《遇变罪己诏》，号召政府和学术界“行实政”。在政府的鼓励下，清朝的学风从不关心世事的纯学术风向经世致用转化，一些有志之士也不再只满足于在学术上的通经致用，而是运用经世致用思想对社会弊政进行改革。贺长龄和魏源在清朝末年编纂的《皇朝经世文编》正是沿用了这一思想，该书也是清朝第一本经世文编。不同于《皇明经世文编》，《皇朝经世文编》一经发行就引起了社会轰动，“数十年来风行海内，凡讲求经济者，无不奉此书为矩矱，几于家有其书”。《皇朝经世文编》的出版与流行引发了众多学者争相模仿，一时间社会上类似经世致用文献的著作层出不穷，直到民国年间这种学术风潮方才止息。据统计，模仿此文献的著作中比较著名的有道光二十九年（1849）刊印的张鹏飞所作的一百二十卷《皇朝经世文编补》、光绪八年（1882）刊印的饶玉成所作的一百二十卷《皇朝经世文续编》、光绪十四年刊印的管窥居士所作的一百二十卷《皇朝经世文续编》、光绪二十四年（1898）刊印的陈忠倚所作的八十卷《皇朝经世文三编》、光绪十四年（1888）刊印的葛士濬编纂的一百二十卷《皇朝经世文续编》、光绪二十三年（1897）刊印的盛康所作的一百二十卷《皇朝经世文续编》、光绪二十三年刊印的三画堂主人所作的四十卷《皇朝经世文三编》、光绪二十四年刊印的麦仲华所作的二十一卷《皇朝经世文新编》、光绪二十七年（1901）刊印的邵之堂编纂的一百零七卷《皇朝经世文统编》、光绪二十七年刊印的求自强斋主人编纂的《皇朝经济文编》、光绪二十八年（1902）刊印的储桂山编纂的三十卷《皇朝经世文续新编》、光绪二十八年刊印的金匮阙铸补斋二十六卷《皇朝经世文五编》、光绪二十八年刊印的甘韩所作的二十一卷《皇朝经世文新编续集》、光绪二十八年刊印的何良栋编纂的五十二卷《皇朝经世文四编》、光绪二十三年刊印的求是斋主人所作的三十二卷《皇朝经世文五编》、光绪二十九年（1903）刊印的于宝轩所作的八十卷《皇朝蓄艾文编》、光绪二十七年（1901）刊印的阙名所作的一百二十卷《皇朝经世文统编》、1914 年刊印的上海经世文社编纂的 40 卷《民国经世文编》等。[①] 这种学术界争相续作此书的现象充分反映了《皇朝经世文编》在清末经世致用思潮中的重要地位。

再次,《皇朝经世文编》是研究魏源经世致用思想的重要材料。魏源是清末著名的经世致用学者，其阅读面广，学识渊博，对各家学说与思想均有研究，并能取各家所长进行融会贯通。《皇朝经世文编》涉及多个学派的多种思想和学说，体现了主编纂者魏源的思想和学术研究，是研究魏源经世致用思想渊源的极佳著作。梳理魏源的经世致用思想渊源还需从研究《皇朝经世文编》收录的文章入手。《皇朝经世文编》中共收录了六百多位作者的文章，这些作者几乎均为各家各派有影响力的代表人物。从学术和时间上来讲，这些作者可大体划分为七类：其一，包括顾炎武、黄宗羲、唐甄、李颙、王锡阐、熊伯龙、戴震等在内的明末清初思想家；其二，包括章学诚、全祖望、万斯同、万斯大、顾祖禹等在内的清代史学家；其三，包括张履祥、陆陇其、陆世仪、顾栋高、汤斌、熊赐履、李光地、朱珪等在内的清代理学家；其四，包括毛奇龄、汪中、焦循、徐乾学、张尔岐、凌廷堪、阎若璩、齐召南等在内的清代考据学家；其五，包括侯方域、朱彝尊、沈德等在内的文学家；其六，包括贺长龄、阮元、汪志伊、孙星衍、戴均元、张师诚、杨芳、程含章等在内的崇尚实政的封疆大吏；其七，包括龚自珍、姚莹、章谦存、包世臣等在内的魏源的好友。魏源从这些学者的思想中汲取营养，如其漕运、盐政、水利、币制等思想就是参考了以上学者文章中的成果，并结合自己的经验而形成的。《皇朝经世文编》是魏源编著的第一部经世致用著作，如果说在编纂《皇朝经世文编》之前魏源的经世思想还没有成熟的话，那么《皇朝经世文编》的编纂成功标志着魏源经世思想的成熟。为了编纂这样一部鸿篇巨制，魏源查阅了浩如烟海的文献资料并在该书中通过

① 李汉武．魏源传 [M]．长沙：湖南大学出版社，1988：77.

编纂主旨确立、文章取舍、对立或相异观点的处理以及事与心的关系、人与法的关系、古与今的关系、物与我的关系等体现了经世致用思想。

最后,《皇朝经世文编》完善了“经世文编”体例。《皇朝经世文编》之前,虽然已有明代末年的经世文编书籍,但是其体例都不成熟,直到《皇朝经世文编》编纂成功,文编的编纂标准和原则才得以确立。因此,《皇朝经世文编》的一大突破和创新即完善了文编的体例,此后的续编或补编等均是参考该书的体例编纂而成的。

第二节 《皇朝经世文编》的经世致用思想研究

《皇朝经世文编》共分八纲,分别为学术、治体、吏政、户政、礼政、兵政、刑政、工政。八纲中又分为六十五目,每一目基本均为一个经世致用专题。例如,“吏政”又分为吏论、铨选、幕友等八项专题,分别从八个方面论述了相应的主题,为后人详细了解吏政相关问题提供了重要思路;又如,“兵政”中包括兵法、地利、塞防、海防等十二项专题,每一项专题均具有较高的经世致用价值,针对相关的治理和防范进行了阐述。这里笔者仅对《皇朝经世文编》中的吏治、海防、慎刑、科举等方面进行分析。

一、《皇朝经世文编》中的吏治观

《皇朝经世文编》编纂前期是清朝吏治问题较为严重的时期,因此《皇朝经世文编》中收录的关于吏治的思想较为全面。“吏政”下的八个专题对官员的养廉、裁减官员、端正官场风气等进行了详细研究,其经世致用思想主要体现在治吏、选吏等方面。

（一）治吏

所谓“治吏”，即整顿吏治，也就是对官吏的治事成绩进行研究。历史上，无论哪一个朝代都把吏治腐败当作重大问题来对待，早在我国封建君主专制制度建立之前，我国各政权就对治吏提出了要求，如先秦时期即提出了“治国必先治吏”的主张。由此可见，我国很早就十分注重治吏的研究。到了清代，康熙帝曾指出“民生之安危，由于吏治之清浊”，将治吏与国家安危紧紧联系在一起。治吏首重用人，古代传统的儒家思想提出了“用人唯贤”的主张，这一主张被历代统治者沿用。“贤德”和“清廉”历来是各朝推崇的官吏素质，其在治吏中十分注重培养廉吏，惩治腐败、裁撤冗员等。

第一，《皇朝经世文编》一直将培养廉洁官员作为吏治讨论的重点。古代对廉洁官员的培养一方面从提高官员的廉洁素质入手，另一方面则从政府高薪养廉入手，以防止腐败，培养官吏队伍的廉洁奉公精神。晚清时期吏治腐败十分严重，主要表现在各级官吏贪污腐败严重，各级各部门之间相互勾结，导致吏治黑暗。那么如何做到防治腐败，端正官场风气呢？《皇朝经世文编》指出政府要健全官僚结构及政策措施。所谓“廉政”，即无论官职大小，在涉及国家公事时应采取公事公办的态度，不受个人的私人关系或情绪所影响，秉公处理。为此，《皇朝经世文编》对官场中的私弊、下级官员对上级官员的阿谀奉承现象进行了批评和揭露。例如，《皇朝经世文编·卷二十·吏政》就指出晚清时期各州县与其上一级府厅、府厅与其上一级司道、司道与其上级督抚之间往往以师、弟相称，在过节、过寿时通过宴礼兴乐等对上级官员行贿献媚，从而导致吏治腐败。而出现这种现象的原因是清代官僚政权为严格的等级制结构。在官场中，上级官员对下级官员的权势、利益、升降职等进行考评，可谓将下级官员的命运掌握在手中，由此下级官员不得不通过行贿保障自身的利益；而对于地方官员来说，其命运又掌握在中央官员手中，由此形成了上下行贿、索贿的官场风气。《皇朝经世文编》将吏治问题归因于官僚结构不健全、政策措施不到位，以及官员的自身修养不高。

为了培养廉洁官员，清朝采取了火耗归公、“养廉银”制度，这种制度在一定程度上防止了官员贪污腐败，然而在具体实施中又由于种种原因导致贪污成风。其中一个原因是清朝官员的俸禄较少，官员不得不通过其他途径获取钱财。《皇朝经世文编》就指出京城官员的俸禄较少，花费较多，因此往往倚仗外官的别敬、炭敬、冰敬等，如果官员自身较为清廉，则在接受这些孝敬时会有所选择，而如果官员自身不廉洁，则会四处与外官拉关系以索要孝敬。因此，《皇朝经世文编》中主张增加京城官员的俸禄。此外，《皇朝经世文编》中还指出朝廷对州县等基层官员的摊扣太多，有时甚至将州县所得的养廉银全数扣除也难免出现亏空，导致基层官员由于廉俸不够常常对百姓进行勒索克扣，大肆搜刮民脂民膏。因此，《皇朝经世文编》中将贪污原因归结为俸禄过少，提出了增加官员俸禄、高薪养廉的建议。那么如何实现高薪养廉呢？《皇朝经世文编》给出了三条建议，一是节约用度，倡导各级官员节约，严令禁止加耗、私派等事宜；二是增加俸禄、减少克扣；三是开源节流。

第二，《皇朝经世文编》针对官员的名誉与实际政绩进行了讨论。官员的办事能力和实际政绩是政府考量和评价官员时最主要的因素。清代对官员的考评十分严格，相关法令较多。《皇朝经世文编》指出各级官员在办公时只追求形式，做表面文章而忽视了实际，追求为官的好名声而对与民休戚相关的实事置之不理，导致各地的水旱灾害得不到及时处理；为了在考评中得优而粉饰太平、遇事报喜不报忧，对上级官员进行欺瞒，对百姓进行克扣。此外，其还对官场中大话连篇、只知纸上谈兵的不良现象进行了揭露，同时指出要改变这种不良现象，首先，端正士人风气，强调为民办实事；其次，亲民爱民，注重民生；最后，通过严格的官吏选拔和重视官声对官员进行约束。

第三，《皇朝经世文编》针对裁减冗员问题进行了探讨。清朝后期官场中出现了冗官太多、人浮于事的现象。《皇朝经世文编》中分析了造成冗员的原因：一方面是世袭、保举官职的制度中存在着多种弊端，世袭官员多是纨绔子弟，这些官员大多依靠祖上的功德而获职，缺乏执政能力，只能挂个虚职成为冗官；另一方面是滥用保举制度，官员为了追求好名声而通过保举制度推荐官员，却并不关心所推荐的官员能力如何。对此，《皇朝经世文编》中提出了厘清仕途、谨慎用人、正本清源的建议，并对如何裁减冗官冗吏进行了分析，提出了要按照适宜的原则裁官的建议。

（二）选吏

清代官员的选拔途径除科举外还有捐官、军功保举等，《皇朝经世文编》针对选吏进行了详细说明。

首先，捐官。所谓“捐官”，主要是指通过缴纳一定的金钱财物获得官职。这种官员选拔方法既为各级官吏以权谋私、贪污受贿提供了土壤，又为捐官者为官后加倍勒索、取财于民埋下了隐患。《皇朝经世文编》中对捐官的危害进行了说明，认为捐官的人还没有进入官场就已经债台高筑，当官后必然剥削民众；同时捐官还会导致国家名器被滥用，使官僚结构更加混乱，加剧了社会矛盾。《皇朝经世文编》中指出由于捐官不需要考试，捐纳得来的官职太容易，导致官员不珍惜名声，不重视实政，因此国家应对捐纳人员实施拣选，通过考查其实际的才能授予其相应的官职，以此消除或减少捐官的隐患。

其次，加强对官员的考课审查。《皇朝经世文编》中指出对官员的考查应分为做官前和做官后两类。做官前，无论是通过科举的人员还是通过捐官得官的官员，其都不仅要会写诗词歌赋，还要学习钱粮、刑名、听断的方法等实际政务内容，因此可以采取准许通过科举的士子在做官前到各部学习的方法来培养官员的执政能力。另外，在学习之后，要通过考试的方法对这些准官员或候补官员进行考查，根据他们的考试成绩来分配官职，以此激励各级官员努力学习，增强治理能力。此外，做官后，要制定严格的政策对官员的实际政绩进行考查，使有能力的人脱颖而出。

最后，慎重选择州县一级的官员。《皇朝经世文编》中对州县一级的官员的重要性进行了说明，认为县令是治理国家的根本。县令是与民众距离最近的官员，也是与百姓最亲近的官员，所以选择一个好县令，一个地方的百姓才会安居乐业。《皇朝经世文编》对于州县一级的官员提出了详细的要求：其一，要做到亲民；其二，要做到每天坐堂，亲自到田间地头、街头巷尾去体察民情，而不能深居简出；其三，要与百姓直接接触，给予百姓申诉的机会；其四，要做到审理案件时公正无私、清晰明了，不积案件；其五，断绝一切贼盗棍蠹，习教结会等；其五，要做到以身作则，不倚势聚敛钱财、危害百姓；其六，要做到不受下级官吏的蒙蔽，整肃公门。按照以上要求为官就会减少空谈，注重实事，真正成为爱民护民的官吏。另外，上级官员在选择州县一级的官员时也要注重对其能力的考查。

二、《皇朝经世文编》中的海防思想

《皇朝经世文编》在“兵政”纲中讲述了海防思想，主要包括以下四个方面：

第一个方面，对历史上的海防思想进行总结。中国海洋面积大，海岸线长，然而由于清朝长期实行闭关锁国政策，大部分官员和百姓对海防知识并不了解。《皇朝经世文编》收录的关于海防思想的文章对于内陆官员和百姓了解清朝及其以前的海防思想具有十分重要的作用。《皇朝经世文编》中对海防思想的介绍借鉴了顾炎武等人的文章。顾炎武的文章对从春秋战国时期至明朝末年的海道情况进行了回顾，以此说明了海防的重要性。另外，《皇朝经世文编》中还以明朝的海防政策为例，对海防政策进行了探讨。明朝时期倭寇频繁侵袭我国东南沿海地区，所以从明朝初年开始朝廷就十分注重东南沿海地区的海防事宜，并加强对于边患的治理，使得明朝初年的海防十分牢固；明朝中后期由于边备废弛等原因，海防思想较弱，导致大量倭寇对东南沿海地区进行骚扰，致使民众生活困苦。因此，《皇朝经世文编》建议清政府加强海防建设。

第二个方面，对沿海地理形势进行详细介绍。清代的学者们对海防的重要性有明确的认识。《皇朝经世文编》中选取了多篇对海防的重要性和重要意义进行探讨的文章，这些文章的思想都反映了对东南沿海地区的重视。相比于北方的海防，清代学者们更重视东南沿海的海防，其渊源可能与明朝后期东南沿海倭患严重有关。清代学者认为东南沿海有几个地区的位置非常重要：第一个地区是澳门，澳门的海防价值十分重要，因此清代有学者提出应在澳门地区因险设屏，以保障澳门的安全；第二个地区是潮州，潮州是明代倭患较为严重的地区之一，因此从明末至清末学者们对此地的边防都十分重视，提出应在潮州设重兵镇守以加强当地的海防建设；第三个地区是长江出海口，这一地区也是漕运的航道必经之地，因此十分重要，要加强防御。

第三个方面，对海外国家进行介绍。自明朝中叶之后，西方殖民国家崛起并频频对世界其他地区进行军事和贸易侵略，因此清代学者对海外国家有了朦胧的认识。《皇朝经世文编》中通过蓝鼎元的《论南洋事宜书》对海外诸国进行了介绍，指出“红毛番与佛郎机皆非善类”，体现了清代学者对西方殖民国家的迅速扩张行为产生的危机感与隐忧。然而从总体来看，这一时期国内学者对西方殖民国家的介绍多出自猎奇心理，而没有将其上升至海防的高度。

第四个方面，重视海寇问题。历史上，明代以前中国的威胁主要来自北方陆地，明代时，海寇开始频繁侵扰东南沿海地区，使我国东南沿海地区的生产和生活受到严重损失。因此，清代官员和学者对海寇问题进行了积极关注，寻找解决海寇问题的办法。清代台湾地区的海寇问题十分严重，清朝政府企图通过“禁海”“迁界”阻断大陆民众给予敌对势力的粮草支援，以此达到消灭对手的目的。这种方法获得了一部分官员和士大夫的支持，但它是一种“杀敌一千自损八百”的做法，会为沿海地区的人民带来巨大的危害，导致当地物价高涨，渔民生计得不到保障，久而久之只能沦为海盗。因此，这种做法也遭到了一些官员和士大夫的反对。部分官员和士大夫对于如何治理海寇问题提出了建议。其一，对百姓的行为加以适当控制，对渔民实行管制，“每十筏联为一甲，行以稽查连坐之法”。除了对百姓进行控制外，官员们还主张对渔民实施儒家传统教育，以此教化百姓。其二，整顿军队，严格训练。清代官员对沿海水师的不作为进行了严厉谴责，指责沿海水师官兵“强弩之末，难穿鲁缟”，认为只有对其进行严厉整顿才能重树水师威望，否则难以抵抗海寇。为此，《皇朝经世文编》中提出了整顿水师的办法：一是从将帅入手，选择能员干吏担任水师将领；二是从训练兵丁入手，挑选精干的青年进行训练，淘汰老弱兵丁；三是建立完善的训练机制和剿寇机制。其三，修造战船，改善装备。随着海寇问题越来越严重，军官们对于水师战船失修、损坏表示忧虑，提出对战船等装备进行改善，即“工欲善其事，必先利其器”；对于战船“三年小修，五年大修”，一方面加强战船的制造和管理，另一方面对现有的战船数量进行管理，建造更多更大更精良的战船。

三、《皇朝经世文编》中的慎刑观

“慎刑”，即谨慎用刑之意，《皇朝经世文编》中的“刑政”纲对慎刑问题进行了阐述。早在西周时期周公治理天下时就提出了“明德慎罚”的理念，指出对于百姓要彰明德教，慎用刑罚。对于统治阶级来说，慎刑体现了以民为本的思想，只有爱民、重民，君王的治理才能得民心，得民心的君王才能得天下，君王的统治才能长盛不衰，国家才能繁荣昌盛。另外，古代还有一种观点，即只有官府实行慎刑的方针，天下才能风调雨顺，如果人间刑罚过重，上天就会降下警示，人间就会有地震、洪涝或干旱等灾害。因此，《皇朝经世文编》中对历史上的酷吏行为进行了严厉的批评，认为这种随意杀人、剥削百姓的官员是造成国家统治不稳定的根源之一。此外，《皇朝经世文编》还提出了慎刑的原则：第一是主张罪由法定，不可任意判刑。第二是判处罪犯死刑要慎重，对于死囚要进行秋审，即便决定处斩也应该不做株连。第三是对于重大案件应该慎重处理，区别首犯和从犯，对从犯给予宽大处理；即便对于命案，也应该区分是故意杀人还是误杀，针对不同的情况处以罪犯不同的刑罚。

《皇朝经世文编》还涉及无讼的问题。所谓“无讼”，是相对于诉讼而言的，意思是一个社会中没有纷争和犯罪行为，使得法律没有作用或者搁置不用的现象。《皇朝经世文编》中对无讼进行了阐述，认为无讼是一个良好的社会现象，遇到纷争时应该先请德高望重的人从中进行调解以消除诉讼，而官员如果在任期内做到了无讼、少讼则说明其具有一定的能力，做出了一定的政绩，相应地该官员的官声就会比较好。除了对少讼进行颂扬，《皇朝经世文编》中还对多讼问题进行了讨论，认为多讼危害巨大。多讼的危害首先体现在讼师上，讼师教唆百姓，使得诉讼案件增多；多讼会导致世风日下，人心不古，从而影响地方或国家的淳朴民风，引发社会道德败坏；多讼还会给官员造成审案的工作压力，给诉讼双方造成财产损失。那么怎么才能实现无讼呢？《皇朝经世文编》中提出了几条建议：一是以礼治引导和教化百姓，以德行感化百姓；二是对诬告现象进行严厉的惩处；三是通过宗族、乡治、县官、州官进行调解以减少诉讼。

四、《皇朝经世文编》中对科举问题的讨论

科举制度是隋朝建立的人才选拔制度，到了清朝晚期，科举制度中的问题和弊病丛生。《皇朝经世文编》中对科举制度的弊病进行了揭露：

一是取士途径过于狭窄，不利于选拔真正的人才，对此可以增加荐举、太学、辟召等选材途径。二是科考中弊病丛生，以四书五经为命题，以《四书集注》为标准答案，导致大量学子只专注于书本，忽略了日常生活技能，不关心社会实际；清朝的乡试和会试虽然均为三场，但是第一场最为重要，官员阅卷也只关注第一场的成绩，由此造成第一场没有发挥好的人才落榜，不利于选拔真正的人才；士子们为了科举及第，常蹉跎半生，而且考试形式相对固定，导致科场舞弊案频发。三是武科中的弊端也十分明显，军队战斗力越来越差。对此，《皇朝经世文编》中呼吁对科举制度进行变革：一是变革八股制度，主张对时文进行修正，以防止舞弊；呼吁废除八股，改试策论。二是拓宽取士途径，进行分科取士、开经济特科等。三是对科考的内容和形式进行变革，增加考题难度、严格科场纪律、三场考试并重，同时对武科进行变革。

除了科举制度外，《皇朝经世文编》还对学校问题进行了阐述，首先对兴建学校的原因进行了探讨：一方面是清朝教育衰落，问题丛生；另一方面是学校强盛了人才也会兴盛。因此，其呼吁创设义塾以培养人才。

五、《皇朝经世文编》中对经济问题的讨论

除了以上内容外，《皇朝经世文编》还十分重视经济问题，其对经济问题的讨论主要集中在户政和工政两纲。其中，户政有二十八卷选文五百一十篇，工政有二十六卷选文三百七十篇，约占《皇朝经世文编》选文总数目的五分之二，远远超过了政治以及军事等纲中的选文篇数，其中涉及河防、漕运、盐政、币制等方面的问题较多。盐政是历代封建王朝税收的主要来源和保障，清朝时期的盐政税收是历朝中最多的，问题也更为严重，清朝对盐政十分重视。《皇朝经世文编》中对盐政中出现的问题和弊端进行了深刻的揭露，各级官员对“盐课”之利的争夺十分

激烈,《皇朝经世文编》中涉及盐政的文章有四十五篇之多。此外,《皇朝经世文编》对漕运也十分重视，对古代漕运的河运、海运途径进行了详细分析。《皇朝经世文编》的编纂过程正处于海运派与河运派争论最为激烈的时期，而《皇朝经世文编》中对海运的优势进行了深刻的分析，充分体现了其实用价值。

第五章　魏源经世致用思想与《海国图志》

第一节　《海国图志》的创作背景及社会影响

《海国图志》是魏源经世思想的一个转折点，标志着其从以经治世向以史治世转变。《海国图志》共百卷本，总字数达八十八万，是中国近代史上第一部较为系统地介绍世界知识的百科全书，也是中国近代史上第一部较为系统地提出御侮图强策略的书。

一、《海国图志》的创作背景

（一）第一次鸦片战争失利

道光二十年（1840）第一次鸦片战争是中国近代史的开端。早在第一次鸦片战争之前，西方殖民国家就以先进的航海文化和军事技术在世界范围内进行军事侵略和经济侵略，争先抢占殖民地，重新划分世界版图，因此鸦片战争前的世界已经进入了全球殖民时代。英国作为当时西方殖民国家中的一员在政治上确立了君主立宪制，在经济上完成了工业革命，成为西方最有实力的殖民国家，并在印度建立了东印度公司，以此作为在东方扩张的基地。而在英国迅速崛起之际，中国仍然坚持传统的农业生产，当西方殖民国家在世界范围内拓展资本主义市场时，中国的资本主义才刚刚萌芽，且因长期闭关锁国政策而浑然不知世界其他国家的发展状况。早在清朝乾隆年间，英国特使就曾出访中国，并正式请求中国开放通商口岸，然而乾隆皇帝以“天朝物产丰盈，无所不有，原不藉外夷货物以通有无”为由拒绝了。

鸦片战争前，中国在广州设置了通商口岸，在与英国的正当贸易中，一直处于贸易顺差的地位，然而当英国看到通过正常手段无法从与中国的贸易中获利时，就借助此处的通商口岸向中国大量输出鸦片，之后中英之间的贸易形势发生了逆转。据统计，在鸦片战争之前英国向中国走私鸦片的数量逐年增加，嘉庆十六年（1811）英国每年向中国走私鸦片四千五百箱，道光十八年（1838）则增加至两万八千箱，英国以此方式从中国攫取了巨额利益。道光十八年，道光帝任命林则徐为钦差大臣到广州查禁鸦片，道光十九年（1839）林则徐在广东虎门将收集的鸦片销毁，即中国历史上著名的“虎门销烟”。道光二十年（1840）不甘于损失巨额利益的英国向中国发动了侵略战争。双方的军事实力相差悬殊，不久英国即占领了定海，林则徐因此被革职。道光二十年林则徐在流放途中委托魏源代为整理《四洲志》，之后魏源奔赴军中抗英，亲眼见到了英国海军的实力。道光二十二年（1842）八月英国军舰抵达南京，清政府与英国议和，两国签订了《南京条约》。《南京条约》犹如一记痛击，将中国人从“天朝上国”的美梦中打醒，使以林则徐、魏源为代表的有志之士萌生了向西方学习先进技术的想法。

（二）林则徐的资料准备

林则徐被誉为“中国近代睁眼看世界的第一人”，然而在虎门销烟前，林则徐对西方国家的认识与中国传统儒家知识分子是一样的，认为清朝依然是世界的中心，西方国家只是一群蛮夷。道光十八年（1838）林则徐被任命为钦差大臣到广州赴任，到达广州后，为了做到知己知彼，林则徐对国外的情况进行了详细的调研和了解。其了解的途径有三种。第一种是亲自查访。林则徐到达广州后，每天传讯多名行商和散商与其交谈，了解西方鸦片走私以及西方国家的情况。此外，他还举行“观风试”，借机向当地的儒家知识分子了解西方国家及当地的鸦片贸易情况，并亲自到虎门等地实际勘察，了解实情；同时广泛地与外国人接触和交流，了解西方人的思维以及对对外贸易的看法。第二种是指派专人对西方国家尤其是英国的情况进行暗访，以便随时掌握敌情。第三种是组织专人购买和翻译大量英国人刊印的报纸和书籍，以了解世界各国的发展情况以及地理、历史、经济、政治、时事政策等内容。与此同时，林则徐组织人在广州翻译了慕瑞所著的《世界地理大全》，并将其命名为《四洲志》。这本书主要介绍了亚洲、非洲、欧洲、南美洲和北美洲五大洲的主要国家的地理和历史情况。林则徐在仔细调研后认清了西方殖民国家的本质，并看到了英国人对禁烟运动的大力抵抗，因此采取了外松内紧的政策，通过在外树立清朝的威望，在内加紧整顿海防，修筑炮台，添置大炮，整理水师，连续击败了英国水军的七次进攻。因故被革职后，林则徐还向继任者提出了《答奕将军防御粤省六条》的建议：第一条建议是“水道要口，宜堵塞严防”；第二条建议是“洋面大小船只，应查明备用”；第三条建议是“大小炮位，应演验拨用”；第四条建议是“火船水勇，宜整理挑用”；第五条建议是“外海战船，宜分别筹办”；第六条建议是“夷情叵测，宜周密探报”。然而这些建议却没有得到采纳。道光二十一年（1841），林则徐委托魏源编纂《四洲志》时，将其命人翻译的《四洲志》和其收集的第一手材料一并交到了魏源手里。而《海国图志》正是在《四洲志》的基础上整理的，可以说《四洲志》是《海国图志》的基础和核心，对《海国图志》起到了提纲挈领的作用。

二、《海国图志》的社会影响

《海国图志》在我国近代史上具有极其重要的作用，其社会影响包括多个方面。

（一）《海国图志》具有中外文化交流的意义

《海国图志》在中外文化交流史上的意义有以下三个方面：

第一个方面，《海国图志》树立了新的世界版图观念。中国是一个有着悠久历史的农业文明古国，在历史上创造了光辉灿烂的文化，中国的农业和手工业在历史上一度处于世界先进水平。历史上，中国国力强盛，周围一些国家受中国的影响，而与中国保持着长期的朝贡关系。这种持续上千年的国与国之间的关系，使中国历代王朝的统治者产生了“中国是世界中心”的错觉，认为中国是天朝上国，而其他国家均为“夷狄蛮族”。在鸦片战争前，亚洲文明基本上处于农业文明的发展阶段，因此，即便在明朝末年传教士进入中国后，中国封建君主也认为荷兰、葡萄牙、意大利等欧洲国家是自己的属国，将西方国家的先进技术和文化斥责为“奇技淫巧”，对西方国家的进步持否定态度。魏源在道光二十年（1840）第一次鸦片战争后所作的《海国图志》率先打破了中国历代君王和士大夫们的“中国中心论”和“天圆地方”的传统观念，力图呈现出一个真实的世界环境，反映中国在世界版图上的地理位置和实际地位。因此，《海国图志》将地球的正背面全图印在了首页，并在其上清晰明了地标注了中国的位置，明确了中国在世界上的真实面貌。此外，书中还对世界各国的地理位置、历史沿革、政治、经济、文化、军事力量等进行了详细的对比，帮助国人打破旧观念，呈现一个完整的世界形势。

第二个方面，《海国图志》对近代自然科学知识进行了传播。《海国图志》在编纂中坚持“以夷人谈夷地”的原则，使用西方国家的近代自然科学术语进行创作，广泛涉及自然科学中的公元纪年、西洋历法、机械制图、测量方法、地球天文知识、西洋技艺、蒸汽机工作原理、哥白尼太阳中心理论、七星运行规律、地球形状、地震成因、彗星运行、空气理论、地球经纬度、日月食成因、四季成因，水星、金星、火星、木星、土星与地球的远近及其各自的运行轨道，海潮与月球运行的关系，光的折射性质等近代自然科学知识。这些自然科学知识不仅对魏源有深刻的触动，直接改变了魏源的知识结构和思维方式，也为《海国图志》的读者打开了新世界的大门，激发了青年一代学习新知识的热情。因此，从这一意义上来看，《海国图志》对近代科学文化在中国以至亚洲的传播起到了引导作用。

第三个方面，《海国图志》开创了近代中国以至亚洲地区向西方学习的时代风潮。鸦片战争后面对中国的发展方面的问题，广大知识分子开始了新的探索，对西方先进技术和文化产生了诸多不同的态度。有人认为西方科技水平高，因此应学习其科技知识，而保留中国封建君主专制的政体；有人认为西方政治体制恰恰是西方最先进的地方，因此应该学习西方的政治体制；还有一部分保守派对西方的进步和清王朝的落后视而不见，主张继续实行闭关锁国政策；等等。面对各种各样的态度，魏源创造性地提出了“师夷长技以制夷”的观点。魏源所说的“师夷长技”中的“长技”主要集中在军事领域的三个方面，即战舰、火器、养兵练兵之法。除此之外，魏源对英国的商业发展也十分有兴趣，提出向西方学习的观点。

（二）《海国图志》对中国近现代史的影响

从时间上来看，《海国图志》是第一次鸦片战争后，中国境内出版的第一本详细介绍海外诸国情况的著作，诞生于世界历史从古代史向近代史和现代史转变的关键时期。《海国图志》中所涉及的诸多经世致用思想对中国的近现代思想起着重要的承上启下作用，尤其是魏源在其中提出的“师夷长技以制夷”的主张，对中国的近现代史有着深刻的影响。

《海国图志》一经问世就引发了社会热议，并迅速在官员、学者中流传。官员和学者们对《海国图志》中所罗列的世界知识和所包含的边防实用价值、近代军事知识等十分推崇。姚莹是与魏源同时代的学者，其在鸦片战争时期曾担任台湾兵备道一职，曾在英军入侵台湾时，参与保卫台湾的战斗，狠狠打击了侵犯的英军。从那时候开始，姚莹便十分关注东南沿海的边防，他深深地感觉到自己西方知识的匮乏，因此立志编纂一部介绍世界地理和历史的丛书。当其看到魏源所编著的《海国图志》后，便大加赞赏，认为魏源的这部书内容丰富、翔实、可信，了却了其一桩夙愿，并评价道："余数十年之所欲言、所欲究者，得默深此书，可以释然无憾矣！"

然而，与社会上的热议形成对比的是官方的冷遇。魏源编著此书的目的是给清朝提供御侮图强的方案，但在该书出版后的二十年内始终没有受到朝廷的重视。其原因在于，长期实行闭关锁国政策的清朝并不能接受如此振聋发聩的建议，还沉浸在其固有的思想中。像《海国图志》这种公然放弃中国传统的儒家学问，转而介绍西方地理、历史环境的图书被朝廷正统官员视为离经叛道，因此很难被其重视。在魏源刊刻《海国图志》后，其同时代的官员朱琦曾三次将此书推荐给朝廷，却均没有引起统治者的重视。而同时代的重臣也曾直接上疏咸丰帝推荐《海国图志》，呼吁朝廷将此书作为王公大臣和八旗子弟的必读书，却仍然没有得到回应。尽管不受朝廷的重视，但《海国图志》却对中国近现代史起到了直接或间接的推动作用。

1. 对洋务运动的积极影响

咸丰六年（1856）十月第二次鸦片战争爆发，此次战争对清朝造成的损失更大。此时，距离魏源《海国图志》的刊刻已过去了十八年。在这场战争中，领导清朝军队的湘军将领曾国藩对西方的军事力量有了切身感受，而其时清朝同时面临着西方国家侵略的外部压力和太平天国运动的内部压力。在这种双重压力下，出于制敌的需要，朝廷中的一部分具有实务思想的官员和重臣在《海国图志》的影响下萌生了向西方学习的思想。《海国图志》对洋务运动的影响体现在洋务运动领袖的思想和洋务运动实践两个方面。

其一，《海国图志》对洋务运动领袖思想的影响。洋务运动是中国19世纪60年代起兴起的一场通过引进西方先进的机器生产、军事装备等技术以挽救清朝统治的自救运动。该运动的代表为李鸿章、张之洞、曾国藩、左宗棠、崇厚、沈葆桢、刘坤一、唐廷枢、张謇等。洋务运动是中国官员受《海国图志》中的经世致用思想启发向西方学习迈出的第一步。曾国藩作为清朝末年湘军的创始人、洋务运动的代表，在第二次鸦片战争后上奏朝廷用“师夷长技以制夷”的方法制造船炮以壮大清朝军队的力量。此外，曾国藩还曾在给友人的信中指出了《海国图志》与清末另一本描写西方历史、地理的著作《瀛寰志略》中的错误，由此可见曾国藩对这两本书的熟悉程度。此外，晚清重臣左宗棠在光绪元年（1875）《海国图志》重新出版刊印之际写了一篇名为《重刻海国图志序》的序言，当时魏源已经去世二十多年了。左宗棠在这篇序言中说：“书成，魏子殁，廿余载，事局如故。”左宗棠在深刻地反思了清朝在鸦片战争中失利的原因后，指出魏源虽然已经去世二十多年了，《海国图志》也曾一度备受冷落，但《海国图志》中的经世致用思想却是洋务运动实现富国强兵的关键。此外，其他洋务运动领袖对《海国图志》也倍加推崇。洋务运动的指导思想为“中学为体，西学为用”，其与《海国图志》中主张的“师夷长技以制夷”的思想的相同之处在于均主张向西方学习，然而洋务运动的思想比“师夷长技以制夷”更进一步，两者一脉相承。

其二，《海国图志》对洋务运动实践的影响。《海国图志》是近代中国主张向西方学习的第一部著作，可以说掀起了中国近代“西学东渐”的潮流，而洋务运动主张的兴办军事工业、兴办民用工业、建设海军、兴办教育则是近代中国向西方学习而迈出的第一步。《海国图志》中曾明确指出要“师夷三技”，其一为战舰，其二为火器，其三为养兵练兵之法，并指出这“三技”如学成便可“使中国水师可以驾楼船于海外，可以战洋夷于海中”。光绪元年（1875）洋务派开始着手建设北洋水师、南洋水师、福建水师三支海军，经过十多年的时间终于在光绪十四年（1888）建立起了北洋舰队。北洋舰队的一应船舰均是效仿西方近代舰队建成。《海国图志》中对火器的制造要早于船舰，早在咸丰十一年（1861）曾国藩即在安庆创办了制造火器的兵火工厂——安庆军械所；同治四年（1865），李鸿章在上海创办了江南制造总局，其是当时清朝最大的工厂，主要产品为制造机器、轮船、枪炮、弹药等。此外，创办于同治四年（1865）的金陵机器制造局、创办于同治六年（1867）的天津机器制造局等均为制造火器的工厂。从同治六年开始，洋务派还相继建立了一批具有西方现代军事思想和军事技术的学校。例如，创办于同治六年的福州船政学堂、创办于光绪七年（1881）的北洋水师学堂、创办于光绪十一年（1885）的北洋武备学堂、创办于光绪十三年（1887）的广州陆师学堂、创办于光绪二十年（1894）的江南陆军学堂等都仿照《海国图志》中的思想教授学生近代军事技术。与此同时，光绪六年（1880）创办于天津的天津电报学堂、光绪十三年创办于台湾的台湾西学堂、光绪十七年（1891）创办于武昌的武昌铁政局算术学堂、光绪十九年（1893）创办于武昌的自强学堂则是教授学生西方现代科学技术的学堂。除此之外，《海国图志》中还提出了派遣留学生到西方学习的设想，这一设想也在清朝洋务运动期间落实。

2. 对维新运动思潮的影响

如果说《海国图志》掀起了中国了解西方的思潮，那么洋务运动则掀起了一场向西方学习、办实务的思潮。而在后一种思潮中，《海国图志》的影响随处可见。例如，在维新运动时期出现的宣传洋务思想、培养洋务人才的书院大多以《海国图志》作为教材和官方的科考题目，可见其在洋务运动思潮中的影响。除此之外，中国近代影响力最大的报纸

《申报》还曾多次登载《海国图志》的售书预告。又如，维新运动时期，为了提高实践效果，军事学校曾在南京地区试演水雷，而该水雷即是依照《海国图志》中所载的水雷图而制造的，由此可见《海国图志》对洋务运动思潮的影响之大。

（三）《海国图志》对世界的影响

《海国图志》刊刻出版时正逢全球化殖民时代的兴起，亚洲作为传统的农业经济发达的地区，无力抵抗西方资本主义殖民国家的侵略，因此南洋和印度相继沦为西方殖民国家的殖民地。而中国和日本则被西方殖民国家的炮火打开了大门，处于民族生死存亡的危急关头。这时国家只有从内部进行变革才能适应时代形势的发展。而《海国图志》作为一部顺应时代形势发展的著作，其提出的“师夷长技以制夷”的方针十分契合亚洲国家的现状。虽然在中国遭到当权者冷遇，但当《海国图志》传到同为亚洲国家的日本和朝鲜后即推动了这两个国家的发展，同时《海国图志》的出版也引发了西方国家的关注。因此，可以说《海国图志》是一部影响东西方国家的著作。

1. 对日本的影响

清朝末年，日本正处于幕府晚期，这一时期日本政治上由德川幕府掌控国家大权，经济上则是自给自足的小农经济，文化上以儒家学说为主，对外则与清朝一样一直实行闭关锁国政策。在第一次鸦片战争前，日本与中国一样长期遭受西方殖民国家的侵扰。道光二十二年（1842），日本遭到西方列强打开国门的威胁，然而日本没有接受西方列强的要求，日本国内迫于外部压力进行了一些改革。不久，日本遭到了来自英国、法国、美国等西方殖民国家的军舰威胁，面临着严重的海防隐患。咸丰四年（1854），在美国侵略者的威胁下，日本被迫与美国签订了近代史上第一个不平等条约《日美亲善条约》。自此，与中国的情况类似，日本国门被西方列强强行打开，沦为半殖民地半封建社会。

道光二十七年（1847）《海国图志》六十卷本出版，咸丰元年（1851）其中的三部被商船带到了日本，然而这三部《海国图志》并没有立刻在日本引发反响。直到咸丰四年（1854）另一艘商船将十五部《海国图志》运到日本后才引发了日本的全民关注，甚至在日本国内出现了“洛阳纸贵”的现象。不久，日本市面上出现了多达数十种《海国图志》的翻刻本及日译本。日本多地的学馆还将《海国图志》作为教材进行教学，这一行为比中国早了数十年。《海国图志》在日本受到的关注是全民性的，从掌握权力的幕府官僚和地方官僚到底层平民和知识分子“无不竞相传阅，一睹为快”。更为可贵的是，日本人认为“《海国图志》乃有用之书，非其他可比”。因此将其作为重要的启蒙读物。在日本，《海国图志》读者广泛遍布各个阶层，社会精英多受其新思想的启蒙，因此其为日本明治维新运动提供了思想基础，并推动了日本的明治维新改革。

2. 对朝鲜的影响

19世纪中叶，朝鲜正处于李氏王朝的封建统治之下，实行闭关锁国政策，面临着严重的内忧外患：内部农民起义频发，外部不断遭到西方殖民国家的侵扰。道光二十二年（1842）中国在第一次鸦片战争中失败后，朝鲜加强了闭关锁国政策。与此同时，朝鲜的一些知识分子和官员在西方殖民国家的侵略行为中觉醒，认识到了李氏王朝的腐朽和衰败，开始走上探索民族复兴的道路。道光二十五年（1845）朝鲜使者出使中国回国时带回了一部《海国图志》，这对于朝鲜国内的新思潮起到了催化作用，成为其了解西方国家的重要途径。《海国图志》中的开明思想深刻地影响了朝鲜的实学家，他们将其作为教材教育青年一代，倡导向西方学习、改革内政、加强海防、发展资本主义。受《海国图志》影响的学者在朝鲜形成了开化派，开化派中的学者根据《海国图志》中的思想制定了系统的朝鲜海防政策。

以上几个方面都说明了《海国图志》在中国乃至世界的意义。作为一部创作于改革大潮中的著作，《海国图志》以经世致用为目标，成为变革思想、改变国家命运的重要经世书籍，在中国乃至世界近代文化史上都具有极为重要的地位。

第二节　《海国图志》的主要内容分析

一、《海国图志》的主要参考资料

《海国图志》在编写过程中引用了大量资料，这些资料可以分为中国学者的资料和外国学者的资料。其中，中国学者的资料主要有《汉书》《后汉书》《晋书》《宋书》《南齐书》《梁书》《魏书》《隋书》《新唐书》《旧唐书》《宋史》《辽史》《元史》《明史》《文献通考》《清文献通考》《大清一统志》《四库全书提要》《元秘史》《蒙古源流考》《册府元龟》《金石萃编》《洛阳伽蓝记》《西域图志》《契丹国志》《广东通考》《佛国记》《水经注》《使西域记》《大唐西域记》《吴船录》《长春真人西游记》《岛夷志略》《西使记》《真腊风土记》《瀛涯胜览》《烈皇小识》《行朝录》《天下郡国利病书》《西域水道记》《阅微草堂笔记》《曝书杂记》《景教考》《景教续考》《潜研堂集》《东西洋考》《海语》《庭闻录》《吕宋纪略》《海岛逸志》《裨海纪游》《澳门纪略》《海国闻见录》《西域闻见录》《康輶纪行》《英吉利国地图说》《台湾志》《记英吉利》《英吉利国夷情纪略》等，外国学者的资料主要有《地球图说》（蒋友仁）、《职方外纪》（艾儒）、《坤舆图说》（南怀仁）、《灵言蠡测》（毕方济）、《空际格致》（高一志）、《寰有诠》（傅泛际）、《远镜说》（汤若望）、《新释世界地理大全》（慕瑞）、《平安通书》（培瑞）、《地球图说》（祎理哲）、《外国史略》（马礼逊）、《新释地理备考》（玛吉士）、《贸易通志》（郭士立）、《美理哥合省国志略》（高理文）、《圣经》、《澳门新闻录》、《滑达尔各国律例》、《华事夷言》等。在这些资料中，中国学者所创作的著作是西方学者所创作的著作的数倍，然而书中引用的部分则是西方学者的著作比中国学者的著作多数倍。这些资料一部分由林则徐收集并提供，另一部分则是由魏源在师友们的帮助下收集的。

二、《海国图志》的主要内容

在了解《海国图志》的主要内容前，先要清楚《海国图志》的版本演化。魏源编著的《海国图志》不是一次成形的，而是在出版后又经过了不断补充、改版，因此形成了三个版本。第一个版本是道光二十二年（1842）十二月完成的五十卷本《海国图志》。这是魏源在第一次鸦片战争后完成的，总字数共五十七万，其中包括二十三幅地图和八页洋炮图。第二个版本是道光二十七年（1847）完成并刊刻的六十卷本《海国图志》。经过魏源的补充，这个版本与第一个版本最突出的区别有两点：一是增加了对西洋各国的介绍，二是“西洋技艺”的内容从第一个版本中的一卷扩展为了八卷。流传到日本的版本即以第二个版本为主。第三个版本是咸丰二年（1852）魏源经过详细调研和补充而完成的一百卷本《海国图志》。这一版本的《海国图志》的字数达到了八十八万，其中最明显的变化是地图的增加。在第三个版本中，共有七幅地球天文合论图，西洋技艺图增加至五十七页，世界各国的地图增加至七十八张。至此，《海国图志》成为一部较为完整的介绍世界历史、地理的巨著。从三个版本的变化来看，魏源对《海国图志》的创作经历了一个上下求索的过程，在求索中不断丰富与完善，而无论版本如何变化，其反映的魏源“师夷之长技以制夷”的经世致用思想始终保持一致。

《海国图志》是一部百科全书式的书，其内容十分丰富，大体上可以划分为六个部分，第一部分也是全书的重点即《筹海篇》，共两卷。《筹海篇》，顾名思义，即筹备海事战争的篇章，其在全书中起到了提纲挈领的作用。《筹海篇》主要对鸦片战争失败的经验和教训进行了总结，同时从议守、议战、议款三个方面阐述了清朝在战争结束后如何处理与西方国家之间的关系，并提出了“师夷长技以制夷”的主导思想，以帮助清朝更好地抵御西方列强的侵略，从而实现富国强兵的目标。

第二部分主要包括世界地图和各国的地图。《海国图志》共收集了七十八幅地图，这些地图的画法各不相同，既有传统的示意绘画法，也有类似现代地图的画法。在地图的排列次序上，魏源首先将地球的正背面全图放在了该部分的最前方，在这两张地球平面图上，真实而准确地标注了世界各国的位置，让读者对世界有一个整体概念。紧随其后是五大洲、四大洋，每一张图中也标出了该洲内的重要国家分布情况，使读者清晰地感知世界各国之间的关系；最后则是各国的国家地图，《海国图志》中并非每个涉及的国家都有地图，而是只有洲内重要国家才有。例如，英国作为西方殖民国家中的重要国家有具体的地图，其苏格兰岛、英格兰岛以及爱尔兰岛也有分图。这种层次分明的地图排列方法，使读者既从整体上了解世界的构造和各洲的分布，又明确了各个国家在世界上的具体位置、国土面积大小、国际地位等事宜。由此可以看出，作为该书的编纂者，魏源已经打破了中国传统的“天朝上国”“世界中心”的观念，形成了具有近代意义的世界观，这一点标志着魏源的思想已从古代转向近代。从近代地理学的观点来看，《海国图志》也标志着中国近代地理学的萌芽。正如《海国图志》并不是一次成形一样，《海国图志》中的地图也经历了不断丰富的过程。在《海国图志》第三个版本即一百卷本中，魏源在序言中说道：虽然之前的《海国图志》各版本中刊登了世界地图，但是由于缺少专门的海图和海志，导致读者不能形成完整的世界意识，“不知宇宙之大”。而魏源在收集资料的过程中得到了欧洲、美洲等地区的地理资料，并收集到了中国香港地图，因此得以将国家和地图对应起来，使读者清晰地了解各国在世界上的地理位置，从而勾勒出一个较完整的世界。除介绍世界地图外，魏源还对中国汉朝、魏朝、唐朝、元朝四个朝代的西域沿革图进行了分析，展示了中国古代西域的沿革变化，为后人保留了珍贵的史料。

第三部分主要对世界各国的地理位置、历史、政治制度、物产、矿藏、宗教信仰、风土人情、历法等事宜进行了详细介绍。这一部分是整个《海国图志》中所占卷数最多的内容，共包括七十二卷，其中对一些主要的西方殖民国家，如英国、法国、美国、俄国等的介绍均较为详细，使读者从中充分了解到西方国家的情况。其中包括亚细亚洲即亚洲，共十七个国家；利未亚洲即现在的非洲，这一部分重点介绍了非洲英属殖民国家的情况；欧罗巴洲即欧洲各国。此外，还包括北美洲和南美洲的五个国家，也对这两个洲的西方殖民国家进行了详细介绍。其中对于东南亚的越南、缅甸和泰国及其与中国和西方殖民国家之间的关系进行了详细介绍；对历史上发生的两次排华事件进行了重点关注；对东南亚秩序体系的建立和崩溃做了重点说明。同时对西欧四国、英国、俄罗斯和美国进行了重点介绍。

在《海国图志》中，魏源对东南亚三国（越南、缅甸和泰国）与中国的关系进行了详细的梳理及介绍。早在明洪武二年（1369）越南南部的小国即派人前往中国朝贡，当时明代皇帝朱元璋派遣使者到该国册封；之后越南北部的小国也向明朝纳贡，明朝在这些地区推行先进的文化制度，并对当地国家之间的战争或冲突起调停作用。明朝在与越南各小国修好的同时，也派遣使者到泰国，不久泰国也开始向明朝纳贡，这一关系一直保持至清朝晚期。与前两个国家相同，缅甸也向当时的中国纳贡，而明朝或清朝则对其国内的冲突进行协调，在乾隆年间就曾发生过缅甸领土被邻国攻占，该国上奏清朝请求夺回失地的情况。在保持朝贡关系的同时，明清两朝，中国与东南亚三国间还保持着良好的经济往来，该经济往来可分为官方贸易与民间贸易两种形式。所谓官方贸易，即由双方政府主持，本着自愿互利的原则所发生的贸易行为。由于中国地大物博，物产丰富，东南亚三国希望通过与中国的贸易发展本国经济，对于明清两朝来说，均不在意朝贡频率及物质多少，而是希望通过双方贸易获得一定的经济利益。东南亚三国对中国的商品有很大的依赖性，希望保持双方贸易活动。除了官方贸易外，东南亚三国还与中国保持着民间贸易往来。《海国图志》中就记载着安南（今越南）“中国所来之大小船只三百只”。由此可见，当时东南亚与中国的贸易往来是比较兴旺的。此外，明清两朝与东南亚三国间还保持着良好的文化关系，东南亚三国的文化多受中国文化的影响。清朝中晚期，西方殖民势力开始向东南亚渗透，东南亚三国与西方殖民国家之间发生了冲突与战争；面对西方国家的扩张，东南亚三国也积极向西方殖民国家学习，如越南历史上就发生过向法国学习军事制度与造船技术的事件。随着西方殖民国家在东南亚三国开展殖民活动，西方殖民国家也开始从文化上影响东南亚三国，在三国内推广本国文化、语言和宗教。对此，魏源产生了极大的忧虑，因为中国与西方在东南亚的势力是此消彼长的关系，西方殖民国家对东南亚的殖民统治在一定程度上打击了清朝势力。

第四部分主要是第一次鸦片战争相关的档案材料以及林则徐到广州后通过各种方式收集的国外情报资料。这一部分中总共只有七卷，其中四卷中收集了林则徐、杨芳等人在鸦片战争中上呈给道光皇帝的相关奏疏即《筹海总论》，记录了这些人对于沿海形势以及筹海方法的建议和分析；另外三卷则为林则徐在战事前或战事中收集的澳门的相关报纸上报道的西方的行动情报。

第五部分主要涉及船、炮、枪、水雷等武器制造的图形以及与武器相关的测量方法或技艺，这部分包含十二卷内容。其中所收集的战舰、炮模的设计图样十分清晰，有的炮模的设计图样还细心地配备了立体分解图。此外，这一部分还对如何使用算术公式或算术数据进行武器校准进行了详细说明。

第六部分主要包括五卷即《地球天文合论》，对地球的形状、运行规律以及与地球较近的恒星，如金星、木星、火星、土星等运行的规律进行了介绍，还对西方的先进天文学理论，如哥白尼的太阳中心说、地震论、彗星理论、日月食理论等进行了详细介绍，对读者从科学角度理解近代自然科学现象起到了直接的推动作用。这些内容大大丰富了魏源的个人知识，对于其哲学观点和思维的改变起到了积极作用。《海国图志》用将近三万字对当时先进的《地球天文合论》进行了介绍，并引进了哥白尼的日心说，为了方便后人理解，魏源还在《海国图志》中附上了地球按椭圆轨道绕日运行附图、日月食图、四季寒暑图等，对天文知识进行了较为系统的介绍。此外，《海国图志》还介绍了地圆说的四个证明，天球五星的运行顺序，太阳的体积，各星球的体积、与太阳的距离、运行周期，天河系等西方天文学新知识。《海国图志》对近代科技知识的引进，推动了西方新天文学知识的传播，为丰富多彩的天文学知识传入中国铺平了道路。

第三节 《海国图志》中的经世致用思想

魏源在《海国图志》的自序中明确提出了此书的写作目的："为以夷攻夷而作，为以夷款夷而作，为师夷长技以制夷而作。"在这里魏源提出了三个目的：一是以夷攻夷，二是以夷款夷，三是师夷长技以制夷。这三个目的也代表魏源对清朝如何在战败后重新崛起的思考。魏源围绕这三个目的提出了两个基本原则：第一个原则是全面了解世界，做到知己知彼，只有了解对方，学习对方的长处，才能够利用对方的长处打败对方；第二个原则是更新观念，即摒弃"中国中心论"，认识到中国只是地球上的一个普通国家，与其他国家分布在不同的洲，有不同的气候、风貌。如果说第一个原则容易为读者所理解的话，那么第二个原则很难被普通人接受。尤其是对于骄傲自大、以"天朝上国"自居达数百年的清朝统治者来说，承认自己的腐朽，转而向西方蛮夷学习，是非常难的。

这也是魏源的《海国图志》成书后，虽屡有大臣推荐，但始终不被统治者重视的原因。

一、国家关系中体现出的经世致用思想

（一）东南亚各国与魏源的经世致用思想

中国位于亚洲大陆，东南亚各国均是中国的近邻，有的国家在历史上还是中国封建君主专制政权的长期附属国。然而近代以来，随着西方殖民国家在全球的扩张，东南亚地区成为西方国家向东方扩展版图的中继站，而对于当时的中国而言，英国侵略者掌控的鸦片大都来自邻国印度，因此人们急于对外国进行详细的了解。林则徐早在翻译《四洲志》时就将东南亚地区的情况进行了介绍，其时所用文字较少，仅提及了当时的泰国、缅甸和安南（今越南）三个国家。而在魏源编纂的《海国图志》中对东南亚地区的介绍从《四洲志》中仅有的两千多字扩展到了十四卷内容，其中涉及了三个经世致用思想。

其一，越南地区严禁鸦片的经验。这一点切中了当时中国的脉搏，中国与英国的战争始自鸦片，更精准地说是始自禁烟。鸦片在晚清时期产生的危害极大，不仅造成大量白银外流，还腐蚀军队、危害人民，因此魏源对同样处于东南亚地区，且对历史上属于华夏属国的越南的禁烟经验十分感兴趣。越南严禁鸦片时采取了非常严厉的手段："凡有食鸦片者死不赦。"通过这一手段对吸食鸦片者进行严惩才使得越南免受鸦片之害。魏源从中得出的结论是：中国要做到禁烟成功，首先，也要做到禁食，只有全国人民都禁食，使鸦片在中国没有销路，才能彻底消除鸦片的危害。其次，对于吸食鸦片者，朝廷要效仿越南，采取法律措施和行政手段，对其实行先轻刑，后重刑，屡教不改者处以死刑的政策，只有从内部断绝鸦片的销路，才能达到真正的禁烟效果。

其二，越南成功击退英舰的战例。第一次鸦片战争失败后，魏源一

直在积极分析原因，寻找战争胜利的方法。而越南在历史上曾经和中国面对同一个敌人，且战胜了这个敌人，这一点与魏源的经世致用思想十分契合。因此，魏源在《海国图志》中对这个战例进行了详细分析，并描绘了整个战役的全过程。这一战例中英军欲以七艘战舰攻击越南，越南人民听说后，先将所有的商船和渔艇集中起来藏到内港中，因此英军攻来时数百里海面上空无一船。夜半时分，越南的小艇上装满了火药和干柴将英国的军舰团团围住，并向上抛掷易燃物，将七艘英国战舰全部焚毁。这一战例成为魏源的海防、海战思想的基础。

其三，对英国在东南亚的行动进行严密监视。第一次鸦片战争后，魏源等人积极寻找经世救国良方，企图通过强国、富国来抵抗英国侵略者。因此，魏源对英国在东南亚地区的行动十分关注。他在介绍新加坡时就曾指出，新加坡被英国侵略者割据，与此同时，英、美等殖民国家还在新加坡设立了学院，通过文化建设学习中国的语言和文字，洞悉中国的情况，对中国进行深入的研究和分析。这一点使得魏源十分忧虑，他认为英、美等西方殖民国家在东南亚地区、中国的周边设立研究中国的学校，学习中国的长处，必然是将矛头对准了中国，然而中国却没有了解西方国家的窗口，不能学其所长。因此，魏源建议在中国境内设立翻译馆，教中国人学习西方殖民国家的语言，以了解和熟悉西方国家的情况，达到“师夷长技”的经世目的。

（二）魏源经世致用视角下的英国国情

英国是鸦片战争时期中国最主要的敌对国，林则徐和魏源作为直接和英国进行正面对抗的两个经世致用思想家对英国的情况也十分重视。早在林则徐组织翻译的《四洲志》中就通过七篇文章对英国进行了较为详细的介绍，其中第一篇文章为《英吉利国总记》，对英国的情况进行了整体介绍；然后通过《职官》《政事》《王宫岁用》《杂记》四篇文章分别对英国的官职、政体、王室和其他内容进行了专题介绍，还对英国的附属岛屿苏格兰岛和爱尔兰岛进行了介绍。魏源在《海国图志》中全文收录了《四洲志》中关于英国的内容，用了四卷内容来详细地介绍英国，对英国的地理位置、历史沿革、物产、职官、政事等情况的分析十分详尽。在英国国情的研究中，魏源主要强调了三个问题。

其一，揭露了英国殖民者的侵略和剥削本质。英国是一个岛国，然而在与清政府的战争中却成了胜利国，在充分了解了英国的地理、气候、物产、政体等事宜后，魏源对于为什么英国能战胜清政府产生了疑问。对于这一疑问，魏源在《海国图志》中通过引用《瀛寰志略》中的原话给予了解释：英国是一个只由三个附属岛屿组成的国家，其位于欧洲大陆的西方，与幅员辽阔的欧洲大陆相比就像一块海石一样，其面积大小如同台湾岛和琼州半岛。由此可见，英国的富强得益于其在全球的扩张。在这里，魏源以孟买国被英国蚕食的案例指出了英国向东扩张的一贯做法，从经世致用的角度对中国提出警示。康熙年间，英国人在孟买购买了一块地，用来造房子、建商业店铺；乾隆二十年（1755），英国将整个孟买全部占领。魏源以此为例提醒中国人小心英国侵略者的伎俩，并警示国人要团结一致，否则就会被英国侵略者乘虚而入。随着英国从西往东扩张，其对中国形成了严重的威胁。魏源对英国的扩张之路看得十分透彻："英人既得五印度，渐拓而东南印度海之岸，遍置铺头。阿喀刺达围取之，缅甸、麻喇甲息力易之，荷兰、小西洋利权归掌握者八九矣。再东则中国之南洋诸岛国。"英国在占领了以上地区后并没有满足，而是不断进行扩张。在《海国图志》中魏源指出了其扩张的原因，即英国本身国土面积较小，土地所产的粮食不够食用。英国的无业者渡过海洋到美洲谋生，而美国建立后，英国的无业者再去美洲时就只能到北方寒冷地区耕种，那里的自然条件十分恶劣，因此英国占领了印度，然而印度虽大，却并没有开阔的土地供英国人迁居，所以英国正在寻找新的殖民地。魏源认为中国地大物博，物产丰富，因此英国殖民者对于中国十分垂涎。所以，针对第一次鸦片战争中的割地赔款的要求，魏源认为此事不会了结，有了第一次战争就有第二次、第三次战争。第一次鸦片战争，英国趁机探清了中国军备的虚实，所以那些投降派签订了不平等条约就万事大吉的想法是十分天真的。魏源指出，战败后要赶快进行战备训练，以应对英军第二次、三次侵略。魏源的这一思想和认识在当时是十分深刻的，其通过英国在东南亚的行为洞悉了英国的侵略本质，因此提出了经世致用的思想，即积极备战。

其二，对英国海盗式的贸易行为进行了分析。魏源在《大西洋欧罗巴洲各国总序》中从意大利和英国的“海上霸主”的由来谈起，指出英国致富的原因，即其对商业的重视，这种商业是以军事力量为后盾的商业，是一种“兵贾相资”式的强盗行为。因此魏源认为，英国之所以能在与中国的第一次鸦片战争中取胜，主要是因为英国在强大的军事力量背后有着经济的支持。魏源指出中国也应学习英国的这种方法，通过“缓本急标”策略，大力发展商业，尤其是对外贸易。此后魏源又在《筹海篇》中针对中英鸦片战争前中国在与英国的贸易中的贸易逆差现象，指出清朝政府在战后的两条道路：一条是整顿军防和武备，通过向西方学习先进的船舰和武器制造技术以及练兵方法，实现强兵的经世致用目标；另一条是通过大力发展商业，以商致富，以富养兵、强兵，实现强国的经世致用目标。魏源的这一思想是十分难能可贵的，可能不够成熟，但在当时的社会具有相当的进步意义。

其三，介绍了英国的政治制度。英国在鸦片战争前已开始实行君主立宪制，魏源对这一制度进行了详细介绍，指出了其议事中的民主思想，由此产生了学习西方民主政治的思想，这在当时是十分先进的，有助于实现经世治国目标。

（三）对以英国为轴心的世界各国进行介绍

魏源在《海国图志》中将英国视为中国最大的敌人，因此他在介绍世界各国时，对其与英国之间的关系进行了详细的分析，这一点也体现了魏源的经世致用思想。例如，在介绍东南亚各国的情况时，均对其与英国的关系进行了阐述。而在世界各国与英国之间的复杂关系中，魏源注意到了俄罗斯与英国的关系不睦，而美国曾经被英国侵略，所以他认为可以联合各国对英国进行打击。魏源提出这一观点有两个目的：第一是通过联合英国的敌对国对英国进行干扰，以减少英国侵略者对中国的威胁；第二是通过学习英国的先进技术、政治、经济制度等实现中国国富民强的目的，而这一经世致用目的也是魏源写作《海国图志》的根本出发点。

二、国家防御策略中体现出的经世致用思想

《海国图志》是在第一次鸦片战争后编著的，其目的十分明确，即抵御外侮，富国强兵。第一次鸦片战争后，中国社会上产生了一种思潮，那就是对中国的实力进行重新评估，对中国与外国之间的关系进行重新梳理，从中寻找保卫主权独立、抵御外来侵略的方法。因此，《海国图志》中表现出一种极强的国家防御策略的经世致用思想，具体表现在《海国图志》中的《筹海篇》中。《海国图志》中的首篇《筹海篇》提出了一个完整的御侮方案，这个御侮方案包括三个部分：第一部分为防守策略；第二部分为出战策略；第三部分为议款策略。这三个策略相辅相成、互相配合，共同构成一个完整的体系。

（一）国家防御策略中的防守策略

《筹海篇》中的防守策略回答了怎么守、在哪里守、谁来守的问题，形成了一个丰富的战略防守思想。第一次鸦片战争失败后，在国力和军事力量远远不如西方国家的情况下，“守”是中国抵御外强的核心观点。魏源在“守”的战略上提出了两个具体的策略，形成了国家防御策略中的防守策略的“一个中心，两个策略”。

所谓一个“中心”，是指在清朝实力远不如西方国家的情况下要坚

持防守的策略。第一次鸦片战争爆发后，清朝内部展开了旷日持久的讨论，讨论的核心有两个：一个是战，一个是和。两者争执不下，导致清政府摇摆不定，在第一次鸦片战争中屡次因为决策更改而贻误战机。第一次鸦片战争结束后关于今后面对西方殖民者是战还是和的问题仍然持续被讨论，然而却没有人提出“守”的策略。魏源认为“不能守，何以战？不能守，何以款？以守为战，而后外夷服我调度，是谓‘以夷攻夷’；以守为款，而后外夷范我驰驱，是谓‘以夷款夷’”[①]，提出要增强海上防御力量来抵抗外来国家的入侵。魏源认为，如果中国的海上防御力量不能抵挡西方殖民国家的入侵，那么既无所谓战，也无所谓守。只有防守得力才能赢得制夷的主动权。而且，如果清朝能够组织力量有效地对英国的殖民行为进行防守，那么其他西方殖民国家看到后就不会轻易入侵中国，还可以联合英国的敌对国对英国进行孤立和打击。同时，只有中国建立起强大的防守力量，西方殖民国家才会服从中国的法律和政策，与中国保持正常的贸易往来。

此外，增强海上防御力量也是由于英国是新兴的资本主义国家，无论是经济实力还是军事力量，清朝均处于弱势，因此为了保卫沿海地区以及人民的生命财产安全，应该坚持防守策略不动摇。那么应该怎么守、何时守、谁来守、在哪里守呢？魏源指出了防守的两个策略。

第一个策略是守内河。当时社会上对于如何防堵英军进行了大讨论，几乎所有的人都认为“御诸内河不若御诸海口，御诸海口不若御诸外洋”的观点是正确的，然而魏源在《海国图志》中却指出这一思想的错误性。魏源在《海国图志》的第一篇文章《筹海篇》中详细地分析了英国和中国的优势与劣势。魏源指出英国与中国相比，其优势有两个：第一个是利炮，第二个是火攻。然而，中国的这两方面与英国等西方殖民国家相比均处于劣势，因此要想在这样的劣势下战胜英国等西方殖民国家有“四难”：其一是在外洋上中国的大炮很难击沉西方殖民国家的战舰；其

① 魏源．海国图志卷一·筹海篇一·议守上[M]．长沙：岳麓书社，2011：9-11.

二是在外洋上火攻不能使西方殖民国家的战舰燃烧；其三是火攻很难打破西方殖民国家的战舰队列；其四是如果在外洋上打持久战中国的战舰不是西方殖民国家战舰的对手。因此，魏源提出了“口门以内，守急而战缓，守正而战奇，口门以外，则战守俱难为力。一要既操，四难俱释”的观点。魏源指出，当时面临的形势不利于在外洋上防守，但利于在内河防守，只要防守口门，就算是打持久战，西方殖民国家也拿我们没有办法。因此，魏源认为，在内河御侮防守、进攻皆可运用自如，在海口之外御侮则防守、进攻都难以施展。

《海国图志》中的这种对于敌我双方的战争形势的优劣分析是相当精准的。从战术上来说，西方殖民国家的战舰自远方而来，且孤军深入，必然不会进行持久战，只要防守得当，西方殖民国家的战舰就会甘拜下风。因此，在内河防御有助于发挥清朝军队的优势，而消除其劣势。对于英国等殖民国家来说，无论是武器装备还是战舰的精良性都优于清朝的军队，而且英国殖民国家的海军都曾与大洋上的海盗为战，十分熟悉海洋作战。因此，在大洋上作战，英国等殖民国家有优势，而清朝的军队则处于劣势。所以在当时的双方势力对比下，魏源提出的诱敌深入我国内河，从而实现扬长避短、出奇制胜的经世思想是可行的。

第二个策略是“练乡勇”。魏源的这一观点在当时的清朝官场中是十分新颖的。当时针对如何抵御英国等殖民国家，大多数官员只停留在对调兵、调邻省之兵的议论上，而很少有人提出清朝军队的弊病。魏源在《海国图志》中提出了“调客兵不如练土兵，调水师不如练水勇”的新主张。魏源将第一次鸦片战争中的实例作为阐述这一观点的例证。魏源认为当英国殖民者侵略我国的福建和广东地区时，这些地区就是匆忙间从邻省调来了士兵，虽然调兵范围达大半个中国，但集中在广东、浙江、江苏一带的士兵却败得一塌糊涂。因此，魏源指出从邻省调兵并不能扭转战争的形势，而且对作战也没有什么好处。相反，如果把每省各地的乡勇集中起来进行训练，就可以代替邻省的调兵上战场，也可以为各省增加精兵。魏源认为“练一省之精兵，原足捍一省之疆圉。所要者，止在募练之得法；所难者，止在调度之得人，不在纷纷多调客兵也”。每省各自培养起来的乡勇，只要训练得法，调度得人，就足以保卫本地不受西方殖民国家的侵略了，不必兴师动众，耗费大量人力物力财力从外省调兵抵抗西方殖民者。

此外，魏源还提出，募集本地的乡勇进行训练和培养还可以节省国家财政开支。魏源指出，招募和训练士兵的成本只有调兵的十分之一，沿海地区的乡勇训练好了就能在下次战争中减少调兵，从而节省不少军费。魏源认为，鸦片战争以来，各地的乡绅阶层为清朝捐助了数百万元，如果用这笔资金去训练乡勇，就不用调外兵和外饷。如果在沿海地区推行票盐，不但可以节省当地政府的开支，还可以减少匪患，增加财政收入。同样地，如果允许老百姓对矿产资源进行开发和贸易，就可以为训练乡勇提供充足的物质保障。此外，魏源还主张大量淘汰老弱病残士兵，而把绿营和乡勇合二为一，共同训练，即可大大减少财政收入。此外，乡勇训练中要严明纪律，严惩不法行为。在各精兵训练好后，可将其调往惠州、潮州、漳州、泉州等地。这种将乡勇和绿营合二为一的方法可以大大增加爱国精兵，使沿海地区减少冲突，平复内地匪患。

（二）国家防御策略中的出战策略

如果说防守是国家防御策略中的第一步，那么出战就是第二步。魏源提出的这种国家防御策略并不是一味地防守，而是等到训练出了精兵，经济实力增强了，武器装备改善了，防守力量壮大了，就可以“内守既固，乃御外攻”。这时候要在保证我国海上防御体系固若金汤，让敌人无机可乘，只能在外洋上徘徊的同时，抓住有利时机将其击退。魏源国家防御策略中的出战策略同样由两个策略组成。

第一个策略是调夷之敌国来攻夷。魏源在《海国图志》中对英国等西方国家进行了全面而详细的介绍，并对各个国家间的关系进行了重点分析。魏源在编纂《海国图志》的过程中发现英国殖民者在西方国家中树立了三个仇敌：其一为俄罗斯；其二为佛兰西（今法国）；其三为弥利坚（今美国）。同时，英国殖民者非常忌惮与中国关系特殊的东南亚四国：其一为廓尔喀（现属尼泊尔）；其二为缅甸；其三为泰国；其四为越南。魏源指出清楚地了解了英国的仇敌后，可以选择两个攻打英国的方法：第一个方法是陆攻，即在陆地上作战；第二个方法是海攻，即在海洋上作战。如果选择在陆地上与英国作战，就把战场设立在印度，其策略为通过利用英国与廓尔喀、俄罗斯两个国家的矛盾，集中多国力量一起进攻英国。魏源这种作战思想即为借助外国的力量攻打英国，他指出“非外夷之不可用也，需调度外夷之人也”，如果采取海攻，则需要联合佛兰西和弥利坚。为了说明为什么要联合其他国家，魏源分别指出这些国家与英国存在着冲突，因此是天然的同盟国，可以利用这些国家与英国之间的矛盾对英国进行围剿。

第二个策略是师夷长技以制夷。魏源在《海国图志》中提出的“师夷长技以制夷”的主张是整本著作的核心。魏源在书中指出在南印度沿海，西方国家建造的城市中存在着大量的武器制造厂，其中有造船厂、造火器厂，并且向别的国家出售船炮，经常将兵船货船出租给他国。然而，中国向西方开放通商口岸的数百年中却只知道西方国家出产“奇技淫巧”却不知道西方国家的船炮之利。因此，魏源提出了在广州地区设立造船厂和火器局，并聘请西方人担任技师教授我国制造和使用这些武器，以使用西方的技艺来抵御西方的坚船利炮。此外，《海国图志》中还提出了学习西方养兵和练兵的方法。从经世致用的角度来看，魏源的这种思想具有极强的可操作性。

在“师夷长技以制夷”这一点上，魏源在《海国图志》中对西方的战舰、火器和养兵练兵的方法进行了详细介绍，为了说明火器、轮船等的制造工艺和设施，魏源特地在其中增加了各种图表和图示，这种“文字＋图片”的形式为后人仿制这些武器提供了参考资料。火轮船的制造是魏源认为应该向西方学习一种技艺，西方的火轮船与中国的木质风帆轮船相比，其优越性显而易见，因此魏源在《海国图志》中对火轮船的制造、动力系统、行进时速、工作原理等进行了详细说明，这些均体现了魏源的经世致用思想。除此之外，魏源还在《海国图志》中收录了道光二十年（1840）嘉兴县丞龚振麟试造火轮船的经历，还收录了安徽歙县人郑复光所创作的《火轮船图说》一书，该书不仅对火轮船的构造和汽机的原理进行了详细说明，而且对火轮船的重要部件如传动装置、汽缸、锅炉等分别做了颇为详细的介绍。如今，《火轮船图说》早已遗失，因此《海国图志》中收录的这篇文章就显得弥足珍贵，为后人提供了极为重要的史料，也为其同时代或之后的学者研究轮船制造提供了便利。除此之外，魏源在《海国图志》中还主张在造船厂和枪炮厂制造民用船只和各种器物，如对千里镜、龙尾车、风锯、火锯等的制造，为日后中国蒸汽轮船的制造提供了必要的科技条件。

（三）国家防御策略中的议款策略

第一次鸦片战争结束后，清朝被迫打开通商口岸，然而其与西方国家的贸易往来并不是自由、平等的。对此，魏源提出，当中国的国家防御策略近可守、远可攻时，就可以与西方国家和平相处，并保持平等的贸易往来。《海国图志》中提出了两个与西方国家和平相处的策略。其中一个策略是持鸦片初约以通市。第一次鸦片战争后，投降派占了上风，与英国签订了不平等条约，当时清朝的一些当权者认为由于清朝惧怕英国的强大，而英国贪恋清朝的利益，双方互相牵制，也许会平安无事。然而魏源却对这种苟且偷安的侥幸心理进行了驳斥。魏源指出，鸦片贸易会荼毒中国的政治、经济、军事、文化，会使中国的财富耗尽，因此必须尽快制止。针对当时朝廷中存在的各种禁烟策略，魏源提出了严格的内禁与外禁措施。魏源对英国侵略者和东西方国家的发展进行了深入的研究，清楚地了解英国侵略者的本性就是贪婪，并在《海国图志》中详细地描写了英国侵略者对印度的蚕食，因此他并不认为几个通商口岸就可以满足英国侵略者的胃口，对国内保守派的观点持反对态度。此外，魏源也曾对东南亚地区的国家如何禁止鸦片进行了详细研究，发现只要对内采取严厉手段即可达成消除鸦片影响的目的。在这种情况下，魏源提出了严格的内禁与外禁措施。所谓内禁，即对吸食或购买鸦片者给予严厉的处罚。而外禁则分为三个步骤。魏源认为要做到外禁，首先要加强我国的防御策略。只有这样才能与英国保持相对平等的交往，即以强大的武力为后盾，使得英国有所畏惧，不敢尝试向中国输入鸦片。这是中国禁烟的最佳手段。在增强国防后，中国再与英国进行协商，使其停止向中国输入鸦片，如果对方不同意，就对其课以重税；如果同意了则恢复正常课税，最后在贸易中采取互惠互利的原则，以此达到杜绝鸦片危害，与英国进行平等贸易的目的。

综上所述，魏源在《海国图志》中提出的国家防御策略，从清王朝与以英国为代表的西方国家之间的关系入手，从经世致用的角度提出了与西方国家近、中、远三个时期的交往。近期，清朝在与西方国家的交往中处于弱势地位，因此就要从国家安全入手，建立起一个强大的国家防御体系，先以防守为主，通过学习西方的先进技术，训练和培养精兵，壮大军事力量。等具备了一定实力后，就要以防守为后盾，对西方国家的侵略者进行主动出击，以打击其嚣张气焰。最后，当清朝军事实力强大到足以与西方国家匹敌时，就着手建立与西方国家的平等贸易关系，以实现双方互利互惠，通过这种方式继续发展清朝的经济和军事实力，最终达到国富军强、国泰民安的目的。

第六章　魏源经世致用思想与《诗古微》

第一节　《诗古微》的创作背景

一、《诗古微》的学术背景

《诗经》是我国第一部诗歌总集，收集了从西周初年到春秋中叶的三百多篇诗歌。《诗经》不仅是一部儒家经典的文学著作，在我国历史上还承担着重要的政治功能。西周初年，《诗经》是巩固政权的主要手段之一；到了春秋战国时期，虽然社会出现了“礼崩乐坏”的局面，《诗经》却依然在我国的政治及外交中发挥着重要的作用。春秋时期，儒家先贤孔子对《诗经》进行了整理并对其中的思想内容进行了评价：“《诗》三百，一言以蔽之，曰‘思无邪’。”秦朝建立后，丞相李斯建议秦始皇发布焚书令以加强思想统治，将除有关医药、占卜和种植的书籍外的所有书籍全部焚毁。该政令在《史记·秦始皇本纪》中得到了详细的记录：“臣请史官非秦记皆烧之。非博士官所职，天下敢有藏诗、书、百家语者，悉诣守、尉杂烧之。有敢偶语诗书者弃市。以古非今者族。吏见知不举者与同罪。令下三十日不烧，黥为城旦。所不去者，医药卜筮种树之书。若欲有学法令，以吏为师。”秦始皇规定，如果再有儒生谈论儒家诗书一律判处死刑。公元前213年以博士淳于越为代表的儒生反对秦始皇推出的“郡县制”，秦始皇恼怒之下采取李斯的建议，发布了“焚书令”，并在陕西咸阳地区坑杀淳于越等四百六十多名儒生，这就是历史上著名的“焚书坑儒”事件。这一事件使得先秦时期的各种学说和历史典籍遭到了十分严重的破坏，成为中国传统文化史上一个反面案例，对中国的传统文化造成了毁灭性的打击。然而由于《诗经》具有音节押韵的特点，便于口耳相传，所以《诗经》虽然受到了秦始皇“焚书令”的影响，最终却得以完整的保存。

汉朝建立后，一反秦朝对于儒学的政策，而是恢复文化，设立官学和五经博士，将儒家尊为正统学科，恢复儒家经典著作。作为儒家经典著作之一的《诗经》成为众多学者致力于恢复和解读的目标，自西汉以来先后出现了《齐诗》《鲁诗》《韩诗》《毛诗》四种不同的诗经版本。其中，《齐诗》《鲁诗》《韩诗》均用汉代通行的隶书文字书写，又称“今文诗”“三家诗”，而《毛诗》则是由西汉时期的鲁国毛亨和赵国毛苌所辑和注的古文《诗》。“三家诗”中出现最早的是《鲁诗》，相传《鲁诗》的创始人是鲁国人申公。《鲁诗》以严谨闻名，在汉代十分兴盛，我国著名的史学家司马迁、刘向等均属于《鲁诗》学派。《鲁诗》还是《诗经》“谏书”的创立学派。《鲁诗》学派中的王式等人把《诗》当作伦理纲常的教科书，以诗谏言，使《诗经》成了“谏书”。

《齐诗》的创始人是西汉时期的齐人辕固生，其精通儒家经典。然而《齐诗》弟子众多，后人在解读《齐诗》的过程中采用了阴阳五行说来对《诗》的内容进行强行附会，这种情况到了东汉时期越来越严重，而且章句也越来越烦琐，不利于理解和流传，因此到三国时期《齐诗》就失传了。《韩诗》的创始人是西汉时期的燕人韩婴，韩婴是汉文帝时期的博士。《韩诗》在后来的发展中分成了内、外两个版本，《韩诗内传》在北宋南渡时期失传了，现在保留下来的是《韩诗外传》。

《毛诗》属于古文经学，是西汉时由毛亨和毛苌所辑和注的古文《诗》。在西汉时期尊《鲁诗》为官学，《毛诗》以民间私相传授的方式进行传播。《毛诗》学派的代表作有两本：一为《毛传》，强调对训诂学的考察，而对诗义的解释相对较弱，对名物典章也有所诠释；二为《毛序》，强调以史证诗，将王道政教的兴衰与个人的伦理道德相联系，以美刺、正变来解《诗》。东汉时期，郑玄为《毛诗》写作了《笺》，使《毛诗》的影响得到了扩大；唐朝时期孔颖达刊刻出版了《毛诗正义》，这本著作的出版，标志着《毛诗》发展的成熟。

在后世流传过程中，“三家诗”逐渐失去了主导地位，《毛诗》长期占据了《诗经》研究领域的主导地位。在数千年的历史发展中，《毛诗》的研究有两个高峰。第一个高峰出现在汉代至唐代时期，该高峰的特点是以《毛诗序》为准则，在研究中十分重视名物训诂的考据和典章制度的解释。这种学派被称为汉学派，也叫作古文经学派，其对《毛诗》的研究多从古文入手，主要参考《毛传》《郑笺》《孔疏》等论著。第二个高峰则出现在宋代至近代时期。宋代时，儒家学者抛弃了汉学派注重章节、句法的特点，而是从宏观角度重新寻找经义的合理阐释。例如，南宋时期朱熹所作的《诗集传》即是从文章的义理出发对《诗经》进行解释和研究。

清朝建立以后，学风发生了三次变化。第一次变化是，儒家学者出于对程朱理学和阳明心学空谈论的反驳，提倡复兴汉学，因此在学术上兴起了新汉学，此时大部分学者将汉学的训诂与宋学义理整合在一起，以达到经世致用的目的。第二次变化是清朝初年考据学风盛行，学者通过引经博古，辨别真伪。第三次变化是，清朝晚期，《诗经》今文学重新复兴，取代了考据学。与此同时，清朝晚期的学者对“三家诗”和《毛诗》进行对比与分析，以“三家诗”为研究对象的相关著作越来越多，如《三家诗遗说考》《诗三家义集疏》等，魏源的《诗古微》即诞生于学术界对“三家诗”的研究。

魏源年轻时对古文经学和今文经学均有涉猎和学习，然而在对比后，他选择了今文经学，而对古文经学的空谈思想和不切实际的观念给予了批判。魏源的今文经学学习自庄存与和刘逢禄，又在其思想的基础之上进行了创新。庄存与和刘逢禄的著述研究范围主要为春秋学和公羊学，而魏源将其思想扩展到了《诗》《书》《礼》《易》等儒家经典。《诗古微》的版本有两种。一种是初刻本，完成于道光九年（1829），分为上下两卷。该版本由知名儒家学者李兆洛作序，由以刊刻藏书闻名的修吉堂刊刻，内容涵盖《正始篇》《诗乐篇》《三家发凡》《毛诗明义》等内容。然而，魏源却对这一版本的《诗古微》的内容不太满意，因此在之后二十多年的时间内一直对《诗古微》进行增补和修订。道光二十年（1840）魏源完成了二十卷本的《诗古微》，即另一种版本——二刻本。相比于初刻本，二刻本的体例更加健全，内容更加丰富，相关论述也更加全面和详细，除涉及《正始篇》《诗乐篇》《三家发凡》《毛诗明义》《三家发微》《齐鲁诗发微》《鲁诗发微》《韩诗发微》《三家通义》《三家同义》《三家异义》《集传初义》等内容外，还创造性地加入了经世致用思想。

学术界对《诗古微》的评价并不统一，呈现出褒扬和贬低两极分化的特征。对《诗古微》进行褒扬的学者以李兆洛和刘逢禄为代表，其中李兆洛曾为《诗古微》作序，刘逢禄为魏源的老师，这两位学者均对《诗古微》筚路蓝缕的开创精神进行了盛赞；梁启超曾在《清代学术概论·清代今文学与龚魏》中对魏源所创作的《诗古微》进行了评价，指出“今文学之健者，必推龚、魏”，这个评价相对比较客观。对《诗古微》进行贬低的学者以章太炎为代表。章太炎认为《诗古微》是“不古不今非汉非宋之学也”，对魏源的创新给予了否定。然而无论是褒扬还是贬低，都不能否认《诗古微》作为一部传世的《诗》学名著所具有的独特的学术价值。

二、《诗古微》的版本流传

《诗古微》有两个版本，分别为初刻本和二刻本。其中，《诗古微》初刻本是由修吉堂刊刻的，由李兆洛作序，刊刻时间没有标明。据考证，其成书并刊刻于道光九年（1829）。该版本分为上下两卷。其中，上卷包括《正始》上下两篇、《诗乐》四篇、《三家发凡》上中下三篇、《毛诗明义》五篇；下卷中包括《三家发微》上下篇、《齐鲁诗发微》合篇、《鲁诗发微》上下篇、《韩诗发微》上下篇、《三家通义》、《三家同义》、《三家异义》以及《集传初义》等内容。

《诗古微》二刻本成书于道光二十年（1840），又可分为道光本、杨氏重刊本、扫叶山房刻本，每个版本的序言、章节组合顺序均有所区别，然而文章主体内容却较为一致。二刻本分为上、中、下三编，共包括二十卷内容。

初刻本与二刻本的相同之处在于主旨，都是以发挥“三家诗”的微言大义为宗；不同之处在于二刻本进一步探讨了《诗经》学中的诸多学术问题。

第二节　《诗古微》文本及诗学研究

一、四始说

四始说是《诗经》研究的一个最为重要的论题。从汉代以来，四始说即存在着多种不同的说法，“四家诗”对四始说的解释各不相同。在《诗古微》中魏源也曾谈到这个问题，认为：“汉儒以‘四始’之说媲之，《鲁诗》一说，《韩诗》一说，《毛诗》一说，《齐诗》一说，后人无一能析之者。”[①] 其中最主要的观点有三种，即《史记》四始说、《毛诗》四始

① 魏源，魏源全集编辑委员会．魏源全集[M]. 长沙：岳麓书社，2004：175.

说、《诗纬》四始说。

第一种观点，《史记》四始说。司马迁是《鲁诗》学派的代表人物，其在所编著的《史记》中对儒家先贤孔子进行了详细介绍。在《史记·孔子世家》中司马迁指出：古者诗三千余篇，及至孔子，去其重，取可施于礼义……《关雎》之乱以为《风》始，《鹿鸣》为《小雅》始，《文王》为《大雅》始，《清庙》为《颂》始。因此，司马迁认为《诗经》中的“四始”就是四部首章，分别是《风》《小雅》《大雅》《颂》，同时指出：“三百五篇，孔子皆弦歌之，以求合《韶》《武》《雅》《颂》之音，礼乐自此可得而述，以备王道，成六艺。”司马迁指出孔子在确认了四个首章的同时还分别确认了《风》的首章是《关雎》;《小雅》的首章是《鹿鸣》;《大雅》的首章是《文王》；《颂》的首章是《清庙》，从而对《诗》中的篇章进行了主次编撰。孔子的这一观点，强调了《诗经》四始中的微言大义。

第二种观点，《毛诗》四始说。《毛诗》四始说出自《诗大序》。《诗大序》中指出“《关雎》，后妃之德也，风之始也”。《诗大序》继续论证：“是以一国之事，系一人之本，谓之风；言天下之事，形四方之风，谓之雅。雅者，正也，言王政之所由废兴也。政有小大，故有小雅焉，有大雅焉。颂者，美盛德之形容，以其成功告于神明者也。是谓四始，诗之至也。”因此，《毛诗》四始说的意思是《风》《小雅》《大雅》《颂》是四类诗，其反映了王道兴衰与国家治乱，所以称为“诗之至”。《毛诗》四始说又包含了六种解释，这六种解释各不相同，因此存在较大的争议。

第三种观点，《诗纬》四始说。所谓《诗纬》，就是与《诗经》相配的纬书，其对《诗经》的解释与“四家诗”不同，不是从历史着眼，而是从天人学、阴阳五行学说、灾异学说入手，并结合政治来阐释《诗经》。《诗纬》四始说又分为《齐诗》四始说、《韩诗》四始说两种类型。其中，《齐诗》四始说即指：“《大明》在亥，水始也;《四牡》在寅，木始也；《嘉鱼》在巳，火始也；《鸿雁》在申，金始也。”也就是说，《齐诗》

四始说是指水、木、火、金。《韩诗》四始说在文献中没有明确的说法，然而可以明确，《齐诗》中讨论了《关雎》是《国风》之始。从这一点可以看出，《韩诗》认可“始”在《诗经》解释体系中的地位，这与其他“三家诗”四始说是相同的。

魏源在《诗古微》中也讨论了四始说，他在《诗古微·四始义例篇》开篇中指出“请先以《鲁诗》之义明之”。也就是说，魏源赞同《史记》四始说。魏源对四始说的含义的解释为“‘四始’则又夫子反鲁正《乐》、正《雅》《颂》，特取周公述文王之德者各三篇，冠于四部之首，固全《诗》之裘领，礼乐之纲纪焉”。魏源认为，四始是孔子在对《乐》进行修正时，从中选取了周公讲述文王的德行的十二篇诗，将其中的三篇放在了四部的篇首作为“全诗之裘领，礼乐之纲纪”。由此可见，魏源认为四始说并不是对《诗经》体裁格式的遵从，而是上升到了《诗经》的教化思想的高度，认为其是一种文王之德、圣人之道。魏源四始说最核心的意义是论证了四始是由周公所制的。关于这一点，魏源是从三个方面进行论证的。其一，魏源强调四始是周公伦理教化思想的集中体现。在论述中，魏源先肯定了周公的圣人地位，并指出了其制礼作乐并在天下传播的功绩，最后指出“故‘四始’者，周公达孝之极思，仁至义尽之作也”。也就是说，魏源认为四始是周公追思先人、至仁至义之作。其二，魏源从文献学角度论证了周公制礼作乐的具体细节。魏源在《诗古微》中引用了各种古籍文献中对周公制礼作乐的论述，证明周公与四始之间的关联，认为周公十分孝顺、仁义，所以四始说的精神实质是以达孝、仁义等为内容的儒家《诗》教。其三，四始的篇目次序和篇章安排体现了周公心目中的先王系统，魏源认为《诗经》中的先王次序的安排是周公亲自确定的。因此，魏源论证四始是周公所制这一跳出前人窠臼的观点，为其在对四家诗进行融会贯通的基础上，阐发“三家诗”四始说微言大义提供了理论基础。

魏源的《诗古微》着重阐发了今文经学中“三家诗”的微言大义，

企图为“三家诗”正名。魏源在为“三家诗”进行正名前，先对《毛诗》的四始说进行了订正。魏源对于《毛诗》四始说的观点有一个变化：在《诗古微》的初刻本和二刻本中魏源都认可《毛诗》四始之说，即其正始之说和正变说，然而在《诗古微》的二刻本中却对《毛诗》的正变说提出了疑问和批评。

魏源对《鲁诗》四始说持肯定态度，认为司马迁所说的《风》的首章是《关雎》，《小雅》的首章是《鹿鸣》，《大雅》的首章是《文王》，《颂》的首章是《清庙》是正确的，而且进一步提出《关雎》之后是《葛覃》《卷耳》，《鹿鸣》之后是《四牡》《皇皇者华》，《文王》之后是《大明》《绵》，《清庙》之后是《维天之命》《维清》，界定了十二首诗的顺序。魏源认为四始是周公为了发扬文王的美好品德而作，而且是由孔子确定的，而《鲁诗》与孔子有着直接的关联，因此肯定了《鲁诗》四始说的合理性。

魏源对《韩诗》四始说持肯定态度，认为其在诗篇数目上的判断标准有所不同，但本质上仍是以具体的《诗经》篇目为“始”。

魏源对《齐诗》四始说进行了论证，认为《齐诗》四始说不是“四始”说的本意，而是以《诗》配律、以律配历为指导思想。

通过以上分析可以看出《诗古微》中坚持的四始说是由周公所制，体现了魏源对“四家诗”的融会贯通的精神，这种精神正是魏源阐发“三家诗”四始说微言大义的理论基础。

二、《诗古微》的文本研究

对《诗经》的文本研究是魏源《诗古微》中的重要内容。在《诗古微》中，魏源首先纠正了传统儒家学者对“三家诗”的错误理解，并将“三家诗”与《毛诗》进行了对比和分析，指出了“三家诗”比《毛诗》更加可靠，渊源更加古老。此外，魏源在《诗古微》中对“三家诗”和《毛诗》的不同之处进行了详细的辨析。

（一）“三家诗”和《毛诗》的地位

历史上“三家诗”的创作早于《毛诗》。《齐诗》、《鲁诗》和《韩诗》均创作于西汉初年，西汉时期《鲁诗》的传播最为广泛，《韩诗》在汉文帝时成为官学。《毛诗》兴起较晚，然而其兴起后逐渐代替了“三家诗”，成为世界上流传时间最长、范围最广的《诗经》。东汉时期，郑玄为《毛诗》作《笺》，指出《毛诗》对“三家诗”进行了吸收和创造，从而取代“三家诗”成为流传时间最长、范围最广的《诗经》。而“三家诗”则渐渐衰败。例如，《隋书·经籍志》说：“齐诗亡于魏，鲁诗亡于西晋，韩诗亡于宋。”由于“三家诗”亡佚较早，传统的儒家学者都将《毛诗》视为正统，对“三家诗”产生了诸多误解。在《诗古微》中魏源首先对儒家传统学者对“三家诗”的误解进行了纠正，确立了“三家诗”的地位。

1.“三家诗”有序，而《毛诗》不可信

中国传统儒家知识分子认为，“三家诗”没有古序也不能概括其篇章主旨，然而魏源在对历代的典籍和文献资料进行了详细的调研后对此提出了反驳。魏源认为《新唐书·艺文志》中对《韩诗》的顺序进行了记载，而其与其他著作引用《韩诗》的情况是一致的，因此《韩诗》有序。《齐诗》虽然消亡较早，但魏人张揖在其著述《上林赋注》中引用过《齐诗序》，这证明《齐诗》也是有序的。《鲁诗》也是有序的，通过《汉书·楚元王传》即可看出这一点。因此“三家诗”均是有序的，而且同出一源。相反，《毛诗》的疑似作者众多，且《毛诗序》与《诗经》本意有不相符合之处，因此魏源认为《毛诗》是无序的、不可信的。这一观点与儒家传统观点大相径庭。

2.“三家诗”的源流更为可信、可靠

魏源对传统儒家知识分子的“汉四家《诗》，惟毛公出自子夏，渊源最古”的说法提出了反驳；他认为“三家诗”的源流更加可信。《鲁诗》的源流通过对《汉书·儒林传》《汉书·楚元王传》的考察可知，荀子将《鲁诗》传给了浮丘伯，浮丘伯又把《鲁诗》传给了楚元王和申公。申公作传的诗即为《鲁诗》，而《鲁诗》的源流则是荀子。根据《新唐书·艺文志》和《韩诗外传》可知子夏为《韩诗》作序，孟子为《鲁诗》源流。而《齐诗》的源流虽然不可考，但是《鲁诗》《韩诗》的源流可考。与之相对应，《毛诗》的传授源流主要记录于唐代陆德明的《经典释文》和三国吴人陆玑的《毛诗草木鸟兽虫鱼疏》，然而这两本文献中记录的《毛诗》的源流不统一，因此“三家诗”的传授源流更加可靠。

3.“三家诗”与儒家传统经传相符合，《毛诗》则不相符合

中国传统儒家知识分子认为“三家诗”衰亡的原因是其与儒家传统经传不相符合。然而魏源却提出了相反的说法，认为“三家诗”优于《毛诗》，为此他举出了多个例子证明“三家诗”与经典儒家著作之间的相合性，同时指出《毛诗》在许多方面与儒家经典不相符合。

4.“三家诗”的篇名、章句、训诂优于《毛诗》

魏源对“三家诗”和《毛诗》进行仔细研究后发现，《诗经》中多有重名的篇目，而“三家诗”中有许多篇名与《诗经》中的不相同。对于这种现象，魏源认为《毛诗》篇名重复太多，无法断定，而“三家诗”的篇名优于《毛诗》。除了篇名，“三家诗”与《毛诗》的个别章句也不尽相同。有的词句“三家诗”中有，而《毛诗》中没有；有些词句则正好相反，“三家诗”中没有而《毛诗》中有。另外，除了以上两个方面，“三家诗”和《毛诗》的训诂也不同，《毛诗》中存在许多不符合韵律的地方，因此“三家诗”的训诂优于《毛诗》。

（二）对《诗经》的世次和篇次进行了梳理

魏源在《诗古微》中对《国风》《雅》《颂》的世次和篇次的讨论对研究《诗经》有着重要意义。首先，《诗古微》对《国风》世次的考证。魏源在《诗古微》中对《南》《王》《邶》《鄘》《卫》等《国风》篇目进

行了改动，这一改动包括三个方面。第一个方面，魏源把《甘棠》《野有死麕》《何彼秾矣》附于《召南》之后，通过对《史记》《汉书》《韩诗外传》的考察，提出了《国风》中这几篇文章的顺序应该为：《召南》《甘棠》《野有死麕》《何彼秾矣》。第二个方面，《王风》中的《黍离》《丘中有麻》两诗应分别属于《卫风》《桧风》，而《桧风·匪风》应为《王风·匪风》。“三家诗”将《黍离》均放在《卫风》中，然而《毛诗》却将其放入了《王风》；从《公羊传》《国语》的记载中可以看出《丘中有麻》描写了桧国民风，因此应归入《桧风》，《匪风》应归入《王风》。第三个方面，《邶》《鄘》《卫》本系卫国一国之事，歌卫国一国之风。这一点可以从《左传·襄公二十九年》以及班固《汉书·地理志》中看出。其次，《诗古微》对《雅》世次的考证。魏源说：“世次之疑，《雅》、《颂》最甚，而《小雅》尤甚。”这主要表现在对《小雅》的考证、对幽王诗的改动以及对《大雅》的考证三个方面，魏源通过对文王、武王诗的改动，对幽王诗的改动，对《大雅》世次的考证阐述了自己的观点。最后，《诗古微》对《颂》世次的考证，魏源对《颂》的改动是最少的，只对《周颂》中的《大武》乐章进行了考证，认为《大武》乐章的次序应为《武》一、《酌》二、《赉》三、《般》四、《桓》六，而第五章遗失，无法确定。

（三）对“三家诗”进行阐发，对《毛诗》进行修正

魏源在《诗古微》中从篇目上对《毛诗》进行了修正。首先，魏源对《毛诗》将六篇《笙诗》放入《诗经》的行为进行了修正。魏源认为《诗经》中不包含六篇《笙诗》，因为“三家诗”中的总篇目是一致的，如果这六篇《笙诗》放在《诗经》中，其总数目就会达到三百一十一篇，而不是各种文献所载的“诗三百”和“三百五篇”。因此，魏源认为从孔子时开始《诗经》中就没有《笙诗》，而《毛诗》将其列入《诗经》是望文生义的。其次，魏源认为《鲁颂·駉》是奚斯所作的诗而不是史克所作的颂。魏源根据诗的长度、诗末尾出现的作者的名字、诗的内容、

史克的年代以及《左传》中的资料指出该诗是奚斯所作。最后，魏源认为所谓《商颂》并不是为商朝写的诗，而是春秋时的宋诗。对于这一点魏源从文风和历史上进行了说明，魏源的这种说法对近代的王国维等有重要的启发意义。

（四）对《毛传》和《郑笺》的纠正

魏源在《诗古微》中并未只看到“三家诗”的优点和《毛诗》的缺点。相反，魏源对《毛传》和《郑笺》既有肯定也有否定和纠正。据统计，魏源对《毛传》的肯定有二十九处，其中肯定合理的有十四处，部分合理的有四处，不合理的有九处，存疑的有二处；对《毛传》的否定则有三十一处，其中否定合理的有十八处，部分合理的有四处，不合理的有六处，存疑的有三处。魏源对《郑笺》的肯定有十九处，其中肯定合理的有九处，部分合理的有二处，不合理的有八处；魏源对《郑笺》的否定则有五十三处，其中否定合理的有三十八处，部分合理的有五处，不合理的有四处，存疑的有六处。

三、《诗古微》的诗学研究

《诗经》中包括了从西周初期开始到春秋时期前后五百多年间的三百多篇作品，其内容涵盖了包括社会政治、经济、生活在内的各个方面。这部中国最早的诗歌总集的作者大部分都不得而知。《诗经》中大量运用了比兴的手法，使得各篇文章的主旨显得扑朔迷离。在《诗经》中的《国风》《小雅》《大雅》《颂》中，《国风》所占的比例是最大的，也是使用比兴等手法最多的。《国风》的内容包罗万象，又加注了许多令人费解的寄兴。因此，后人在准确地理解《诗经》的主旨和本义上付出了许多努力。历史上传统儒家各门各派对《诗经》各个篇章的主旨和意义的解读也不相同，至今没有统一。魏源在《诗古微》中发表了自己对《诗经》主旨和意义的看法，根据其所述的观点，可以将其在《诗古微》中体现出来的诗学思想的主要特征归纳为以下两点：

第一点，魏源在《诗古微》中构建了自成一家的解读方法。

魏源在《诗古微》中构建的解读方法可以分为两种。

其一，从创作、采集、编排、赋诗、引诗几个方面来解读诗歌的主旨和意义。魏源认为要想准确地理解《诗经》中每首诗的主旨和意义，首先要确定诗歌的本意，这就需要首先区分哪些意义是作者的本意，哪些意义是采诗、编诗、赋诗、引诗之人所附加到诗歌上的意义。孔子曾说"诗言志"，从这一意义出发，作诗者即写诗的人是为了抒发自己的真实情感或者遇到具体的事情后有所感触而表达感想或发出赞叹之情；或者是因为某种偶然因素而得到了某种体悟，因而情不自禁地发出歌志，即所谓水到渠成，有所感触而自然成诗，所以作诗的人不考虑读者的感受。从这一角度来看，作诗的人想表达的意义就是诗的本意，是诗歌的最初、最真挚也是最纯净的情感表达。当君王任命太师到民间采集诗歌，又命令史官将采集来的诗歌编纂成册，以此作为君王体察民情、知晓国情的工具时，作诗者的本意就发生了变化。当抒发个人情感的诗歌被赋予了社会情感后，这一诗歌就不再只关注个人情感的意义，而是被发展为具有规诫世人之义。从民间采集诗歌是统治阶层了解人民意愿和想法的途径，将采集来的诗歌编纂成集则赋予了诗歌一种类似特指《诗经》编纂的意义的手段，因此其意义是不一样的。如果后人没有意识到诗歌从创作出来到编纂成册的过程中的意义变化，就不能正确地理解诗义。《毛诗》中就存在着许多将采诗、编诗之义相混淆的做法。例如，《毛诗》的《诗大序》中说，"上以风化下，下以风刺上""美盛德之形容"。由此可见，《毛诗》十分强调诗歌的美刺作用，将《诗经》看作一种政治教化的工具。又如《周南·桃夭》，这是一首恭贺新娘的诗。在诗中，诗人把柔嫩的桃枝、鲜艳的桃花比喻成新娘，以此来赞美新娘的容貌。然而《毛诗》的《诗序》则认为《桃夭》是讲后妃之德的文章，后妃要做到端庄大方，不妒忌，宽大仁德，这样婚姻才可以持久。把一个简单的民间嫁娶之事上升到后妃的宽大仁德，再将其推演为文王风化惠泽万世，这就是将诗歌的本意和后人的强加之义混淆了。

再如《郑风·狡童》，这首诗讲述了一个女子依恋旧情，因此寝食难安的故事。然而《毛诗》的《诗序》却认为这是一首美刺诗。

《魏风·伐檀》赞美了一个贤良的人不拿不劳而获之物的小事，然而《毛诗》的《诗序》却将其理解为具有讽刺贪官的含义。《唐风·羔裘》中对大夫的正直行为进行了赞美，然而《毛诗》却认为这首诗是为了对社会进行讽刺。《毛诗》中这样的例子还有许多。一个只是为了抒发真情实感而作的诗歌，在《毛诗》中就成了对上劝诫君王、对下垂教万世的具有讽刺和批判意义的作品。魏源认为后世《毛诗》的研习者错误地把采集诗歌和编纂诗歌的意义当作了诗歌的本来意义，使得诗人的真情实感被蒙蔽了。尤其是《毛诗》中的《卫序》《郑笺》更是对诗歌的本意进行了歪曲，魏源对《毛诗》的这种做法给予了严厉的批评。那么怎样才能正确地理解诗歌的意义呢？魏源认为，首先必须破除《毛诗》美刺功能，恢复《诗经》的文学审美功能，只有这样才能找到诗歌的主旨。赋诗，是春秋时期上层社会中十分流行的一种特殊的交流方式，其常常作为外交辞令或在宴会场合使用，具有十分重要的作用。

春秋时期，宾主双方通常以问答的形式来赋诗，这时，赋诗的目的不是表现才学和作品，而是“言志”，将赋诗作为传达自己观点和态度的一种手段。《左传·襄公二十八年》有云：“赋诗断章，余取所求焉。”在赋诗的场合中，人们常常忽略诗歌的本来意义而追求诗歌的场景意义。在当时的社会中，人们常常通过类比和想象将自己的意思含蓄委婉地表达出来，这时候双方就需要根据特定的场合和特定的语境来理解对方的意思，也可以说这是一种典型的断章取义。

赋诗行为在春秋时非常普遍，《左传》中记录了七十多处赋诗现象，而通过赋诗将自己的意思表达出来是当时的贵族必备的才能和文化修养。在当时的这种赋诗行为中，《诗经》是一种重要的交流工具。孔子曾说过："不学《诗》，无以言。"《诗经》在当时的贵族社会中构建了一个特定的文化语境，如果不明白其中的故事、不熟悉其中的人物、不懂得其中各个篇章的意义就会被人耻笑不懂礼仪。

例如，《左传》中记录了一个故事：襄公二十七年（前 546），鲁国公卿叔孙宴请齐国庆封，叔孙在宴席上赋了《诗经》中的《鄘风·相鼠》首章："相鼠有皮，人而无仪！人而无仪，不死何为？"叔孙想用这首诗来表达对于庆封失礼行为的愤怒，然而庆封却因不明白这首诗的意思而听不懂叔孙所要表达的意义。又如，《左传》中记录了一个故事：僖公二十三年（前 637），秦穆公宴飨晋公子重耳，在宴席上，秦穆公赋了《诗经》中的《小雅·采菽》："君子来朝，何锡予之？"以此来表示对重耳的欢迎。重耳则以《诗经》中的《小雅·黍苗》中的"芃芃黍苗，阴雨膏之"作答，以禾苗得雨水滋润的比喻，表示自己的荣幸和感恩。《小雅·采菽》的本义是周王对诸侯来朝进行赞美、赏赐，《小雅·黍苗》的本义则是赞美召伯的功绩。然而在具体的交流场合，《诗经》中的诗句被赋诗者赋予了新的含义。儒家学者在解读《诗经》的过程中，赋予了《诗经》独特的社会历史意义，使得《诗经》的内涵得到了扩展，它不再仅仅是一部先秦时期的诗歌作品集，而是被赋予了一定的文化内容，被当作儒家经典和圣人哲学。因此，《诗经》中的词句被公认为是最权威的社会真理，经常被人们加以引用。例如，《左传》中记载了大量的引用《诗经》中的语句证明自己观点的例句，春秋时期的赋诗、引诗都是借《诗经》中的词句来表达或证明自己的观点。这种只为了满足情境需求而使用诗歌引申义的做法，使得《诗经》中文章的本义被严重曲解，因此魏源提出的必须区分诗歌创作、采集、编排、赋诗、引诗等意义以对《诗经》中的意义进行正确解读的观点是十分正确的，也是十分必要的。

其二，结合历史政治背景和地理风俗特点确定诗旨。魏源在《诗古微》中指出，解读《诗经》中的文章含义时不仅要参考前人的经验、运用自身的理论，还必须从现实出发，将具体诗篇和当时、当地特有的历史文化结合起来，这样才能更加深入地理解诗篇的意义。

首先，魏源提出要用发展的眼光看世界，要从历史变迁的角度来解诗。例如，《诗经》中对《周南》《召南》之化的理解，《毛诗》中的《毛序》认为“其得圣人之化者谓之《周南》，得贤人之化者谓之《召南》，言二公之德教自岐而行于南国也”。意思是在西周周文王的时代，周、召二地分陕而治，其中周就是周公的治地，召就是召公的治地，这两个地方得到了二公的教化，所以民风十分淳朴。后来周武王统一天下后命太师到各个国家去采集诗歌以了解民情，周公教化之地的诗歌被编成了《周南》，召公教化之地的诗歌被编成了《召南》。魏源认为这种说法是不正确的，他从周南和召南两地的社会历史背景出发，对于所谓的“圣人之化”提出了新的解读。魏源在参考资料时主要参考了《书大传》和《周本纪》，这两本书上记载，文王伐崇作丰时已经九十六岁了，第二年就去世了，因此从文王的年龄来看，也不可能把岐地分封给周、召二公。因此，《毛诗》中《郑谱》的说法是不正确的。而根据《礼记·乐记》中的记载，“且夫《武》，始而北出，再成而灭商，三成而南，四成而南国是疆，五成而分周公左、召公右，六成复缀以崇”，《大武》乐章是武王统一天下后创作的，由此可见周、召分陕是在武王统一天下后。因此，魏源认为，《周南》和《召南》中的诗歌都是在文王教化之地采集的，而不是周公和召公的教化之地。周、召分陕而治后，武王派太师到这两个地方采集诗歌时，周公和召公只是负责帮助陈诗，而不是得其教化之功，所谓《周南》《召南》只是取了这两地的地名而已。魏源独辟蹊径，从周、召分陕的时间入手，通过具体历史事件的界定确定诗歌的意义，这种方法是十分新颖且有见地的。

其次，魏源根据不同地域的风俗文化特点来解说诗旨。例如，《郑风·溱洧》这首诗，《毛诗》中的《毛序》认为其是为了讽刺乱世，因为当时的社会长期处于战乱中，男女相互离弃导致淫邪之风大行。然而魏源却根据《韩诗薛君章句》的记载，发现每年三月三日是郑国的上巳节，这一天郑国的青年男女在溱水、洧水聚会，手持兰草，在水中洗掉宿垢，祛除不祥，在离别时互赠礼物来表达情谊。因此，从这个意义上看，这首诗描写了郑国上巳节的盛况。魏源从郑国的地理和民俗特点出发，对《毛诗》中的《毛序》对这首诗作出的“刺乱”之说给予了否定。又如，《毛序》对《秦风·无衣》一诗的解释是讽刺秦国国君不顾百姓的意愿随意征伐。然而魏源却提出了正好相反的观点，认为这是对秦国好战的一种赞美。魏源的参考资料为《史记·秦本纪》和《汉书·地理志》，根据这两部文献的记载，秦国西方的邻国是西戎，双方之间曾多次争战，西戎军队强悍，对秦国造成强大的威胁，因此秦国人民不仅修习武艺还铸造兵器，用来抵御西戎的进攻。这种好战的风气与秦国特殊的地理位置和风土人情有关。同时，《诗经·秦风》中有许多篇诗歌也都表现出了秦国的尚武精神和慷慨豪放的特点。因此，魏源认为《秦风·无衣》是赞美秦王用兵、歌颂战士同仇敌忾的诗，而不是《毛诗》中所说的“刺用兵”。

魏源在解读《诗经》中的诗歌时，常常有自己独特的方法，从社会、文化、地理、民俗、历史等角度入手，通过区分作诗、采诗、编诗、赋诗、引诗之义，注重对诗歌本义的探讨；结合历史变迁和不同地域的文化特点，从根源和现实着手对《诗经》进行解读，这一点对于正确地理解《诗经》中诗歌的意义有着极为重要的指导作用。在肯定魏源的方法与观点的同时，我们也应看到，在某些诗歌的解读上，魏源也存在着牵强附会的缺点。例如，对于《召南·摽有梅》一诗，其本义是描写一个女子看到梅子落地后，感到时光飞逝，青春将逝，希望可以早日出嫁。然而魏源在解读时，却认为这是一首褒扬文王德治的诗歌，这就有些过于失真了。因此对于魏源对《诗经》诗义的研究，我们应该正确看待，其正确的地方应该学习和推广，而不正确的地方应及时给予扬弃。

第二点，魏源在《诗古微》中表现出了独具特色的诗乐观。

“诗，言其志也；歌，咏其声也；舞，动其容也。三者本于心，然后乐器从之。”这是《礼记·乐记》中的一句著名的言论。西周时周公建立了礼乐治国的制度，音乐作为礼仪的重要组成部分，在社会中应用十分广泛。《论语·述而》载："子在齐闻《韶》，三月不知肉味。"可见古人对音乐是十分重视的，当时无论是燕飨、婚嫁还是祭祀、作战均离不开音乐的鼓舞。《诗经》作为西周时期就形成的一部重要的书，在先秦时期均是配有音乐的。然而乐谱却在秦朝"焚书坑儒"中被毁，只剩下了词的部分。关于《诗经》中的音乐体例和诗乐问题一直是中国儒家学者研究的重点。魏源在《诗古微》中也提出了自己的诗乐观，主要集中在两个问题上。

第一个问题：《诗经》全部入乐和正歌、散歌之分。

《诗经》中的诗歌是否全部都配有音乐是一个学术界长期争论的问题，这一问题最初是由南宋学者程大昌提出的。程大昌认为《诗经》中的诗歌有的入乐，有的不入乐，入乐的诗歌包括《雅》《颂》《召南》《周南》，其他收录在《国风》中的诗歌都是不入乐的。魏源在《诗古微》中对这个观点提出了反驳，他认为《诗经》与音乐有着密切关系，"诗三百"是全部入乐的。魏源的依据首先是史料，主要包括两本。其一是《汉书》。《汉书·食货志》记载："三百五篇，孔子皆弦歌之，以求合《韶》《武》《雅》《颂》之音。"其二是《墨子》。《墨子·公孟篇》记载："诵诗三百，弦诗三百，歌诗三百，舞诗三百。"因此魏源提出，根据这些史料可知《诗经》中的诗歌是全部入乐的。其次，魏源从《诗经》的结构方面进行了分析。《国风》是十五诸侯国的民间歌谣，《雅》指王畿之乐，《颂》是宗庙祭祀的乐歌。这三种类型的诗歌应用场合不同，从《风》《雅》《颂》以音乐为划分依据的特点来看，《诗经》中的诗歌是全部入乐的。魏源在《诗古微》中批评程大昌不了解先秦的诗乐体例，因此单纯地对诗是否入乐进行徒劳的争论。魏源认为《诗经》中的诗歌在收录时就是为音乐创作而配备的歌词。魏源在《诗古微》中举例说明了自己的观点：为乡乐而作的，就是乡乐之诗，如《关雎》《鹊巢》；而《雅》《颂》为燕享祭祀之乐的诗歌，因此称为正歌。有一部分诗歌最初是从民间采集的，如《殷其雷》《行露》《甘棠》等，这类诗歌在收集阶段还没有配乐，但是收集整理好后，就配上了音乐。因此，《诗经》中的所有诗歌都是配备了音乐的诗歌。而民间采集之后配乐的诗歌不能叫作乐章之诗，而应称为散歌。魏源跳出对于《诗经》中的诗歌是否全部入乐的争论，从诗歌的创作目的出发，用事实和理论依据来讨论《诗经》如何入乐的问题，这一做法是十分新颖的，比起一味地争执《诗经》是否入乐更具有可行性，也更具有学术价值。

在《诗古微》中，魏源还对正歌与散歌的特点和使用方式进行了详细的论述。《毛诗》派的郑玄曾对正歌做出解释。他认为："正歌者，声歌及笙各三终，间歌三终，合乐三终，为一备。"其意思为正歌在典礼中使用时要遵守一定的规则，这些规则包括"三个三"原则，即先歌唱、笙奏各三次，接着歌唱和笙奏相间交替各三次，最后配乐合唱各三次。儒家典籍《仪礼》对正歌、散歌进行了详细的介绍。例如，《乡饮酒礼》中的工歌《鹿鸣》《四牡》《皇皇者华》《南陔》《白华》《华黍》等皆为正歌。正歌与散歌相比，其主要特点为：演奏体制要求十分严格、完整而复杂，不能随意更改，整个过程显得十分烦琐，各种要求甚多。这种条条框框的限制，直接影响了音乐的发挥，常常导致宾客们不能尽兴。因此，在礼乐中还存在着一种"无量乐"。无量乐，顾名思义，即不受条条框框的限制，演出形式比较灵活，可以接在正歌之后，演出体制没有严格的限制，演出时长也没有明确的要求，直到尽兴为止。无量乐一般多由散歌构成，而散歌除了可以作为无量乐，也可以作为其他乐曲，如可以作为"蒙常乐"。先秦时期以礼乐治国，礼乐的使用范围非常广，在大的祭祀燕享、宴客娱宾中可以使用，小到一日三餐等生活的方方面面也可以使用。而形式灵活、长短自由的散歌可以在日常生活中随意使用。例如，《国语》中就有"宴居有师工之诵"，这里的"师工之诵"即指散乐；又如，《郑谱》中有"路寝常乐"，这里的行路、就寝中所用的音乐也是散乐，并可以作为"国子弦歌"使用。所谓国子弦歌，是指西周时期朝廷专门设立的音乐机构——大司乐。大司乐的职责即是培养、提高王室及贵族子弟的音乐素养。大司乐中既教授正歌也教授散歌。无论是正歌还是散歌,《诗经》中的诗歌是全部入乐的。魏源对正歌和散歌的划分有利于对《诗经》中诗乐关系的研究,有助于我们认识周代的礼乐制度。

第二个问题:“郑声淫”与“思无邪”关系考辨。

孔子《论语·卫灵公》中对郑国音乐的评价为“放郑声,远佞人。郑声淫,佞人殆”。东汉时期许慎在《五经异义》中将这句话解释为“郑诗二十一篇,说妇人者十九矣,故郑声淫也”。在这里,许慎指出了“郑声淫”的原因,即《诗经》中的“郑诗淫”。因为郑国的诗歌中大部分都涉及妇女题材。南宋时期,朱熹在其《诗集传》中延续了儒家的这一评论,对于《诗经》中的《郑风》持批评态度:“皆为女惑男之语。”因此,朱熹认为此乃“淫奔之诗”。孔子在《论语·为政》中也曾评价《诗经》为“《诗》三百,一言以蔽之,曰‘思无邪’”。因此,《论语》中这两篇文章的观点是相互冲突的。既然《诗经》均为“思无邪”,那么为何孔子又将郑国音乐评价为“郑声淫”呢?儒家先贤怎么会出现自相矛盾的情况呢?对于这个问题的理解,后世学者展开了激烈的讨论。孔子所说的“郑声淫”和“思无邪”到底是什么含义呢?“郑声”与《诗经》中的“郑诗”之间又有什么样的关系呢?魏源在其《诗古微》中对这一问题也进行了思考和探索。魏源认为,要回答这一问题就要先正确理解“郑声”和“郑诗”。自西周周公制礼作乐、以礼乐治国开始,乐与礼之间便形成了一种不可分割的关系,对于周朝王室来说,礼乐是一种维护周朝统治和宗法等级制度的工具。在宫廷中演奏的雅乐是西周社会中的正统音乐,这种类型的音乐特点是中正平和。孔子曾对这种音乐发表过看法,认为这样的音乐才是符合中和之美的,也才是最合乎礼仪的,能够起到教化世人的作用。春秋战国时期,整个社会的形势发生了较大的变化:一方面周朝王室逐渐衰微,具有教化功能的周礼在现实生活中逐渐失去了其原有的社会地位以及作用;另一方面藩王逐渐崛起,形成了春秋时期五国争霸、战国时期七国称雄的局面。随着政治环境的变化，人们的音乐观念也发生了改变，即孔子所说的“礼崩而乐坏”，音乐的等级制度被打破，音乐之间的限制也被打破。雅乐的正统地位受到了新兴力量的挑战，“郑声”即出现于这一时期。郑国是西周末年国土面积最大的藩属国，郑桓公迁都河南新郑。新郑地区为商代故地，所以仍然保留着许多风俗习惯，如殷商文化中的巫文化等。郑人迁都新地后，很快就适应了这里的民风和民情，呈现出一种大胆、烂漫、活泼、奔放的特点。因此，魏源认为“郑声”即为“新声”。孔子从思想上十分尊崇周礼，一心希望恢复周礼，因此他对于“郑声”是持坚决反对的态度的。他认为这种过于曲折奇巧、轻柔靡慢的音乐会扰乱人的心绪，破坏雅乐的平和之美，是不符合儒家中庸的道德规范的。例如，孔子在《论语·阳货》中曾说：“恶郑声之乱雅乐。”《周礼·大司乐》中也有“凡建国，禁其淫声、过声、凶声、慢声”的评价。由此可见，孔子所说的“郑声”是指郑国的音乐，而非“郑诗”；而孔子所说的“淫”的意思并不是“淫奔”“淫荡”，而是指过度、过分的意思。

此外，儒家学者对于孔子所说的“思无邪”也有着不同的理解。关于这一点，学术界主要有三种观点：第一种观点是“思无邪”即指《诗经》的思想内容十分纯正，三百篇全为“无邪”之作。这种观点曾在中国历史上长期被认为是最为合理的观点，然而随着对《诗经》的研究，这一观点现在看来则有着一定的争议。因为《诗经》是西周为了察访民情而收集的诗歌总集，其内容十分丰富，表达的社会意义也千变万化，表达的情感内容更是千差万别，因此以“无邪”称之，似乎不能涵盖其意义。第二种观点是从《诗经》中的作诗者的角度出发，有的学者认为所谓“思无邪”，是指作诗之人的所思所想皆无邪，这一观点似乎也不能成立。第三种观点是从《诗经》的教化功能入手，强调其教化目的是“思无邪”。持有这种观点的学者以南宋朱熹为代表。朱熹在《论语集注》中说：“凡《诗》之言，善者可以感发人之善心，恶者可以惩创人之逸志，其用归于使人得其情性之正而已。”从这个意义来说，《诗经》的作用即是让人“归于正”。目前学术界认为这一观点是较为合理的。魏源在《诗古微》中对于这种说法也持肯定态度。魏源指出，“诗者志之所之也，在心为志，发言为诗”，诗歌是作者情感的自然抒发，是作者喜怒哀乐的真实表现。所以，诗歌所抒发的感情可以“无邪”也可以“有邪”，可以高兴也可以怨愤，可以赞颂也可以改进。孔子晚年返回鲁国后，对《诗经》进行了重新编辑和整理，其目的是重树西周的礼乐，以便述圣人之德，对世人进行教化。魏源认为孔子重新编辑《诗经》是为了让后世之人以一种无邪之思的心态阅读和学习《诗经》，将其评价为“思无邪”，以使其感情符合礼制范围内的“哀而不伤，乐而不淫”的中庸之美。这与孔子在《论语·阳货》中所说的“《诗》，可以兴，可以观，可以群，可以怨。迩之事父，远之事君，多识于鸟兽草木之名”的道理一致。

魏源在《诗古微》中还指出孔子言《诗》无邪是出于教化的目的，而后世学者却将其错用在了对《诗经》的整体评价上。对于“郑声淫”和“思无邪”之间的关系，魏源在《诗古微》中认为“郑声淫”与“思无邪”是两个不同的概念。然而“郑声”与“郑诗”之间的关系是既相互区别又相互联系的。魏源认为“诗为乐心，声为乐体”，两者是不能分割的。因此，“郑声淫”也在一定程度上反映了“郑诗”的特点。郑国的民风奔放、自由，这是“郑诗”的特点，而“郑声”与“郑诗”不能混为一谈，也不能割裂而谈，应该辩证地看待它们之间的关系。

第三节　基于《诗古微》的经世致用思想探究

魏源《诗古微》在学术上继承了宋代以来疑古惑经的思潮，开启了民国初年的反《诗序》运动，极大地影响了后人对《诗经》的研究。从学术意义上来说，《诗古微》具有推动《诗经》研究转型的重要意义。作为一个经世致用的思想家，魏源的《诗古微》中包含着积极的经世致用思想。从经世致用的角度来看，《诗古微》的初刻本与二刻本之间的区别不仅表现在内容的数量和繁简不同，而且二刻本与初刻本相比，较好地对《诗经》的含义及其“谏书”作用进行了叙述，体现了魏源的经世致用思想。《诗古微》中的经世致用思想主要表现在其以诗为谏的经世致用观念上。

一、以诗为谏的经世致用思想

魏源的《诗古微》中包含着积极的以诗为谏的经世致用观念。《诗经》在西周时期是国家治理和民众教化的重要工具，到了春秋时期，仍然是社会治理的重要武器。早在先秦时期，我国君主和臣子进行对话时就常借用《诗经》中的话语来达到比兴的目的。例如，孟子就常借用《诗经》来对君王进行劝谏。汉朝时重新振兴诗学，《诗经》中的“四家诗”在西汉发源并始终对中国封建社会的发展起着极为重要的推动作用。古代学者对《诗经》的研究从来没有停止过，而且形成了多种多样的学派。到了晚清时期，社会上流行空疏清谈之风，一些学者在经学研究中存在“专取翰藻”“专诂名象”的做法，而抛弃了《诗经》“诗言志”的诗歌创作理念，古文经学的空谈思想和不切实际的观念盛行。魏源作为一位经世致用的思想家看到了这一学风的危害，因此决定借用古文经学中的经典向这一学风发起冲击，他以《诗经》为基础，对“四家诗”以及《诗经》中存在的疑难问题进行了研究，并创作出了《诗古微》一书。魏源的《诗古微》中包含极为重要的以诗劝谏的经世致用思想。

魏源的《诗古微》与传统儒家学者研究的诗学不同，不是将《毛诗》作为研究范本，而是将《诗经》发展史上早已被忽略的“三家诗”为重点研究对象，并且对“三家诗”给予了褒扬与正名，对《毛诗》中离谱的观点给予了批判和纠正。《诗古微》中表现出的诗学思想是一种以经治世的精神。而魏源这么做的目的，是以实际行动对宋学家和汉学家等代表的古文经学脱离实际的治学态度进行批判，对文坛与诗坛的不良风气进行劝谏。魏源在《默觚》中指出宋学家和汉学家“口心性，躬礼义”，却对社会中存在的各种实际问题毫不关心，对民生疾苦不闻不问，即“民瘼之不求，吏治之不习，国计边防之不问”。魏源认为，宋学家与汉学家的这种对待学问的方法“无一事可效诸民物……上不足制国用，外不足靖疆圉，下不足苏民困”[①]，对于国家和社会、人民而言，这种空谈心性的迂腐理学是无用的，不可以治天下。具体地说，魏源的《诗古微》中以诗为谏的经世致用思想表现在两个方面：其一，强调做学问的目的要正确，即“先立其大者”，号召经文学者们关注“天下之治”的大道理，研究对国家大政方针以及民生疾苦有指导意义的经书；其二，强调学习经学的方法要正确、得当。正如魏源研究《诗经》，是从“四家诗”中探源《诗经》的根本一样，要通过读原著来领会真观经义，而不要依赖于后世的传注，做学问不能不求甚解，更不能局限于一经一传之言，而应该直接体会群经的义理，甚至对相关经义的源头进行探索。魏源在《诗古微》中的这种治学态度，以及《诗古微》的成书对当时经学产生了极大的冲击。尽管魏源的《诗古微》在经学界引发的评论褒贬不一，然而《诗古微》给经学界所带来的震撼却是巨大的。清末皮锡瑞曾评价魏源的《诗古微》道：“三家亡，《毛诗》孤行，多信《毛》而疑三家。魏氏辩驳分明，一扫俗儒之陋。”[②]《诗古微》对《毛诗》权威地位的质疑以及对“美刺”说的批判实则是对当时经学界训诂考据、烦琐无用的批判，反映了魏源“以经术为治术”、主张通经致用的思想，使经学开始走向与通经致用、改革时弊相结合的道路。

---

① 刘兴豪．魏源与中国近代化的早期进展[M]．北京：光明日报出版社，2017：31．

② 王林．魏源[M]．西安：陕西师范大学出版总社，2017：55．

二、身体力行的经世致用学风

魏源是一位经世致用的思想家，其少年时代曾就读于长沙岳麓书院，师从于岳麓书院湖湘学派著名学者袁名曜，深受湖湘学派经世文化和实践思想的影响，主张身体力行地做学问，做实学，做有用之学。而《诗古微》正是魏源创作的一本真学问之书，此书出版后，在清末文坛掀起了一股研究“三家诗”的学风，由此可见魏源此举的重要意义。

魏源创作的《诗古微》既注重诗歌基本的抒情功能，也注重诗歌的政治功用。在魏源眼中，诗可以充当议论朝政的谏书，也可作为自遣愤懑的工具，甚至可以是无声之乐、无体之礼，同于上古礼乐之职能。这一观点不仅表明了魏源的经学学术观点，而且暗含着魏源在解读经文时联系实际思考和解决国计民生的重大问题的思想。魏源在《默觚》中写出了其批判《诗经》“美刺”的原因：“而十三国风上下数百年，刺学校者，自《子衿》一诗外无闻焉。……功利兴而道德教化皆土苴矣。有位与有德，泮然二途；治经之儒与明道之儒、政事之儒，又泮然三途。”[①]在这段话中，魏源指出治经与明道、政事是息息相关的，如果经学不与政事相关，那么治经之儒就会变成无益于人民、无用于国家的腐儒和陋儒。魏源在《诗古微》中对《毛诗》中乱用比兴、牵强附会进行了批判，倡导从社会实际和当时的社会环境出发，对《诗经》中每首诗歌的含义进行正确的解读。

魏源是这样倡导的，也是这样实践的，他十分注重治学为文的社会政治功用。其所创作的《诗古微》《书古微》分别从多个角度对《诗经》和《尚书》中的古代经典进行版本考察，以去伪存真，为经学界带来一股新风。魏源在《诗古微》自序中明确地写出了创作这本书的目的：“《诗古微》何以名？曰：所以发挥齐、鲁、韩三家《诗》之微言大义，补苴

① 魏源.湖湘文库（甲编）魏源全集 13[M].长沙：岳麓书社，2011：22.

其罅漏，张皇其幽渺，以豁除《毛诗》美、刺、正、变之滞例，而揭周公、孔子制礼正乐之用心于来世也。”[①]这里的“微言大义”即指今文经学的治学理念，在训释内容上注重义理阐发。继《诗古微》之后，魏源又创作了《书古微》。在《书古微》的序言中，魏源指出：“《书古微》何为而作也？所以发明西汉《尚书》今、古文之微言大义，而辟东汉马、郑古文之凿空无师传也。”[②]由此可见，魏源推崇微言大义意在反驳当时空凿的文风。之后，魏源又陆续创作了《董子春秋发微》，在这部著作的序言中，魏源同样揭示了其创作目的：“《董子春秋发微》十卷，何为而作也？曰：所以发挥《公羊》之微言大义。”[③]魏源对今文经学微言大义的提倡，较之同时代的魏源的老师庄存与，以及今文经学的代表人物龚自珍都更加不遗余力。这与魏源亲历了清朝末年社会重大事变以及清政府的无能表现和官场腐败对其产生的极大影响有关。面对腐败无能的清政府，以及对国家遭受侵略、人民生活在水深火热之中的社会现实置之不理的儒家学者，魏源希望从儒家经典的微言大义中寻求治国治民的对策。这正是魏源践行其所倡导的“以经术为治术”的通经致用思想、以培养经世致用治国安邦的人才的表现。

由此可见，《诗古微》中蕴含的独特的诗学思想是魏源身体力行研究和倡导的真学问，体现了魏源以及今文经学中的重要的经世致用思想。

---

① 魏源，魏源全集编辑委员会．魏源全集：第 1 册 [M]. 长沙：岳麓书社，2004：99.

② 魏源，中华书店出版社编辑部．魏源集（上）[M]. 北京：中华书局，1976：185.

③ 魏源，中华书店出版社编辑部．魏源集（上）[M]. 北京：中华书局，1976：134.

第七章　魏源经世致用思想与《古微堂诗集》

第一节　《古微堂诗集》概述

《古微堂诗集》是魏源所创作的诗歌编纂而成的诗集，共包括十卷，是由后人辑录而成的。魏源在世时曾将自己的诗歌整理成合集，并命名为《清夜斋诗稿》，然而并没有刊刻付印，而是以手抄本的形式流传。同治九年（1870），魏源去世十余年后，湖南新化人邹季深将自己所收藏魏源诗全稿进行刊刻印刷，并将其命名为《古微堂诗集》，这也是《古微堂诗集》的最初版本。在历史上曾有多个《古微堂诗集》版本流传。光绪四年（1878）淮海书局刊刻了《古微堂诗集》，成为继同治九年版后的另一版本；光绪二十二年（1896）丰城余氏《宝墨斋丛书》中收录了魏源的《古微堂诗集》，其可以作为一个独立的版本；宣统元年（1909）国学扶轮社曾推出魏源的《古微堂诗集》版本；宣统三年（1911），魏源的《古微堂诗集》和陈沆创作的《简学斋诗存》合刊出版；此后社会上又有《古微堂诗稿》五卷抄本流传；二十世纪九十年代，长沙岳麓书社整理出版了《魏源全集·诗古微》一书，成为中华人民共和国成立后的《古微堂诗集》版本。《古微堂诗集》中收录的诗歌多为政治诗歌和山水诗歌。

一、魏源的诗歌创作特点

魏源是一位伟大的经世致用思想家，一生致力于用文字实现其经世治国梦。作为一名受传统儒家思想影响的学者，魏源一生中进行了实务政事创作、学术著作和诗歌创作，是一位创作题材十分丰富的思想家。魏源在诗歌上的艺术造诣不亚于其在学术著作和实务政事创作上的造诣。然而，长期以来，人们较多地关注魏源的长篇学术著作，而对魏源的诗歌了解较少。实际上，魏源是清朝末年一位作品颇多的诗人，其诗作至今保留下来的约有八百首，是中国近代诗歌史上一位重要的诗人。魏源的诗歌创作虽然只是其在实务政事和学术著作创作之外的余事，然而魏源却对诗歌的写作有着严格的要求。魏源认为诗歌创作应坚持三个主要原则，也可谓诗歌的三要素：其一为"厚"，即诗人要有深厚的学识功底；其二为"真"，即诗歌要抒发诗人心中的真情实感，这种真挚的情感是诗人见景或见事后的自然流露；其三为"重"，即诗人创作诗歌的态度要端正，应该谨慎、认真，而不能将其当作游戏。这些诗歌创作的严格要求即是魏源对待学术的一种严肃的态度，也是魏源对诗歌的重视。除了以上三点外，魏源还主张诗歌要因张"发愤"而作，即被社会事件真实地触动，而反对"藻绘虚车"即用华丽的文风去表达空虚的内容。对于诗歌中的模仿和抄袭行为，魏源认为"好剿袭者不可与言文"。魏源坚持诗歌的独创性，认为"诗以言志，取达性情为上，拟古太多，则蹈明七子习气"，他对明代七子在谈论诗文时的所谓"文必秦汉，诗必盛唐"的思想深恶痛绝，曾在诗歌创作中提出诗歌是用来表达内心情感的，因此不必一味追求对盛唐诗风的模仿，这样反而不利于诗人真情实感的表达。因此，魏源认为只要借助古代诗歌的韵律，创作出自己的诗歌即可。我国国学大师钱仲联曾对魏源的诗歌给予了极高的评价："……无论反映现实之爱国主义作品，足称时代强音；大量山水诗，亦以才力胜。"

魏源的诗歌创作可以分为两个阶段：一是第一次鸦片战争前，魏源的诗歌以山水诗歌为主，即"十诗九山水"，反映现实的政治诗歌不多，而凡是政治诗歌必然揭露弊政、哀悯民生；二是第一次鸦片战争后，魏源开始转向政治诗歌创作，先后创作了反映第一次鸦片战争的《寰海》《寰海后》《秋兴》《秋兴后》等四十余首政治诗歌，这些诗歌有的描写鸦片战争的景象；有的则对投降派的丑恶嘴脸进行了揭露。魏源的政治诗歌是同时代诗人中对现实揭露最为深刻的，其对鸦片战争的描写雄浑沉郁，犹如一部挟雷裹电的史诗，令人读之拍案叫绝。

二、《古微堂诗集》中的政治诗歌

魏源一生保持着对国家、对人民的极高的政治热情，面对国家所处的政治、经济、军事、实务困境，魏源或通过学术专著阐述自己的思想，或通过政论公文为改革弊政出谋划策。除此之外，魏源还创作了大量的政治诗歌。魏源的政治诗歌包括三个方面的内容。

其一，魏源青年时期的政治诗歌流露出忧国忧民的情怀。魏源从青年时期起就表现出鲜明的现实倾向。嘉庆十八年（1813）天理教农民起义，恰逢天灾盛行，当地农民受兵灾和天灾的双重重创，民不聊生，一幅悲惨的场景。嘉庆十九年（1814）魏源在北上途中看到了灾祸下人民的生存状况后发出了"不忧一家寒，所忧四海饥"的忧国忧民、关心国计民生的感慨。在这一诗句中魏源从"一身饥"想到"一家寒"，又从"一家寒"想到"四海饥"，表现了一个刚刚进入社会的青年强烈的爱国主义思想，以及为人民安居乐业而努力的伟大抱负。正因如此，魏源对古文经学的空谈、疏空思想大加批判，对今文经学的经世务实大加赞赏。

其二，魏源的政治诗歌流露出为国除弊、为民兴利的精神。作为一个经世致用思想家，魏源认为面对弊政重重的清朝，只有从根源出发，对弊政进行改革，才能真正实现富国图强、安民乐业的经世目的。因此，魏源的政治诗歌大多对统治阶级的黑暗腐朽制度进行了揭露，对人民大众的苦难进行了描写。例如，针对鸦片对人民的毒害，魏源创作了《江南吟》组诗。这一组诗创作于道光十一年（1831）至道光十七年（1837），共包含十章内容，深刻地描绘了历史上风光无限、繁荣富饶的江南在鸦片的毒害下呈现出来的悲惨画面，真实地反映了鸦片战争前，江南人民处于水深火热之中的场景。在这组诗歌中魏源用“花农独为田农泪”来反映江南人民迫于繁重的赋税，只好不种稻而改种花。江南的农民在巨大的赋税压力下，绝望地挣扎在生死线上，而城中的豪吏和地主官绅却过着骄奢淫逸的生活。这种鲜明的对比更加深刻地反映了鸦片战争前期江南农民生活的苦难。

第一次鸦片战争后，魏源一方面忧心于国家的衰弱，另一方面忧心于通商口岸打开后，鸦片大规模进入中国影响中国人民的身心健康。在这一时期，魏源一方面编纂《海国图志》为迷茫中的清王朝指明方向，另一方面通过大量的政治诗歌揭露鸦片给中国人民和国家造成的毒害。除此之外，面对清朝的种种腐败和黑暗，魏源创作了《都中吟》政治组诗，该组诗中包含十三首诗歌，其内容包括科举制度、捐纳制度、海防政策、治水策略等，具有较高的经世致用价值。魏源作为科举制度的受害者，对科举制度的弊病有着深刻的了解，其在诗歌中对科举制度造就一大批脱离实际的“书呆子”进行了尖锐的讽刺，表现了自己的悲愤之情。

其三，魏源的政治诗歌流露出高度的爱国主义热情。魏源所处的时代是一个各种学术思想并存的时代，在第一次鸦片战争前，晚清诗坛，充斥着吟风弄月、空谈性灵之风，除了魏源等倡导经世致用思想的诗人外，其他诗人主张拟古主义或形式主义，而不关注国家时事。在鸦片战争之后，晚清诗风为之一变，诗人们将诗歌作为武器，颂扬忠臣、称赞义士、斥责投降主义、痛骂卖国贼等，迅速加入反侵略斗争的行列中。魏源作为一贯揭露时事的爱国主义诗人也以诗歌为武器，创作了大量的反映现实的政治诗歌。例如，在第一次鸦片战争前后，魏源创作了《寰海》《秋兴》等组诗，对第一次鸦片战争中的攻防战守、纳款和议、局势变迁等重大现实问题给予了关注，较为集中和全面地反映了第一次鸦片战争对我国的影响。例如，《寰海》是一组包括十首诗歌的组诗，在这些诗歌中魏源对鸦片战争的重要历史进行了记载。首先，魏源对道光二十一年（1841）广州三元里人民抗英的事件进行了记录，并在诗歌中对广州三元里人民的行为进行了赞美："同仇敌忾士心齐，呼市俄闻十万师。"然而正当英国侵略者处于四面楚歌的境地时，清政府中的投降派广州知府余保纯等人却为英国侵略者解围，对此魏源表现出了极大的愤慨："几获雄狐来庆郑，谁开柙兕祸周遗。前时但说民通寇，此日翻看吏纵夷。"魏源对投降派在敌人面前奴颜媚骨的行为进行了深刻的揭露，对这种严重地挫伤了人民抗敌锐气的行为给予了批判。其次，魏源在第一次鸦片战争后还创作了《寰海后》组诗，对清政府举棋不定的行为进行了强烈的抨击。魏源一方面悲愤于清政府的懦弱以及不顾国计民生的行为，另一方面在悲愤中思考中国到底该向何处去，因此提出了"欲师夷技收夷用"的观点。最后，魏源在政治诗歌中还对鸦片战争后的社会弊政进行了揭露，为此创作了《秋兴》组诗。在这组诗中魏源对清政府战败后鸦片大量输入、白银大量外流以及朝廷官员不顾国家危难和百姓死活乘机贪污受贿、巧取豪夺的行为进行了深刻的揭露。从魏源的政治诗歌中可以看到第一次鸦片战争后英国殖民者占领了南京后大肆庆祝、争饮捷胜酒的场景，百姓却落入"火光赤如血""沉沉万家哭"的悲惨境地。而此时的清政府和王公大臣们却以为签订了协议就万事大吉、一劳永逸了，于是恢复了文恬武嬉，意图在英国殖民者的铁蹄下苟且偷安，丝毫没有进取图强的精神。这使得魏源禁不住大声疾呼，想要将清政府从沉睡中唤醒。

此外，魏源的政治诗歌中还有一类较为特殊，即通过歌行诗的体裁抒发政治情感，这类诗歌的代表作有《秦淮灯船引》《钱塘观潮行》《金焦行》《普陀观潮行》等。例如，《秦淮灯船引》一诗是在《南京条约》签订一周年后（1843 年）魏源再次游历南京时所作，当时他漫步秦淮河畔，登上朱雀桥头时想到去年英军入侵南京时的嚣张气焰和投降派在英军面前退让求和的嘴脸，在这首诗中对清政府将丧权辱国宣扬、美化为“万年和约”的行为给予了抨击，并对一年后投降派“阿芙蓉风十里香，销金锅里黄粱场”的不思图强、醉生梦死的态度进行了控诉。

综上所述，魏源的政治诗歌表现了强烈的忧国忧民的感情，在晚清诗歌史上具有独特的史诗地位。

三、《古微堂诗集》中的山水诗歌

相对于政治诗歌来说，魏源的山水诗歌的数量相对较多。山水诗是中国古典诗歌中的一种重要题材，起源于先秦两汉，发展于魏晋时期。魏晋时期社会动乱、政治黑暗，士大夫寄情于山林之乐，将理想生活与山林之美相结合，诞生了以谢灵运为首的一大批山水诗人。山水诗在唐朝时期发展至高峰，产生了多种风格的山水诗风，诞生了以孟浩然和王维为首的一大批山水诗人。清代的山水诗继承了前代山水诗的传统，开创了山水诗的复兴局面，因此可以说清代的山水诗是继唐宋之后我国山水诗的另一个发展高峰。到了晚清时期，清朝的山水诗呈现出极强的个性特征。魏源的山水诗歌创作建立在魏源喜爱游历的基础上。魏源少年时就十分喜欢出游，而自青年时离家后，魏源一生中或利用工作闲暇，或借助旅途之便游历，足迹遍布我国的大部分地区：向北游历过盘山地区，向中曾踏上太行山、王屋山、中条山、嵩山，向东曾登临泰山，向西曾至华山和秦岭一带；西南地区，魏源的足迹曾至四川的剑阁、广西的桂林，长江下游的潜山、黄山、庐山、金焦等地；东南地区，魏源的足迹遍布西湖、天目、天台、四明、雁宕、武夷山；还曾游历过南海。魏源曾说，其平生“第一伤心事，未作天山万里行”。广泛的游历为魏源的山水诗歌创作提供了丰富的素材。综观魏源的山水诗歌，其主要包括三个方面的内容。

其一，表现真情、写真山真水的内容。清代山水诗人以真为美，极力创作出真山真水的神貌气质，正如魏源在诗歌《游山吟》中所说的“从此芒鞋踏九州，到处山水呈真面”，立志在山水诗歌中描绘自然山水中最为真实的一面。魏源的这种以真情写真山真水内容的创作具体通过五个方面来体现。第一，魏源多运用比较的手法传达山水的神韵，勾勒出山水的真实形象。例如，在诗歌《资湘》中，魏源用了“溪行欲尽竹不已”这一诗句，通过将溪水与竹林对比，将读者带入小溪附近一片郁郁葱葱、生机勃勃的青翠竹林情境，展现了魏源的故乡——资江的奇光异景。第二，魏源擅长使用写实的手法将读者带入诗歌中的情境，勾勒出山水的真实形象。例如，魏源在《黄山云海诗》中为了说明云海的变化过程，先用“初”“俄顷”“良久”等词语确立了时间观念，然后分段对云海的变化进行描写，从而为读者展现了一幅茫茫云海汹涌奔腾，突然大海上太阳升起，金光照射的壮观场景下云开雾驰的奇妙景观。第三，魏源注重炼词。魏源游历全国各地大大小小的山川，其认为天下间的山水都有自己的个性：“造物随意呈山川，岂必尺寸循规矩。涤尽浮文形似语，横绝丹青万万古。”因此，魏源十分注重在诗歌中运用准确的词语来展现天下名山奇景的独特面貌。例如，魏源在《桂林阳朔山水歌三首・其二》中用了“砢”“尖”“凑”“怒”“妩”等词语准确地展现出了粤山奇特多变的风格。第四，魏源在创作中常对同一景物进行横向或纵向比较，从而突出景物的个性特点。例如，魏源在《衡岳吟》中对恒山、岱山、华山、嵩山的特点进行了对比，“恒山如行，岱山如坐。华山如立，嵩山如卧”，精确地表达了不同名山的特点。又如，魏源在《游山吟》中对海山、江山、溪山、塞山、吴山、蜀山的风貌分别用“微茫而隐约”“巉立而秀卓”“窈窕而幽深”“苍莽而磊落”“葱茜楚山横”“剑戟秦山岦”进行描述，起到了画龙点睛的作用。第五，魏源强调在山水诗歌的创作中重视生活实践。魏源一生坎坷，生活经验和游历十分丰富，因此其常将自己的生活经验融入山水诗歌创作中，从而创造出了别具一格的山水诗歌风格。例如，魏源在《岱岳吟上》中描写了齐鲁山川峡谷的形成过程，从而使得读者清晰地了解了齐鲁山川的来历。此外，魏源在创作《禹贡说》等诗歌时，还将其治理江河和兴修水利的经验融入其中，注重对山水和河流的历史与现状的描绘。

其二，表现穷幽极深、探奇访胜的内容。魏源一生饱览天下名山大川，对于游历也有一番心得。魏源曾称自己“好奇好险信幽癖”。《古微堂诗集》中收录了魏源的许多峡谷诗，这种峡谷诗即是魏源在历险探奇时创作的。魏源称自己喜欢寻幽探奇，“平生慕奇峭”，喜欢体会险境带来的乐趣，“寻云不厌深，穷源期必尽”，为此不惜到全国各地去探索奇峰险谷。魏源这种独特的游历态度也影响了其山水诗歌的创作。魏源的山水诗歌不仅表现了祖国河山的美景，而且描写了大量的奇景胜境。而魏源诗歌中这种奇景胜境又是通过四种不同的视角来展现的。第一种视角即诗歌形式。魏源的诗歌创作既包括律诗和绝句，也包括长篇诗歌。此外，为了使描写的山水景物更显奇特，魏源还通过引用民歌的形式增强诗中山水的意境。例如，魏源在《四明山中峡诗序》中对四明山“二十里云”的奇景进行了描写，如“山云平屋头，水云平屋下。沿溪数十家，家家住云罅。溪左田苗青，溪右田水白。朝朝望云起，夜夜见云黑”采用合辙押韵的方式展现了“云”的奇特，诗中句句有云字，景中处处有云在，这种奇云幽境，采用民歌形式更添韵味。第二种视角即不同的角度。魏源的山水诗歌就像一个贴心的导游，引领读者从不同的角度欣赏美景和奇境。例如，魏源在《黄山诗序》中不仅描写了黄山之奇、黄山之险、黄山之美，还从一个导游的角度谆谆告诫后来者“往反出入，皆当由后海，慎勿由前海”，这种独特的提醒，不禁使读者油然而生向往之意。第三种视角即涉险求真。魏源是经世致用思想家，也是倡导知行合一的游历家，其一生出山入水，寻幽探奇，由于敢涉险求真，魏源在游历中往往能够见常人所未见、感常人所不能感，反映在诗歌中则是道常人所不能道。魏源在《游山后吟》中曾称自己“半生放浪深山里，日逐烟霞穷不已。世人狂我弃利名，我亦怪世遗云水”。其中第一句“半生放浪深山里”从魏源的角度来说一点也不夸张，其从二十岁离家赴京开始，曾在京城与家乡间奔波数次，又曾随幕主辗转全国各地。这种醉心自然、寻幽探奇的精神使得魏源的山水诗歌涵盖了全国各地的名胜奇景。或许，正是魏源醉心山水所培养出来的豁达精神，才使其虽一生坎坷，但始终胸襟宽广、兼收并蓄，对国家、对人民始终保持着极大的热情。而从其山水诗歌写旁人所未写、道他人所未道的意义上来说，魏源可谓一个名副其实的山水异境的开拓者。第四种视角即奇特的观点。魏源山水诗歌的立意追求变化与独特，因奇特的观点而形成奇特的内容。在这一点上，魏源同时代的诗人们对其多有夸赞。

其三，表现人与天地合一精神的内容。中国的山水诗从诞生之时起即追求一种“外供耳目之娱，内养仁智之性”的效果。清代诗人朱庭珍曾在其《筱园诗话》中指出，山水诗歌不仅要写出山水之貌，更要写出山水的性情和精神，从而达到写山即是写人、写人也是写山的人景合一、物我两忘的效果。因此从这个意义上来说，山水精神就是人与天地合一的精神。魏源的山水诗歌也追求人与天地合一的精神。具体地说，魏源的山水诗歌常通过四个方法来体现这一内容。第一个方法即通过佛学表现人与天地合一精神的内容。众所周知，魏源晚年转向了佛学研究，出门游历时多住僧舍，其最后的岁月也是在僧舍中度过的。然而却很少有人知道，魏源早年就曾对佛学产生了浓厚的兴趣。魏源一生学问颇杂，既包含儒家多个学派的思想，也对中国传统的道家学说和堪舆之学有所涉猎，还曾对佛学产生兴趣，因此魏源的思想中有着浓郁的佛学因素。

第二个方法即通过美与禅趣的结合表现人与天地合一精神的内容。魏源在游历中既寻求自然山水之美，也将自然山水之美与禅趣结合起来，从而追求人与天地合一的精神。例如，魏源所作的《天台纪游六首·其六》中就有“明发别僧去，欲归大师甓。请入白云深，更穿白云出”的诗句，面对仙境一样的天台山，魏源仿佛与自然融为一体，甚至怀疑自己是天台僧转世，可以在白云深处穿行、访景。第三个方法即通过参悟禅机表现人与天地合一精神的内容。魏源的山水诗歌中常出现“忘”“悟”等词语，如“忘却门前树”“静悟先天中”等诗句，魏源通过这些诗句表现其参悟禅机的做法，而参悟禅机可使魏源达到人与天地合一的境界。第四个方法即通过以佛语入诗表现人与天地合一精神的内容。魏源的山水诗歌动静结合，他还常用佛语表达自己的所思所感。例如，魏源在《庐山纪游·其三》中写道：“前山后山瀑源里，古寺叩钟声如水。松涛透骨松云寒，万声寂灭念无起。”这句诗中的“古寺”“钟声”“寂灭”等词语均为佛语，这种自然山水与佛语的结合使得魏源的山水诗歌饱含一种人与天地合一的意境。

综上所述，魏源的山水诗歌数量庞大，内容丰富，既沿用了前代学者的表现手法，又突出描写山水的新、奇、特，通过寻幽览胜达到一种人与天地合一的意境，形成形神兼备、情景交融的诗歌效果，从而推动晚清山水诗歌的发展。

四、《古微堂诗集》中的诗歌艺术特色

魏源的诗歌擅长从写实的角度出发，语言直白、明快、不饰辞藻，常常直接表现自己的所见所闻和所思所感。尤其是其政治诗歌，常常从社会重大历史事件或政治事件入手，对现实的描写和揭露十分真实，为后人研究当时的历史事件提供了大量可参考的资料，因此被后人称为“诗史”。同时，魏源的诗歌中也融入了魏源文风经世致用的特点，用平

实的语言谈论哲理，形成了独特的艺术风格。魏源的诗歌创作主要有三大艺术特色。

（一）不饰辞藻，善用白描写实

魏源诗歌的第一大艺术特点即写实，魏源意图通过对真实山水和真人真事的描写抒发真情实感。魏源一生游历颇多，其每到一地就游览当地的名胜古迹，然后将自己的真实情感融入诗歌创作，通过细致的观察和大量的白描来对山水特色进行勾勒。魏源曾在其《游山后吟六首·其二》中说："常憾游山不善画，今知图画皆虚假。楮墨止能图一面，其中层层面面何由写。"在这首诗中，魏源感慨于祖国山水的神奇，恨自己不能将这幅大自然的图画之美描述出来，以使读者感受到祖国山川的秀美。例如，道光二十八年（1848）魏源在丁忧期间对岭南以及香港、澳门等地区进行了调研，在下云南、至阳朔、过广州、经粤江时创作了《粤江舟行》七首山水组诗，这些诗歌分别用"水碧""峰翠""谷奇"来形容粤江的山水，使读者在阅读中能从字里行间体会到粤江的奇景。又如，魏源在描写庐山时，用"庐山之高不知几千仞"这种白描语言来写庐山之高，使人在阅读中仿佛看到作者站在庐山脚下抬头仰望的情景。再如，魏源创作的《天台石梁雨后观瀑歌》将雨后天台美景及瀑布的特色进行了直白的描写："雁荡之瀑烟苍苍，中条之瀑雷硠硠。惟有天台之瀑不奇在瀑奇石梁，如人侧卧一肱张。"这几句诗通过"烟苍苍""雷硠硠""不奇在瀑奇石梁"等形象地将"雁荡之瀑""中条之瀑""天台之瀑"的特色体现出来，这种简约而不简单的描写具有十分明显的个人特色。在这次游历中，魏源用了两年时间，对我国的江苏、安徽、湖北、湖南、广西、广东、江西、浙江八省的地理和社会民情进行了详细的了解，并在东南沿海地区收集到了大量的资料，为魏源下一步的创作做了充足的准备。由此可见，魏源在游历中不只关注山水，更关注时事和民情。魏源通过对战争、社会的观察，创作了许多揭露社会弊政、反映百姓疾苦的政治诗歌。这些政治诗歌真实地记录和描写了种种事件，构建了真实的历史情境，极易引发读者强烈的思想感情。例如，魏源创作的《江南吟十首·其八》一诗首先用“阿芙蓉，阿芙蓉，产海西，来海东”一句将鸦片的来源讲述得十分清楚；其次用“不知何国香风过，醉我士女如醇醲。夜不见月与星兮，昼不见白日，自成长夜逍遥国”来形容鸦片对我国的危害；之后详细地描述了鸦片消磨人的意志，导致官不思政、将不思军、边疆无人守卫的严重后果；此后笔锋一转指出鸦片的危害虽然巨大，但朝廷的弊政危害更大，并对鸦片和社会弊政对我国造成的危害进行了直接而详细的说明；最后用直白的语言给出“阿芙蓉烟可立尽”的结论，以此来提醒政府正视鸦片的危害和朝廷中的腐朽政治，还百姓和国家以安定、自在。这种用平实的语言将社会上的多种弊政娓娓道来的写法，使得魏源的政治诗歌读起来极为顺畅、易懂、易记。

魏源一生历经乾隆、道光、咸丰三朝，这一时期正是我国由封建专制制度走向半殖民地半封建社会的过程，也是我国社会动荡的主要时期。这一时期，社会上发生了许多大事件，而魏源则从这些大事件入手，用平实的语言描述了当时的战争和社会。由于魏源所创作的政治诗歌多记录某个政治事件，或采撷社会政治事件中的重要“历史镜头”，使得其中暗含着“史”的观念，使读者在阅读中有种身临其境之感，能够较容易地唤起读者的强烈共鸣。

魏源创作诗歌时之所以采用白描手法，与魏源的性格、对文学的态度以及坚持的经世致用思想有着极为密切的关系。魏源认为，无论创作何种体裁的文章，均需以真实作为文章的主旨，强调文章的写实之美；只要诗歌所蕴含的感情是真挚且充沛的，那么诗歌的辞藻是否华丽、形式是否工整也就没有那么重要了。因此，白描手法是魏源诗歌创作的一种重要特征。

（二）在平实议论中融入哲理

魏源作为经世致用思想家，十分擅长将深刻的哲理融入平实的议论中。魏源是一位多思多感的诗人，擅长深入思考和独立思考，因此在魏源的诗歌尤其是山水诗歌中常常蕴含着对大自然以及对人生的朴素辩证思维。在山水诗中夹杂议论是中国山水诗的一种传统，中国儒家思想中有“仁者乐山，智者乐水”的说法，传统的儒家知识分子将其作为一种修身养性的旨趣，并且将山水和人的道德修养、为人处世联系在一起。例如，王维的“空山新雨后，天气晚来秋。明月松间照，清泉石上流”就呈现出了一种自然与为人处世相结合的平实的哲理。魏源的山水诗歌中蕴含着一种朴素的辩证思维。例如，魏源在描写太行麓谷苏门百泉的风光时，用“险尽平易生，瀑穷云水秀”来形容险峻的山势和瀑布在山间流动的情景：当险峻终于到了尽头时平坦就出现了，而当瀑布跌落山间后就化成了秀水。在这句诗中“险”与“平”、“穷”与“秀”中包含着事物互相转化的深刻哲理。魏源认为事物是可以相互转化的，福祸同根，此消彼长，诸如此类世事道理能让人们从魏源的诗句中吟诵出人生百味。魏源一生中始终坚持着这种朴素的唯物辩证思维，对社会、人和事物保持着积极的心态。魏源的一生仕途十分坎坷，人生中最好的三十年时光蹉跎于科场之中，刚刚准备大展身手时，母亲去世，后因东台受累赔付了半生积蓄。此后，魏源因屡有政绩调任高邮担任知州时，遇上太平天国运动，魏源因被人诬陷而被革去了高邮知州之职。魏源黯然之下只好转至他人军幕中效力，最终凭借其出众的才干，赢得了共事官员的认可，得以恢复原职。然而，魏源此时却看清楚了清政府的腐败现象，对整个官场感到失望，因而主动辞去职务，辗转于山水与著书之间。尽管魏源一生坎坷不断，且多次陷入困境，然而正是因为保持着这种朴素的辩证思维，魏源一生对社会、国家、人民抱有极大的热情，其诗歌也多表达积极向上和乐观豁达的感情。例如，魏源在《栈道杂诗》中将个人经历融入山水诗歌，写道：“山势到穷尽，豁然云水亮。人事坎坷历，夷然径路旷。”在这首诗中，魏源描写了自己一路攀登险峰，其中艰难自不必说，而当终于到达顶峰时，回顾来路不禁感慨万千，相信再险峻的高山也会有尽头，而尽头处便是豁然开朗的云水，再坎坷的人事也会有尽头，而尽头处便是一条平坦大道。这首诗反映了魏源积极乐观的进取精神。

魏源的山水诗歌并不是沉溺于山水景色不能自拔，而是强调知行统一、亲历亲识的实践精神。魏源认为，识始于行，只有接触了事物，才能了解事物；只有参与了具体的事件，才会了解其中的苦辣酸甜，才有对事件的发言权。魏源强调实践，认为只有调查才有发言权。在其诗歌中，魏源也明确提出了“书生读史谈形势，果否披图胜陟山”的观点，认为书生仔细研究了历史，因此历史大事、国家形势等是其擅长谈论的话题，如同山中的樵夫整日在山间行走，而对山中形势十分熟悉。此外，魏源还在其自述诗《游山后吟》中将学问的深浅与实践联系在一起，提出了自己的见解，将“学道”比喻为“游山”，认为必须深入其中、具体实践才能体会到耕耘的快乐，才能领悟一分耕耘，一分收获的道理。

除了以上两方面外，魏源的诗歌还通过平实的语言表现了强烈的忧患意识。魏源是一个爱思考、善于思考的人，其对政治形势的变化十分敏感。魏源身处清朝由盛转衰的过程中，对于社会上越来越严重的弊政，魏源曾多次尝试改革。年轻时，魏源作为常州学派今文经学的拥护者，勇敢地向在当时社会尚处于社会主流的古文经学发起冲击。进入贺长龄和陶澍幕府后，魏源又积极为他们出谋划策，对社会弊政进行改革，并取得了一定的成效。第一次鸦片战争后，魏源第一个鲜明地提出了向西方学习的主张，并编著《海国图志》等意图通过相关的著作和思想唤醒清朝。然而，腐朽的清朝积弊已深，这让正直、爱国的魏源悲愤不已。他将这种悲愤之情融入诗歌，借助比喻或历史故事对社会弊政进行讽刺。例如，《古微堂诗集》中收录了魏源创作的一首历史诗：“扁鹊见田侯，三见三叹唏。初见腠理可针灸，再见肠胃可汤液。针灸苦肤药苦口，攻泄恐伤元气厚。何如勿药得中医，国老衣钵为君授。三见始入门，望气先却走。药石攻补百不受，太乙雷公齐束手。娠童媚子环刍狗，堂上称觞万年寿。”这首诗由扁鹊见蔡桓公的故事改编而成，对当时的清朝保守派“病入膏肓而讳疾忌医”的行为进行了形象的诠释。魏源此诗意在说明，改革势在必行，否则清朝将陷入危机。

（三）以诗证史，以诗补史

中国传统的诗歌创作常常采用“以诗证史”的手法，这是因为历朝历代均有一些关注时事的诗人，其将当时发生的国家大事等用诗歌的形式表现出来，使其成为证明历史的一种方法。魏源所在的时代，是一个社会环境发生急遽变化的时代，一方面清朝的“乾嘉盛世”落幕，社会弊病重重，人民生活困苦，只能被迫用起义来抗争；另一方面西方殖民国家对我国虎视眈眈，时刻准备实施侵略。在魏源的一生中，清朝曾发生过太平天国运动、鸦片战争、天理教起义、虎门销烟等对近代中国产生了深远影响的事件，魏源则秉持着一种现实主义精神和经世致用的思想，将这些重大事件作为题材融入自己的诗歌创作，从而创作出了一系列具有纪实性色彩的诗篇。例如，嘉庆十九年（1814），魏源第一次离开家乡，一路经过留有天理教起义和洪涝灾害痕迹的湖北、河南、河北等地区，亲身感受到了社会的动荡，到达北京后，魏源将一路所见、所闻、所思、所感汇辑为《北道集》。对于魏源来说，这本记录了自己进入社会后最初想法的诗集，具有极为重要的意义。然而后人在整理魏源的诗作时，却并没有发现这本诗集。因此有学者认为，该诗集已经并入魏源的《清夜斋诗稿》或《古微堂诗集》。[①] 魏源在这些诗歌中表现了百姓所受的自然灾害与动荡之苦。例如，“去岁大兵后，大祲今苦饥。黄沙万殍骨，白月千战垒”。魏源以一个旁观者的角度描绘了生活在当地的人民刚刚遭遇战事后又遭遇洪涝、干旱灾害，以至于饥民遍地的悲惨景

① 李瑚．魏源诗文系年 [M]. 北京：中华书局，1979：14.

象，表现出了自己对农民的同情。嘉庆十八年（1813）天理教起义和湖北等地的饥荒在晚清时期是重大史实性事件，这些事件在多位学者的诗歌和著作中均有所反映，而当时魏源作为一个年仅二十岁的青年，运用自己的真情实感对其进行描述，充分表现他强烈的爱国主义精神和关心时事的精神。

第一次鸦片战争后，魏源创作了多篇文章和诗歌来反映战争和当时的战场形势，以及战后国家的政治、经济状况。具体地说，魏源创作的关于第一次鸦片战争的诗歌包含三个方面的内容。第一个方面即清政府在鸦片战争前后的表现。魏源用“为问海夷何自航？或云葱岭可通大西洋，或云廓尔喀、印度可窥乌斯藏”的诗句表现出当时清朝官员对于西方国家知识的匮乏。而面对英国侵略者的嚣张气焰，清政府却表现出懦弱无知、胆小怕事的一面：“船炮何不师夷技，惟恐工费须倍蓰。江海何不严烟禁，惟恐禁严激边衅。”更令魏源气愤的是，清朝将士的贪生怕死和投降派的可恶行径使得人民反抗英国等侵略者的行为化为泡影。第二个方面即英国侵略者嚣张的侵略气焰。在《秦淮灯船引》一诗中，魏源记叙了英国侵略者长驱直入攻陷南京的场景，魏源用“江岸怒涛撼城吼，群夷争饮捷胜酒。夷酋登临亦太息，如此金汤不知守”的诗句表现出英国侵略者的骄狂和清朝官员的胆怯懦弱。第三个方面即饱受战争和鸦片侵害的中国百姓。以英国为主的西方殖民国家向中国输入的鸦片和对中国实施的侵略为中国百姓带来了无数灾难，因此魏源提出“何不别开海夷译馆筹边谟，夷情夷技及夷图，万里指掌米沙如。知己知彼兵家策，何人职司典属国”，认为只有知己知彼才能立于不败之地，呼吁清朝开设翻译馆，研究西方形势，以便将来在与西方殖民国家的战争中立于不败之地。

第二节　基于《古微堂诗集》的经世致用思想分析

作为一个经世致用思想家，魏源所创作的诗歌也体现了其经世致用思想。要分析《古微堂诗集》中所包含的经世致用思想，就要先了解魏源诗歌中的经世致用思想产生的背景。

一、魏源诗歌中的经世致用思想产生的背景

魏源经世致用诗歌的创作与魏源所处时代的文学、社会背景以及魏源的个人成长经历和思想有关。首先，魏源诗歌中经世致用思想的产生与晚清诗坛学风变革有关。在第一次鸦片战争前，晚清诗坛受性灵诗派的影响，流行一种无所忌惮地在诗歌中表现自己思想的学风，这种学风十分符合儒家文人狂放不羁的性情，在一定程度上解放了儒家文人的思想，因此在当时的社会得到了一批忠实拥趸。其以追求性灵的抒发为主。第一次鸦片战争爆发后，晚清诗人有的仍然沉醉于这种学风，而有的则开始从这种学风中走出来，关注时事，关注国计民生，从而创作了一大批政治诗歌，并借此为社会政治服务。在魏源的诗歌创作史上，第一次鸦片战争是一个重要的分水岭。第一次鸦片战争前魏源的诗歌创作主要以山水诗歌为主，第一次鸦片战争后魏源的诗歌创作转向以政治诗歌为主。从晚清诗学风格变化的整体现象来看，魏源诗歌中的经世致用思想也与当时晚清诗坛学风的变革有着直接的关系。

其次，魏源诗歌中经世致用思想的产生与当时的社会背景有关。文学创作与社会历史的变迁有着极为重要的关系。魏源所处的清朝晚期正是中国的封建君主专制制度由强变弱、清朝的整个国家实力由盛转衰的时期，魏源是这个特殊历史阶段的亲历者。在魏源刚刚出生时，清朝的

盛世便已落下了帷幕，而在魏源第一次踏上前往京城的道路时，就看到了百姓因为天灾兵祸而在生死线上挣扎的惨烈场景。之后，随着魏源的成长，清朝的政治越来越腐败，人民生活越来越困苦。面对着社会上的种种现象和朝廷中存在的种种弊政，以及国家的内忧外患，清政府不励精图治，反而对民众和士子进行压制，通过科举制度来抑制学子们锐意进取的士风。这使得魏源等具有经世致用思想的文人在这种环境下积极发扬经世致用精神，开始借助文学的力量对社会进行批判，以为其改革策略的制定提供思想支持。

最后，晚清时期，清朝的学术背景发生了极大的变化，今文经学开始影响国家的发展，主要表现在三个方面。第一个方面，晚清时期的学术界域被打破，一批经世学家开始以今文经学为主，兼采各家之长，通过具体的行动来推进当时社会的变革。魏源的思想即是这一时期学术思想的突出表现，其既包含今文经学，又包含汉学和宋学。从这个角度来看，魏源是这一时期的通儒。而经世致用学派正是以通经致世作为目标的，因此魏源得益于这种思想的影响。第二个方面，学术的功利性和实用性价值凸显。传统儒家知识分子以清高自处闻名，不愿谈及功利。这与儒家传统文化中重义轻利的思想有关。而随着嘉庆、道光年间社会环境的变化，越来越多的儒家知识分子从“两耳不闻窗外事”的书斋中走了出来，开始关注现实，崇尚学以致用的学术精神，社会上注重改革和民生的功利性以及实用性的价值取向明显增强。第三个方面，晚清学术界中兴起对历史的批判精神。今文经学兴起后，提倡引经据典和微言大义，开始以一种批判的态度对待学术，而在社会实践中，这一批判思想又转向历史批判和现实改革。这些学术上的变化，对魏源的诗歌创作行为以及思想有着深刻的影响。因此，魏源的诗歌中饱含经世致用思想也就成了一种历史的必然。

二、魏源诗歌的经世致用特征

据史料记载，魏源一生曾创作了不少于九百首诗歌，至今流传下来的有八百余首，这八百余首诗歌内容丰富、题材广泛，主要分为政治诗歌和山水诗歌两种类型。魏源的诗歌创作伴随了其一生，时间跨越了嘉庆、道光、咸丰三个历史时期。这些诗歌从思想内容上展现出了鲜明的经世致用特征。

（一）魏源诗歌中的经世致用思想在国计民生上的体现

魏源一生坎坷，仕途不得志，但他却对国计民生表现出强烈的责任感。无论处于什么样的社会地位，只要是有益于国家和人民利益的事情，魏源从未有所推托，而是抓住一切可以抓住的机会，为国家弊政改革、人民安居乐业贡献力量。二十岁时，魏源看到社会上生灵涂炭的场景即发出了“不忧一家寒，所忧四海饥”的感慨。之后由于科举考试多次失败，魏源曾在京城等地漂泊了十年之久。这十年中，魏源一直期待能够有施展才华和抱负的机会。三十岁以后，魏源进入幕府，终于得到了“运时策”的机会，他一边编纂《皇朝经世文编》，一边协助贺长龄、陶澍等人积极寻找漕粮海运的理论依据，并策划和实施漕粮海运的实践活动。之后，魏源又协助陶澍等人实施票盐改革、黄河治理，参与第一次鸦片战争等。魏源通过科举考试后，在所担任县官的东台县（今东台市）和兴化县（今兴化市），实施了“改建书院，储卷籍，置义冢，设义学，整饬育婴堂、恤嫠会，传种牛痘，兴水利，培地脉”等一系列经世致用措施。这些措施均与国计民生有着直接的关系。在这一点上，其诗歌中的经世致用思想主要表现在以下几个方面。

其一，水利方面的经世致用思想。水是万物之源，水利则是传统农业的基础和命脉，中国历朝历代对水利事业均十分重视。清朝康熙年间，康熙就曾对农田水利建设以及黄河治理提出了极高的要求。魏源很早就了解到水利对于农业和国家的重要性，其一生中多次致力于水利改革。早在求学时期，魏源路过黄河时就发现了黄河改道和泛滥给百姓带来的苦难，曾写诗感慨道："浊河决千里，一淤辄寻尺。屈指三千年，几决几淤积。"从那时起，魏源就十分关注水利问题。黄河泛滥一直是历朝历代统治者面临的大问题，却始终没有得到消除和根治。到了清朝晚期，由于下游河道淤塞，黄河在流经下游时常常与淮水合流，甚至占用淮河河道，导致苏皖北部一带常年泛滥成灾，给国家和人民造成了巨大的财产损失，导致数不清的百姓沦为流民。为了根治黄河水患，魏源收集了大量资料、进行了细致的史料研究。同时，魏源又亲赴黄河两岸考察，对当地的地形地势进行充分的了解后，提出了一个大胆的设想。历朝历代对黄河的治理都有两种方法：一种为"防"，另一种为"堵"。然而数千年的实践说明这两种方法不但需要花费大量的人才和物力，而且无法从根本上解决黄河泛滥的问题。魏源认为只能通过局部调节，减轻黄河泛滥造成的不良影响。魏源的改革策略即"改道"，企图以人工之力对黄河进行引导。在魏源看来，这个工程虽然一开始需要花费大量的人力和物力，也是一个浩大的工程，但从长远来看不但可以节省国家开支，还可以使以往黄河泛滥地区的人们重新安居乐业。而原有的黄河沿线地区则可以开发出大量的膏腴之地，使成千上万的百姓受益。为此，魏源创作了一首诗歌，描绘了自己黄河改革策略成功后的场景："千里河南北，高下寸地无。岂其扶舆气，磅礴为平芜。"从这一诗句中可以看出，魏源对自己的改革方案是抱有极大的信心的。在这首诗歌的结尾处，魏源还以"旅客有奇梦，梦游古华胥。手持水利书，副以沟洫图。拜献神禹前，冀免斯民鱼"来表达自己的希望：能够像古代的华胥一样为国献计，为国计民生做出贡献。然而魏源的这一主张在当时的社会过于惊世骇俗，因此并没有被清政府采纳。

除为治理黄河献策外，魏源还在游历中对长江中下游做了详细的调研。受沿线填湖为田、垦山为地的影响，长江中游地区的植被不健全，水土流失严重。而长江水携带着的大量泥沙，到了下游后因为流速缓慢，逐渐沉积，导致长江下游河道渐渐被泥土堵塞。平时干旱季节没有影响，然而每年雨季时，随着沿线的湖泊水位上涨，下游长江水常常泛滥，导致周围的稻田被淹没。这使得魏源对长江下游的水利问题产生了担忧。这种担忧集中体现在其诗歌《洞庭吟》中："八百里湖十去四，江面百里无十二，安能塞川川不溃。"在这首诗歌中魏源从经世致用的思想出发，对长江中游私自开垦田地，导致水土流失的行为给予了批评，提出人们必须尊重自然规律，保护生态环境，认为只有"以川还川湖还湖，那患阴阳妨噏嘘"才能从根本上解决长江下游雨季湖水泛滥的问题。魏源的这一思想与现代社会提倡的生态环境理念十分吻合，由此可见，魏源的思想是具有先进性的。

其二，漕运、海运方面的经世致用思想。漕粮运输是古代保证粮食安全的一种方式，也是统筹国内农业发展的一种方式，历朝历代都十分重视漕粮运输事宜。清朝时期，漕粮最初从京杭大运河一路北上运往北京，然而清朝晚期，一方面漕运中官员贪腐、中饱私囊的现象十分严重，漕粮运输的成本越来越高，效益却越来越低。另一方面运河堵塞。这就使得漕运改革变得十分迫切。魏源曾在其诗歌中对漕粮弊政进行了揭露："大漏卮兼小漏卮，宣防市舶两倾脂。每逢筹运筹边日，正是攘琛攘赆时。"魏源适逢漕运改革时，因此成为全程策划、协助漕务、海运等事宜的人。为此，魏源创作了《筹漕篇》《海运全案跋》等一系列文章对漕粮海运政策进行了论述，并提出了改官运为商运、改官船为商船、改漕费为运费的改革意见。该意见得到了贺长龄、陶澍等人的支持，最终得到了道光皇帝的认可。这一改革经试行后取得了巨大的成功。魏源欣喜地作诗称颂这次漕粮改运："官民歌舞海商悦，只少未饱仓胥篋。海运不举海防多，水犀楼船方荷戈。"

其三，盐政方面的经世致用思想。盐政与海运、水利一样都是关系国计民生的要政。而在清朝晚期，盐政弊端重重，主要表现在三个方面：

第一，官商勾结，行贿受贿现象十分严重；第二，私盐猖獗，官盐则无人问津，导致朝廷税收锐减；第三，盐商贩卖盐时被重重课税，导致盐价成倍上升。为了改革盐政，魏源提出了以票盐代纲盐的方法，取得了巨大成功。魏源作为这一改革的实施者十分欣喜，作诗称："书陈蠹要三薰沐，衣旧虮须九浣湔。甲乙海王微管策，下中田赋贡扬篇。鼎新革故神明事，盐漕何人破旧筌。"

（二）魏源诗歌中的经世致用思想在山水考察上的体现

在《古微堂诗集》中魏源的山水诗歌数量的比例约为百分之六十，在诗集中占有绝大部分。这些山水诗歌是魏源一生游历地区的写照，然而，魏源的山水诗歌又不仅仅是普通的山水诗歌，而是魏源对当地的地理环境进行调研的基础。魏源的山水诗歌描写了大量的奇山异水，魏源也曾称自己爱好探幽涉险，然而我们并不能因此将魏源的游历单纯地看作旅游活动。实际上，魏源的山水游历活动还是其在实践中详细考察山脉、河流的一种方法。魏源曾多次在自己的山水诗歌中提到其游历山水的目的在于为其著述考证水道山脉，并在山水诗歌中对前人资料中的错漏进行了指正和说明，这些均说明了魏源严谨的治学态度。魏源一生游历大半个中国，从时间上来看，其一生的游历可分为三个阶段，每个阶段的目的都不尽相同。嘉庆十四年（1819），魏源受邀到贺长龄幕府中担任幕客，当时贺长龄任山西学政，魏源趁着这次机会在西南地区进行了游历，足迹遍布河南嵩山，陕西华山、潼关、子午谷，四川成都、重庆、嘉陵江等，对西南地区的风土人情和历史地理进行了详细的调研，为其后来创作《书古微》《禹贡说》奠定了基础。在此期间，魏源还创作了一大批优秀的山水诗歌。随后，魏源在陶澍幕府中担任幕客时曾到湖南、湖北、江苏等地进行了游历，对黄河、淮河、汉水、湘江、洞庭湖进行了详细的调研，为其创作《筹河篇》《湖广水利论》奠定了基础。晚年时，魏源曾沿桂林阳朔、粤江进入广东境内，后一路南下，进入香港和澳门，沿途收集了大量资料，为其完成《海国图志》的增补奠定了材料基础。由此可见，魏源的游历并不是现代意义上的旅游，而是一种行知结合探索学术、地理、历史知识的活动，是一种对自身“及之而后知，履之而后艰”的文学主张的践行，也是其一生创作的资料来源。

综上所述，魏源的《古微堂诗集》包含着大量的经世致用思想，而这些经世致用思想正是魏源一生所坚持并为之奋斗的理想，是建立在魏源强烈的爱国精神和富民强国目标的基础上的一种知行合一的实践活动。从这个意义上看，《古微堂诗集》不仅代表了我国清代诗歌的先进水平，也是一种近代中国经世致用思潮的珍贵实践创作。

第八章　魏源经世致用思想及作品的影响分析

第一节　基于魏源经世致用思想的教育影响探究

魏源是近代著名的思想家和改革家，其对社会上的各种现象和问题都进行了广泛而深入的思考和探索，并从经世致用的角度提出了自己的观点和建议。魏源的经世致用思想中既包括治学原则，也包括改革图强的措施，涵盖了政治、经济、文化、教育、军事、外交、自然科学等多方面的内容，其中经世致用的教育思想在近代以至现代教育中都具有十分重要的意义。

一、魏源教育思想的内涵

魏源的教育思想主要包括变革科举制度、追求科学新知、敢于创新等几个方面的内容。

（一）变革科举制度，更新人才培养方式

清朝末年，面对社会环境的巨大变化，科举制度暴露出种种弊端。

魏源指出，历代王朝末年天下都有七大祸患，其一为暴君；其二为强藩；其三为女主；其四为外戚；其五为宦寺；其六为权奸；其七为鄙夫。这七类人群中鄙夫对社会造成的危害极大，那么社会上的鄙夫是怎么产生的呢？魏源认为是落后的科举制度所造成的。面对清朝末年不利于选拔真正人才的科举制度，魏源指出要通过设立新科对其进行改革，以培养真正的实用人才。在人才选拔上，魏源从经世致用的角度提出了德才并重的人才选拔策略，不拘一格选人才。在人才的使用上，魏源提出统治者不仅要重视人才培养的政治氛围的营造，还要关心、扶持人才以利于人才发挥才干。此外，还要讲究人才的搭配，在用人时发挥人才的优点，取人之长，避人之短，发挥人才的优势互补作用，以使经世致用思想落到实处。

（二）追求科学新知，培养实学人才

魏源的教育思想是从经世致用的角度出发的，在魏源看来，清朝的教育以传统儒家的“四书”“五经”等为主，这些对于乱世来说均为无益于实际的应用内容。因此，对于终生埋首于书中不理时事、不关心国计民生的学者，魏源称其“毕生治经，无一言益己，无一事可验诸治者”[①]的批评，认为其所掌握的知识无益于国家和人民，只会形成一批夸夸其谈、“利禄熏心”、剥削民脂民膏的官员。因此，魏源主张“学知统一”，提倡科学新知和实用之学，认为一切知识的学习均应从其实际效果出发。具体地说，首先，魏源主张在学习上要实事求是，融会贯通。魏源认为治学不是一味地钻研书本，也不是“两耳不闻窗外事”，而是要将书本中的知识和现实社会相结合，这样才能培养出具有真才实学的人才。其次，魏源主张要行知结合，在实践中学习。魏源十分注重调查研究，其一生多部著作均是通过在生活中处处留心，对事物进行详细了解，并四处游历、实践，收集资料创作而成的。因此，魏源认为与书籍中的知识

① 魏源 . 魏源集 [M]，北京：中华书局，1976：23.

相比，亲身实践、深入实际调查研究得来的知识更为深刻，所以在学习中要有“善琴弈者不视谱，善相马者不按图，善治民者不泥法”的精神，注重独立学习，敢于通过实践获得知识。最后，魏源认为学习中要具有勤奋和自勉精神。魏源是一个十分勤奋的学者，少年时就常常读书至天明，长大后依然每天读书、写作，从不懈怠。魏源老年时曾作诗称“少闻鸡声眠，老听鸡声起。千古万代人，消磨数声里”，写出了其少年刻苦求学、老年奋笔写作的一生。因此，魏源指出要学习孔子忘食的治学精神和“周公思兼三王，以施四事”的勤奋精神，只有在治学中坚持“惜年”“惜日”“惜时”的精神，勤奋治学才能有所成就。

（三）敢于创新，向西方学习

魏源的教育思想中所包含的学习方法，除了勤奋治学和亲身实践还包括创新思维。在第一次鸦片战争后，魏源看到了西方国家的近代科技文化的先进性，因此指出学习不能一味拘泥于传统，要敢于创新，勇于探索新知。魏源从小一直接受儒家的思想教育，认为中国是天下的中心，周边国家均是蛮荒而不知礼的。然而在鸦片战争后，魏源在收集西方资料，对西方国家进行研究的同时，发现了一个新的世界，这个世界远超国人的认知。魏源逐渐认识到了“天朝上国”观念的荒谬性，因此提出在新时期要敢于在学习上进行创新，既然西方的科技较为先进，那就向西方学习，提出了“善师四夷者，能制四夷；不善师四夷者，外夷制之”的理念，呼吁朝廷和国内学者向西方学习。魏源主张先了解西方，再学习西方，而要了解西方，必然要重视语言翻译，要设立翻译馆。为此，魏源创作了《海国图志》，以便国人破除传统观念，了解西方，学习西方的军事思想和造船、火器知识。在主张学习西方科技的基础上，魏源还提出了学习西方的教育模式，重视新时代实用人才的培养。例如，在《海国图志》中，魏源对美国、法国、英国、荷兰、德国以及西班牙等诸国的学校和教师的待遇进行了详细介绍。此外，他还将清朝的科举制度和西方国家的新型教育制度进行了对比，指出西方国家的教育目的与清朝的科举制度不同，其教育出来的人才不是为了参加科举制度和做官，而是为了在各自的专业领域有所成就。因此，魏源提出了向西方国家的教育制度学习，以培养中国的经世致用之才的观点。

从以上魏源的教育理念来看，魏源认识到面对腐朽的科举制度和强大的西方殖民国家，只有通过改革教育制度，培养经世致用人才，才能维护民族利益，改变清王朝积贫积弱、内忧外患的状况。魏源的教育思想不仅对近代教育思想产生了深刻影响，对现当代教育也具有十分重要的启示作用。

二、魏源经世致用思想的启示

魏源教育思想的核心为经世致用，其出发点是爱国、强国，即通过教育来救国、通过科技来兴国、通过职业教育来培养专业领域的人才。因此，其教育思想中包含的“务实”“革新”“实事求是”精神对于中国当代的教育有着十分重要的借鉴意义。

（一）坚持科教兴国精神

魏源在《海国图志》中对西方国家的先进科技进行了介绍，并强调了“师夷长技以制夷”的思想。数十年后，清朝在这一思想的引导下开展了轰轰烈烈的洋务运动，在魏源“师夷长技以制夷”思想的基础上提出了“中体西用”的理念，极大地推动了“西学东渐”的历史进程。在这一思想的指导下，清朝拓展了向西方学习的广度和深度，尤其值得关注的是，在教育上建立了中国第一批新式学堂，这些学堂有的是综合学校，有的是专门的军事学校、外语学校，有的是电报、造船、陆军、海军、医学、钢铁等工农业学校。这些学校培养的人才均以学习西方科技知识为主，极大地促进了清朝在经济、实业、教育、军事等领域的发展。尽管洋务运动最后失败了，但其却标志着我国近代史上“科教兴国”理念的萌芽。因此，从这个意义上可以说，魏源是中国近现代科教兴国思想的鼻祖，虽然其并没有明确提出“科教兴国”的理念。洋务运动后，维新运动在洋务派基础上发展了“科教兴国”的理念，并逐渐形成了学术救国、教育救国、实业救国、人才救国等理念，极大地推动了中国近代教育制度和教育思想的发展。从这一意义上看，魏源的经世致用思想与中国近现代教育史上出现的人才救国、科教兴国的理想有着极为深刻的思想渊源。

从道光二十二年（1842）魏源出版五十卷本《海国图志》，提出“师夷长技以制夷”的思想开始，中国开始了向西方学习并赶超西方的进程，其间经历了多项运动和多次革命，而魏源提出的“务实”“实证求真”“革新”以及经世致用的思想，在“西学东渐”的历史进程中、在中国向西方学习的历程中均起着极为重要的指导作用。

（二）发展职业教育

魏源在了解西方的过程中发现了西方教育体制的独特之处，其在《海国图志》中详细地介绍了当时日耳曼国（今德国）的教育模式。当时日耳曼国设立的公学包括五大学科：其一为宗教；其二为例律学；其三为医学；其四为国政，其又包括农事、金厂、水利、江防、桥船、军器、百工等众多领域的行业知识，学生可以选择学习其中的一项或几项，考试通过后，按照所学的知识进入不同的行业或领域工作，“或掌田亩百姓，或百计经营，无所不隶”；其五为杂学，其中又包括天文、地理、算术、草木、禽兽鱼虫等多种不同的知识。此外，学生还学习各国的语言或历史，考试通过后，根据所学内容的不同，进入不同的学校担任不同行业或领域的教师。“欲进公学堂，必先知两三异国音语”，进入公立学堂的学生都要掌握两三种外语知识。魏源据此提出应向西方国家学习，培养专门的人才，其中即包含着“职业教育”的思想。此后的近现代教育改革则进一步发展了魏源的这一思想。

首先，魏源的教育思想对中国近代职业教育发展的影响主要表现在近代一批新式学堂的建立上。西方的商业经济通过清朝被迫打开的通商口岸，对清朝的经济产生了强烈的冲击。在这种背景下，中国传统的科举制度以及儒家教育已经无法满足现实需求，产生了严重的教育滞后现象。接受儒家文化培养的学者们面对西方的科学知识和事物显得不知所措，因此魏源和林则徐等学者提出了改革中国教育、学习西方知识、重塑中国文明的建议。在《海国图志》中，魏源不仅提出了向西方学习的口号，还提出了向西方学习的方法。然而，清朝的贵族阶级由于害怕魏源的这种新式教育思想打破中国因循了数千年的“学而优则仕”的教育统治而拒绝承认其思想的可贵之处。二十年后，清朝在与英国和法国的第二次鸦片战争中失败，此时中国的一批重臣才将魏源的思想推广开来，开始向西方学习，并倡导以学习西方文化和科学技术为主的新型职业学习。由此可见，魏源的思想对于中国近代职业教育的发展具有直接的促进作用。同治五年（1866），中国近代史上最早的职业学校福建船政学堂成立，该学堂是由左宗棠奏请朝廷同意后在福州马尾建设的职业学堂，以培养国防急需的造船工业技术和驾驶技术人才为目的。中国近代第一所以“职业学校”命名的学校是1918年黄炎培等人在上海创办的中华职业学校，该学校最初设立了铁工、木工、珐琅、纽扣四个学科，旨在培养相关行业的人才。1960年，该学校整体搬迁至南京，更名为南京机电学校。此后，中国近代职业教育迅速发展，为我国的建设事业培养了诸多实用人才。

其次，魏源的教育思想对中国近现代职业教育发展的影响主要表现在务实、革新精神上。魏源的教育思想以经世致用为目的，主张学习要实事求是，要有务实精神，敢于创新和改革。这些思想对中国现代职业教育具有十分重要的启示作用。

（三）加强人才素质培养

魏源对于人才培养曾提出了自己的观点，即培养德才兼备的人才。传统的儒家思想十分注重人才的品德，其次才是学术知识。在教育中如果只注重科技知识和技能知识，固然能够培养出一定的科技人才，但也容易走向应试教育的“死胡同”，因此应该从整体上加强人才素质培养。我国的现代教育制度提出了德智体美劳全面发展的人才培养方针，其中“德育”既包含培养学生的道德品质，也包含培养学生的政治素质和思想素质；“智育”既包含让学生掌握科学文化知识和技能，也包含培养学生的探索能力、创新精神和良好的科学态度；“体育”不仅包括体育运动和体能训练，还包括增强学生的体质、娱乐学生的身心以及培养学生高尚的体育情操等；“美育”除美术教育外，还包括培养学生的艺术欣赏能力，提升学生的艺术鉴赏水平；“劳育”则旨在培养学生的劳动意识和实践精神。由此可见，中国现代教育制度对人才的培养是全方位的。魏源的经世致用思想中也包含人才素质培养的理念，具体体现在爱国主义教育、责任意识教育、创新意识教育和改进教学方法四个方面。

第一，爱国主义教育。魏源是一个爱国主义思想家，其经世致用思想是建立在爱国、富国、强国基础之上的。综观魏源的一生虽然仕途坎坷，但其爱国主义思想却从来没有改变。魏源颇具才智，九岁即参加童试，十五岁考中秀才，二十岁通过拔贡考试，却在会试中屡次落第，研究魏源的学者曾指出这与当时的权臣穆彰阿有着极为重要的关系[①]，由于穆彰阿的故意打压，才致使魏源在科场上蹉跎半生。然而魏源却一直将国家放在心上。其在担任幕客期间，积极为幕主制定改革弊政的方针以及出谋划策，对漕运、盐务等关系国计民生的事业抱有极大的热情，一生致力于实现国家富强、人民安居乐业的目标。而在鸦片战争后，面对清朝在第一次鸦片战争中的表现魏源十分心痛，面对腐败无能的清政府，

① 李汉武．魏源传［M］．长沙：湖南大学出版社，1988：15.

魏源想通过改革和向西方学习来使清朝恢复曾经的辉煌。在晚年，终于中举被任命为知县后，魏源欣喜其才华能够得以展现，面对官场上的腐败和人民的利益之间的矛盾，他尽力周旋，爱民、护民，尽管在去职东台县令时被迫付出了四千金的代价，导致其家境落败，他也没有因此走上贪腐之路，而是在复出担任兴化县（今兴化市）令时，面对天灾积极抗争，带领人民抗洪抢险，之后又为兴化县等地消除水患作出了贡献。在高邮被冤革职后，魏源还赴军中积极为平叛出谋划策，后因为国事得罪权臣而备受打压，但其在辞官回家后致力于写作，企图用文字为国家的改革助力。魏源这种强烈的爱国主义精神使其在晚清的官场上成为一种独特的正面形象。对于正处于价值观和人生观形成阶段的学生来说，魏源的这种爱国主义精神具有榜样作用。在不同的历史阶段和不同的历史环境下，爱国主义有着不同的内涵和特征。在晚清时期，魏源的爱国主义表现在为国为民不辞辛苦，致力于改革弊政，发展实用之学，学习西方以达到“制夷”的目的。魏源爱国主义思想所包含的维护国家统一，正确处理国家利益与个人利益之间的关系，为国家富强、人民安居乐业而奋斗等内容，在 21 世纪的中国仍然具有积极意义。

第二，责任意识教育。魏源一生中对民族和国家具有一种强烈的责任意识。这种责任意识驱使他不断创作、不断发出呐喊，即使其创作成果不被朝廷重视，即使在科场蹉跎三十年，他也从来没有放弃这种责任意识。魏源的责任意识主要体现在两个方面。其一，对国家的责任意识。魏源一生创作的多部著作，均是为了寻求富国、图强之道。例如，《诗古微》的创作是对不良学风的一次抗争，试图通过对儒家经典《诗经》的解读，向腐朽的学风发起冲击。《圣武记》的写作则是为了促使国人的觉醒，希望清政府从前人的战争中吸取有益的部分，魏源这种以史经世的态度十分热切，不惜花费巨资对《圣武记》进行刊刻出版，以致自己的生计到了“万分告急”的地步。第一次鸦片战争失败后，魏源受林则徐之托编著了《海国图志》，道光二十二年（1842）完成这部书的五十卷版本后，魏源并没有懈怠，而是时刻关注着西方国家，不惜辞去职务去南方游历以收集西方国家的资料，并于道光二十七年（1847）出版了六十卷本的《海国图志》，于咸丰二年（1852）出版了一百卷本的《海国图志》，可见其关注并收集西方资料前后历时达十年之久，体现了其对国家和民族的强烈的责任意识。为了国家和民族魏源还不惜得罪权贵，对自己的前程造成了不良影响。例如，在《道光洋艘征抚记》中魏源对投降派的卖国行径进行了揭露，为此得罪了一些投降派将领，魏源高邮被革职与此有直接的关系。其二，对人民的责任意识。魏源经世致用思想的目的一为富国强国，二为使人民安居乐业。魏源有着良好的体恤百姓的家风，其曾祖父、祖父均有心怀百姓、救助百姓的事迹，魏源父亲在任上时也有义务为百姓诊病的事迹。魏源早年曾在诗中写道："不忧一家寒，所忧四海饥。"这一句诗就体现了其对人民的责任意识。魏源一生为人民做了许多实事，始终坚持民本思想。尤其是魏源晚年通过科举成为县令，致力于为百姓做实事、做好事，在兴化县（今兴化市）留下了"淮扬保障""魏公稻"等佳话。在东台县（今东台市）担任县令时，魏源建立书院、整顿育婴堂，救济孤寡老人；在兴化县亲自上堤坝参与抢险，为了下游百姓的生计不惜得罪当地河官，因连续在风雨中奔波而落下了一身疾病。除此之外，魏源还同情农民的处境，认为是朝廷的黑暗、贪官污吏的恶行导致农民不得已而起义。魏源这种对国家和人民强烈的责任意识，在现当代教育中有着积极的推广价值。现代教育应强化学生刻苦学习、立志成才的责任感和使命感，教育学生树立"为人民服务"的意识，时刻将国家和人民的利益放在首位，把学生培养成为有社会责任感的人才。

第三，创新意识教育。魏源一生致力于对社会和文化的改革。在这一过程中魏源表现出了强烈的创新精神。在晚清时期，面对内忧外患的形势，社会上的有识之士挺身而出，呼吁改变社会空谈义理、不关心实际的现状，其中包括魏源、陶澍、贺长龄、林则徐、龚自珍等。在这些人中魏源不是官职最高的，不是第一个提出向西方学习的，也不是观念最新的，但却是创新精神和创新意识最强的人。道光五年（1825）魏源受贺长龄之托编纂《皇朝经世文编》，其在贺长龄的思想和所提供的资料的基础上突破常规，创立了一种全新的文献编纂体例，至今仍然影响着文献类图书的编纂；道光二十一年（1841），魏源受林则徐之托编纂《海国图志》，其在林则徐着人翻译的《四洲志》的基础上对西方文化进行了系统介绍，并创造性地提出了“师夷长技以制夷”的主张，为中国向西方学习指明了方向。而这一思想的提出也使得魏源成为近代改革中一颗熠熠生辉的新星，其在学术上的成就远远超过了同时代的经世实用派思想家。当前，面临着复杂的世界形势，以及社会经济和科技发展越来越快的趋势，中国要实现科技进步、产业兴旺，树立文化自信，使中华民族屹立于世界民族之林，就必须保持高度的探索精神和创新精神，在当代教育中培养学生的创新精神。这里所说的创新不是为了创新而创新，而是为了适应社会变化和时代发展而解放思想，与时俱进。具体地说，培养学生的创新精神可以从三个方面入手。其一，培养学生独立思考的能力。创新精神源于独立思考，只有独立思考才能培养创新精神，二者之间是一种相辅相成的关系。从魏源的个人经历来看，其能够从同时代众多经世致用学者中脱颖而出即源于其独立思考的精神。例如，魏源曾师从今文经学学者庄存与、刘逢禄，这两位学者终生致力于对《春秋》和《公羊》的研究，而魏源却从其思想出发，坚持独立思考精神，从而创造性地从《诗经》角度对其进行研究，写出了《诗古微》这部著作。而现代教育的目的即是培养能够适应社会、融入社会、对国家有用、对人民有益、具有独立思考精神和人格的人才。因此，学校应该从课程设置出发，培养学生的独立思考精神和独立人格，使学生不被现有的知识束缚，在学习和实践中培养创新精神。其二，培养学生的创新思维。创新思维是学生创新实践的关键，学校教育应坚持“授人以鱼不如授人以渔”的原则，在传授学生知识的同时教给学生学习知识的方法，培养学生的创新思维。在教学中，教师应改变传统的以教授知识为主的教学法，推广探究式教学法，鼓励学生在学习中进行新尝试和新探索，培养学生的批判精神和质疑精神。此外，教师还可以通过师生互动，调动学生学习和思考的积极性，从而使学生在学习中保持一种好奇心，以培养学生的创新思维。

第四，改进教学方法。魏源的教育思想中包含着改进教学方法的实践经验。魏源一生著述颇丰，这源于魏源海量的阅读和独立思考精神。不同于大多数传统儒家学者专注于一家一派的学习，魏源对各家各派的思想均有学习和了解。例如，嘉庆九年（1814）魏源第一次随父亲进京时，既学习古文经学也学习今文经学，正是因为有了对比和了解，所以魏源才能对古文经学的缺点提出自己的观点，勇敢地提出经世致用的观点，对古文经学提出反驳。此外，魏源经世致用思想的正式确立既与当时的社会背景和学术背景有关，也与魏源编纂《皇朝经世文编》有关。在编纂《皇朝经世文编》前，魏源的经世致用思想是不成熟的。在编纂这本著作的过程中，魏源接触和学习了大量古代先贤的经世致用思想，其中包括明末清初的思想家顾炎武、黄宗羲等，也接触并整理了大量经世致用奏疏，这使得魏源能够从学者、官员、百姓等不同的立场出发，对经世致用思想进行深入的了解。因此，道光六年（1826）《皇朝经世文编》的编纂成功也标志着魏源经世致用思想的最终形成。魏源将自身的学习经历融入教学方法，为当代教育提供了许多启示。其一，魏源认为“以身作则”是一种良好的教学方法。其曾提出“教以言相感，化以神相感”的观点，认为教师和环境对学生潜移默化的作用是十分重要的。教师在教学中不仅要用语言教导学生，更要用行为感化学生，用行动影响学生，使学生不仅学到知识，更要学到做人的方法和处事的原则。魏源的这种思想来源于古代儒家传统思想，对于当今的教育教学仍然具有积极的意义。其二，魏源认为“独得之见，必不如众议之参同也”，强调集体智慧的作用。魏源的这一观点旨在强调君王要广泛听取大臣的意见，也适用于治学和学习。魏源曾强调“道固无尽臧，人固无尽益也”，即便是圣人也免不了有失误，何况是普通人呢，每个人的学识都有一定的局限，然而众人的智慧是无穷的。魏源因编纂《皇朝经世文编》而受益即是学习了众人智慧的结果。当今教育除了培养学生的知识能力外，还应注重培养学生的集体合作意识，并通过这种意识的培养，使得学生在学习和成长中受益。其三，要因材施教。魏源曾在《论语孟子类编序》中提出了“因人”“因时”“各得其性所近”的教育方法，这种由儒家传统教育思想中发展而来的教育方法对当今的教育仍然有着积极的指导意义。人的性情、智力、能力、兴趣、爱好各不相同，其教育方法也应不同。对于不同的学生使用不同的教育方法能够达到事半功倍的效果。例如，对于自傲的学生多指出其错误和缺点，使其改正；对于学习能力和接受能力较弱的学生则多加鼓励，使其树立信心。在现代教育中有一句俗语“没有教不好的学生，只有不会教的老师”，如果教师能够挖掘每个学生身上不同的优点，激发学生的潜能，就能收到良好的教育效果。因此，在现代教育工作中，教师应充分了解学生的特点，并对不同特点的学生采取不同的教育方法，以达到使学生成才的目的。

第二节　魏源经世致用思想所体现的开放创新精神

魏源的经世致用思想主要包括三个方面：其一为反对空疏清谈，提倡经世致用；其二为反对墨守成规，提倡兴利除弊；其三为反对闭关自守，提倡放眼世界。尤其是魏源提倡的放眼世界的开放创新精神具有重要的启示作用。

一、魏源经世致用思想中的开放创新精神

综观魏源的一生，其经世致用思想有一个鲜明的分界线，即道光

二十年（1840）至道光二十二年（1842）第一次鸦片战争。在鸦片战争之前，魏源的经世致用思想侧重清朝内部的改革；在鸦片战争之后，魏源的经世致用思想则侧重向西方学习以及在此基础上的清朝内部改革。因此，魏源的经世致用思想具有鲜明的开放创新精神。

（一）魏源经世致用思想中的开放创新精神的内涵

道光二十二年（1842），第一次鸦片战争后，清政府被迫与英国签订了不平等条约，除了割地赔款、丧失国家主权外，清政府还被迫开放了广州、厦门、福州、宁波、上海五个通商口岸。面对这一巨大变化，以魏源为代表的一批开明人士认识到不能再闭关锁国，于是魏源在第一次鸦片战争后不久就编纂了《海国图志》，并提出了“师夷长技以制夷”的思想，从政治、军事和经济三个方面提出了一系列建议。

在政治上，魏源的开放创新精神表现在重视西方国家的崛起上。在编纂《海国图志》的过程中，魏源对西方国家的政治、经济、文化等方面进行了了解，并将一个真实的世界勾勒了出来，让人们了解这一世界。在政治上，魏源对西方国家的政治制度进行了详细的介绍。在鸦片战争后，许多官员和百姓斥责西方国家为“蛮夷”，不肯正视西方国家的进步。同时，大部分知识分子认为臣子对君王的服从是天经地义的。然而，魏源在青少年时期涉猎广泛，对儒家学说中“民贵君轻”的民本思想十分赞同。此外，魏源在编纂《皇朝经世文编》时阅读了明末清初思想家黄宗羲的许多文章，而黄宗羲的思想中就有批判封建专制制度的一面，提出了改革封建专制制度的观点。魏源虽在编著《海国图志》第一个版本时还没有被正式授官，但其辗转于清朝数位地方大员和军事官员的幕府中，对由封建专制制度中的政治腐败所造成的社会弊病有着深刻的了解，对朝廷官员一心结党不顾国计民生的行为十分气愤，并在其著作中对这些官员给予了尖锐的批评：“除富贵而外不知国计民生为何事，除私党而外不知人才为何物。”此外，魏源曾经在清朝的政治中心——北京生活了多年，对清朝的政治气氛有着深刻的感触。魏源通过长期的观察认识到了清朝的种种弊政，也曾在编纂《海国图志》之前提出过种种改革意见。因此，在接触和了解了西方国家的崛起和政治制度后，立刻意识到西方国家的政治制度与清朝的政治制度相比具有一定的优越性。咸丰二年（1852）魏源在《海国图志》的第三个版本即一百卷版本中对西方的民主政治制度做出了更加明确的评论："墨利加北洲之以部落代君长，其章程可垂奕世而无弊。"对于封建君主专制制度来说，这是一种间接的怀疑。

在军事上，魏源的开放创新精神表现在学习西方先进的军事技术上。魏源曾亲历第一次鸦片战争，直观地感受到了清朝军事力量与英国军事力量的差距，于是收集相关资料对西方的军事力量进行了详细的了解。在《海国图志》中魏源不仅用文字来阐述西方国家的军事和科技，而且附上了西方国家的船舰和火器图，让清朝官员和学者以正确的态度看待西方国家的先进武器。此外，魏源还指出"英夷船炮在中国视为绝技，在西洋各国视为寻常"，以这种方式消除了清朝投降派官员对英国侵略者的船炮"谈之而变色"的心理障碍，意在告诉国人英国这种船炮并没有那么稀奇，也不是不可战胜的，其制造技术是可以通过学习掌握的。因此，魏源提出了"师夷长技以制夷"的主张。然而魏源并没有止步于此，而是进行了更加深入的思考。在《海国图志》中，魏源针对中国海岸线长的现状以及西方殖民国家的侵略本质，指出了清朝军队的劣势和西方殖民国家的优势：中国的海岸线长，不利于防守；而西方殖民国家的舰队机动性强，且出击迅速，令清军防不胜防，所以在面对西方殖民者的挑衅时常处于被动局面。而且，清朝现有的武器比较落后，尤其是大炮射程短、命中率低，不利于防守。那么这种情况如何改变呢？魏源提出了效仿西方国家建设专门的水师，并更新武器，学习西方的船舰和火器制造技术。首先，魏源提议在中国的广东设立专门的船舰和武器制造厂，并聘请国外的专业技术人员给予指导。通过这种方法，清朝既可以建造出与西方国家匹敌的船舰和武器，也可以学习并掌握西方国家的先进技术。否则，清朝只能花费巨额资金从西方国家购买船舰和武器。在魏源看来，“武备之当振，不系乎夷之款与不款。……既款之后，则宜师夷长技以制夷”。其次，魏源提议学习西方国家练兵技术。在第一次鸦片战争中，魏源曾作为参战人员在前线与敌军对抗，在此期间，魏源亲眼见到了八旗兵的状态，这使他非常失望。因此，魏源提出在向西方国家学习时，不仅要学习其船舰和火器制造与使用技术，更重要的是学习其养兵、练兵的方法：一方面通过对现有军队中的人员进行挑选和裁减，提高军队的整体战斗力；另一方面建立专门的学校对军事人才进行培养。

在经济上，魏源的开放创新精神表现在与西方开展正常贸易上。“本末兼重”是魏源这一经世致用思想家的一贯主张。第一次鸦片战争后，魏源明确提出了“缓本急标”的观点，认为在外敌侵略、内患严重的特殊时期，单纯通过农业无法改变清朝面临的困境，而正确地开展商业活动有利于国家致富图强。魏源对外开放的贸易观表现在以下几个方面。首先，坚决反对西方国家向中国输入鸦片。魏源深知鸦片的危害。道光十八年（1838）至道光二十年（1840）林则徐在广州禁烟时，魏源曾极力赞成，他指出任由西方国家向中国输入鸦片而不加阻止无异于一种“养痈”政策。其次，在维护国家主权的前提下，开展正常的对外贸易。魏源认为与西方开展正常贸易，可能通过进口改进中国军队的武器装备，增强抵御外侮的力量；还可以赚取巨额利润，为国家增加税收，以改变国家在巨额战争赔款后所面临的国力衰弱的困境。为了说明正常贸易有利于国家致富图强的结论，魏源还运用国际贸易中的差额理论，清晰地阐述了如何正确处理对外经济贸易关系以在维护国家利益的前提下赚取利润。魏源的这种思想和观念在当时社会具有明显的先进性。最后，在中国军事或民用工业生产中引入西方管理方法。这一观点同样在当时的社会具有重要的思想突破意义和经世致用价值。

在文化上，魏源的开放创新精神表现在兼收并蓄的文化精神上。魏源的文化思想有“两变”：第一变即从学习古文经学转向学习今文经学，形成经世致用为核心的思想；第二变即从学习今文经学转向学习西方思想。魏源文化精神的可贵之处在于其兼容并包的精神。在第一次鸦片战争前，尽管西方殖民国家频频骚扰中国东南沿海，西方传教士进入中国向清朝君主介绍西方文化，然而清朝却自诩“天朝上国”“国中之国”，对于西方国家持有一种蔑视的态度。而在第一次鸦片战争后，清朝上下虽然仍然视西方国家为“蛮夷”，但内心却产生了一种强烈的害怕和抵触情绪，明知西方国家在某些方面强于清朝，却采取置之不理的消极态度。传统的儒家学者认为此举是为了防止“华夷之乱”，宁愿抱残守缺也绝不向敌人学习。而魏源却没有固守儒家的传统思想不放，而是能够清晰地看到西方国家的优势，以一种平和的态度对待西方文化。此外，魏源在《海国图志》中对西方国家在自然科学方面的成就进行了详细的介绍，如历法和天文学方面的成就，为中国近代自然科学的萌芽起到了重要的推动作用。这种不因个人感情而对国外文化进行借鉴的态度显示出了魏源的博大精神和宽广胸襟，也体现了中国传统文化中的兼收并蓄精神。魏源对一切文化的接受的出发点都是经世致用，哪一种文化可以救国于危难、救民于水火即提倡和宣扬，而不做“华夷”之分。

（二）魏源开放创新精神的主要特点

从以上魏源开放创新精神的内涵可以看出，魏源的开放创新思想具有明确的经世致用目的，在近代中国具有开阔国人眼界、启迪国人智慧的作用。具体地说，魏源的开放创新精神具有以下几个特点：

其一，具有时代前瞻性。清朝将西方国家称为“蛮夷”，对西方国家的坚船利炮既持有一种蔑视的态度，又有一种畏惧心理。然而魏源却意识到了西方文化的先进性，并对西方国家进行了详细的分析，有利于国人以正确的态度认识西方国家。而且，魏源提出了战胜西方殖民国家、夺回主权的路径，这一点可谓具有强烈的前瞻意识。魏源也因此成为我国近代改革的先驱。

其二，具有先进的商业意识。魏源在第一次鸦片战争后能够迅速判断出西方国家的贸易优势，并且敏锐地意识到社会上正在形成商人这一新型群体。在第一次鸦片战争前，魏源就意识到了商人在改革国家弊政中的作用，因此提出了“用商、便商、利商”的主张。例如，在漕粮河运改漕粮海运的过程中，魏源就提出了利用商船运粮、雇用商人的观点，取得了漕运改革的成功。又如，在票盐改革中，魏源提出了废除以往的惯例，允许所有商人凭票买盐卖盐，吸引了一大批商人加入盐业，打破了以前大盐商垄断盐业的局面，将盐业官营变为官督商运，有效防止了官商勾结哄抬盐价的现象。在第一次鸦片战争后，魏源更是提出了“缓本急标”的观点，主张扶持商人与西方国家进行贸易，并从中赚取利润，实现民富和国富。这种先进的商业意识突破了封建主义思想的牢笼，具有先进的近代资本主义商业特点，有效推动了我国近代商业的发展。

其三，具有一定的近代意识。魏源在《海国图志》中提出了发展民用工业的观点。传统的封建思想视工商为“末业”，将关乎国计民生的技艺视为“奇技淫巧”，斥为“末流”，认为只有读书才是正途。这种思想在社会大变革时期，尤其是在面临西方殖民者巨大威胁的生死存亡之际，显得不合时宜。而魏源则从经世致用的角度提出了学习西方建设军工厂的理念，而且主张扶植民用工业，这在当时的社会是十分先进的。

其四，具有强烈的爱国主义思想。魏源开放创新精神的前提是爱国主义，无论是向中国介绍西方国家的情况，还是主张“师夷长技以制夷”，其出发点均是立足于国家和民族的利益。《海国图志》中提出的向西方国家学习造船、造火器、军队管理均是为了增强清朝军队的战斗力，从而为战胜西方殖民国家做准备。因此从这个意义上说，《海国图志》是为了反抗西方殖民国家的侵略而编著的一本书。魏源是一个坚定的爱国主义者。面对清朝在第一次鸦片战争中的失败，魏源在强烈的爱国心的驱使下主张正视西方国家的发展并在《海国图志》中提出了详细的改革措施，这在当时是十分难能可贵的。《海国图志》刊印后，魏源曾一度想将其推荐给清朝的统治者，意图通过这种方式达到救国的目的。

其五，具有开时代新风的价值。当时的清朝对西方国家一无所知，对中国的发展道路感到一片迷茫。在这种情况下，魏源的《海国图志》犹如一剂良药，既对西方国家的数量、地理位置、历史文化、科学技术进行了详细的说明，又对当今世界形势以及国与国之间的关系进行了明确的分析，使得西方国家的情况在国人眼中变得清晰起来。更难能可贵的是，魏源在对西方国家进行介绍的同时，还提出了向西方国家学习的方法。魏源在《海国图志》中提出的“师夷长技以制夷”的观点，打破了当时社会上流传的狂妄自大的“天朝上国”心理，具有开时代新风的价值。《海国图志》中不仅有翔实的资料，而且有精辟的论述。魏源的这种思想为数十年后的洋务运动和维新运动提供了启发和指导。尤其是洋务运动，真正将魏源开办造船厂、学习西方国家先进的船舰和火器制造技术、建立专门的军事学校等思想落到了实处，极大地推动了中国向西方国家学习的进程。

其六，具有科学的思维方法。魏源的开放创新精神具有强烈的近现代科学思维，其中最突出的表现为辩证思维和进化历史观。魏源是一位经世改革家，在改革的实践中往往能通过局部问题看到整体问题。例如，在治理黄河的过程中，魏源对黄河泛滥进行实际考察后，提出了具体的治理黄河方法，然而这并不能完全解决水患问题，魏源由此意识到，治理黄河需要国家统筹运作，统一协调，而不是一时一地的改变所能完全解决的问题：“国家大利大害，当改者岂惟一河！当改而不改者，亦岂惟一河！”在两淮盐政的改革中，魏源意识到了改革弊政要抓住根本问题，从解决问题所要达到的目的入手，正确地认识事物之间的对立关系：“弊必出于烦难，而防弊必出于简易；裕课必由于轻本，而绌课必由于重税。”此外，魏源还对长远利益和眼前利益之间的关系进行了辩证思考。中国历史上一直存在着“重本轻末”的思维，在第一次鸦片战争后，魏源意识到在民族矛盾面前，其他矛盾都居于从属地位。道光二十二年（1842）后中国与西方殖民国家之间的矛盾上升为社会的主要矛盾，因此魏源提出了“缓本急标”的观点，认为当前阶段只有先发展商业才能解决清朝面临的问题；农业问题固然重要，然而在特殊时期应推行“货先于食”的理念。此外，魏源在《海国图志》中辩证地分析了“师夷”与“制夷”的关系，正确地处理了中国与西方殖民国家既相互对立又相互促进的关系。另外，魏源的改革思想中还存在着一种朴素的进化历史观。魏源在改革实践中能够清晰地认识到“古”与“今”的关系。鸦片战争前，魏源在漕运改革中曾对古代的漕运进行了详细的研究，并将元朝时期的海上航线、运输船只、运输人员的技术水平等及其在清朝道光年间的变化进行了详细的分析，通过数据与例证说明了清朝道光年间漕粮海运的可行性。在币制改革中，魏源并没有拘泥于朝廷内部关于是否改行钞币的争论，而是通过研究西洋银钱流入中国的历史及其在中国的发展与变化，从古代货币在币材上的变化入手，提出中国的银矿尚未被全面开采，可以实行仿铸西洋银钱和开采银矿的币制改革的主张。魏源的进化历史观最突出的表现则是在第一次鸦片战争后，在中西方矛盾冲突下寻找中国的发展道路时所提出的向西方学习的主张。魏源意识到由于闭关锁国，中国在许多领域的发展已落后于当时的西方殖民国家，如果继续推行原有的政策只会导致中国越来越落后。在这种情况下，中国如果选择向西方学习就有可能赶超西方，重树东方大国的地位。正是在这一历史进化观的基础上，魏源提出了“师夷长技以制夷”的主张。而之后中国的发展历程也证明了魏源这一思想的正确性。

（三）魏源开放创新精神思想的局限性

魏源的开放创新精神思想具有推动中国近代发展进程的重要意义，但也不能否认其所具有的局限性。从政治上看，魏源虽然针对当时清朝的种种弊政提出了改革方案，但是却没有看到当时的清朝最应该变革的是政治体制，而非社会变革，在腐朽的封建君主专制制度下再理想的经世改革方案和开放思想也是空谈。因此，魏源这种保持封建专制制度不动摇而通过其他途径进行的变革是无法真正达到改革的目的的。从经济上来看，魏源的经济改革建议均无法撼动自给自足的封建经济体制。例如，魏源提出的“重本而不抑末”的主张，以及发展民用工业、扶植民用商业的主张只是对封建经济体制的一种修补，无法真正达到改变国家命运的经世目的。从军事上看，魏源提出的学习西方的武器和船只建造技术、学习西方培养军事人才的方法、建设学校的主张虽然在当时起到了积极作用，但却没有对封建军事制度和西方军事制度进行分析，只是一种对西方浅层次的学习，而对真正触及深层次的军事制度却没有学习。因此，这种创新并不适合当时的封建王朝，无法通过这样的改革来改变国家的命运。之后的洋务运动贯彻了魏源的思想，然而最终却失败了，可见这样的军事改革方案是不能实现国家富强的。从文化教育上看，魏源十分强调人才培养的重要性和人才培养方法，甚至提出了职业教育等先进理念，然而却没有对封建科举制度进行深入的讨论和分析，这样的改革是不彻底的，也注定是不能成功的。此外，魏源的开放创新主张缺乏完整的体系，这是由其目的所决定的。魏源的主张是建立在维护封建王朝的统治基础上的，不能深入地认识到西方工业文明与清朝的封建专制制度之间的根本区别，因此只是对西方表面的政治、经济、文化、军事、教育等制度进行了照搬，却没有考虑其对封建国家的适用性，可操作性不强。当然，魏源的开放创新主张思想虽然具有一定的局限性，但是无法否认其在中国近代发展史上以及中国晚清经世致用思潮中的积极意义和独特价值。

二、魏源开放创新精神的启示

魏源开放创新精神的启示作用主要表现在五个方面。

其一，改革人的思想。魏源本着经世救国的目的提出了“以夷攻夷”“以夷款夷”“师夷长技以制夷”的主张，然而在当时的社会环境中人们无不“谈夷色变”，因此对于魏源的主张，大部分人的表现是“骇而笑之”，在吃惊后又大笑魏源的异想天开。只有一小部分有志之士认识到了魏源思想的可贵之处，并为之摇旗呐喊。所以，魏源指出“欲平海上之倭患，先平人心之积患”，即要实现改革的目的，就要首先改革人的思想。《海国图志》遭到了清政府的冷遇，其根源即在于清政府当权者并不认同魏源的思想，没有树立正确的对外开放意识。而《海国图志》传到日本后，立即引起了日本大部分先进分子的认同，实行明治维新，走上了富强的道路。由此可见，只有树立起正确的思想意识，从思想上认同改革开放的理念，才能在具体的实践中坚持这一理念，并朝着正确的方向推动事物的发展，从而达到较为理想的效果。

其二，充分了解国际环境。第一次鸦片战争后，在中国人迷茫之际，魏源编纂了《海国图志》一书，使国人在较短的时间内了解了西方各国的情况以及世界各国之间的关系，从而对当时中国所处的地位有了充分的了解。魏源指出“欲制外夷者，必先悉夷情始”，即中国《孙子兵法》中所谓的“知己知彼，百战不殆”。魏源之后，多位近代中国学者对国外的情况进行了深入了解，从而有效指导了中国近代的斗争。

其三，要因时因地制宜。魏源在具体的经世改革实践中十分注重改革时机，即所谓“敝不极不更，时不至不乘”。道光五年（1825），南北大运河由于水道淤塞致使运输漕粮的船只搁浅，朝廷组织人员讨论漕粮运输的办法，魏源趁机提出在江苏试行漕粮海运的措施，并取得了巨大的成功，减少了漕粮运输中的弊政。这一经世改革实践体现了魏源因时因地制宜的主张，运河淤塞为“时”；江苏则为“地”，其由于近海可以采取海运的措施。魏源认为“禾未熟而登场，获者弃之矣；果未熟而登盘，食者吐之矣。……政未熟而急求治，治必乱；化未熟而急变俗，俗必骇”，强调了因时因地制宜的重要性。

其四，学习其他国家的长处而摒弃其弊端。对外开放可以使国外的文化和思想进入中国，也可以使中国传统的优秀文化走出去。然而国外的文化并不都是精华，其中也有糟粕。因此魏源提出了“塞其害，师其长，彼且为我富强；舍其长，甘其害，我乌制彼胜败”的主张，即学习国外文化中的精华，而摒弃国外文化中的糟粕。

其五，要树立文化自信。魏源虽然提出“师夷长技以制夷”的主张，但其目的是强大自身，而不是崇洋媚外。魏源从小学习中国传统文化，对于中国传统文化有高度自信，即使中国在第一次鸦片战争中失败了，魏源也认为这只是由于清朝闭关锁国，故步自封，只要清朝学习西方技艺，努力发展，不久的将来必能迎头赶上，“风气日开，智慧日出，方见东海之民，犹西海之民”。

第三节　魏源《海国图志》具有的启示作用

《海国图志》的出版引发了介绍西方书籍的创作热潮，然而与其同时代介绍西方的书籍相比，《海国图志》有一个非常明显的优点：其他同类书籍都是“以中土人谭西洋”，即从中国人的角度来谈论西方，因此在介绍时难免融入个人情感，使得书籍具有了不同的情感倾向；而《海国图志》则是“以西洋人谭西洋”，即从西方人的角度来谈论西方，因此其立场更加客观，观点也显得中正。《海国图志》虽然出版一百余年了，但其中所记载的经世致用思想对于今天仍然有着启示作用。

一、《海国图志》中的海防思想

魏源在第一次鸦片战争中曾参与定海保卫战，也曾参与广州三元里人民的抗英斗争，在这一过程中英国侵略者的坚船利炮以及行军布阵等方法使魏源受到了强烈的震动。为此，魏源在《海国图志》之前创作的《圣武记》中提出中国要想战胜西方殖民国家，唯有“以彼长技，御彼长技”，而在《海国图志》中也明确提出了“师夷长技以制夷”的海防思想。魏源的海防思想包括两项内容，即向西方学习战舰、火器制造技术以及建设一支新式水军。

（一）向西方学习战舰、火器制造技术

魏源在《海国图志》中详细论述了向西方学习战舰制造技术的原因及方法。学习的原因即为了打败西方殖民国家；而对于学习的方法，魏源提出先在广州设立造船厂，再请法国或美国的造船专家和工匠传授造船技术，然后花费二百五十万两白银购买西方的中号战舰、火轮船、炮械等实物供学习仿造，最后由外国造船专家教中国学徒开船和行炮的方法。通过学习并掌握西方船炮制造技术的人，由朝廷授予类似钦天监的官职。魏源十分关注英国船舰的性能。道光十四年（1834）英国军队侵犯我国广州沿海，导致中国海军防不胜防，而英国船舰如入无人之境，这反映出当时我国海防思想十分薄弱。魏源提出我国自己设立军工厂建造船炮的原因在于：其一，西方的船炮制作精良，技术较为先进；其二，如果我国自己闭门造船则可能需要较长时间的摸索；其三，购买和自造相结合可以加快清朝海防建设的速度。魏源之所以提出这样的海防思想，是因为他在对西方殖民国家进行了解后，认为西方殖民国家绝不会只逼迫中国打开几个通商口岸就罢休，必然还会与中国在海洋上起冲突，因此建设中国海防迫在眉睫。果然，不到二十年，英法联军与清朝之间就爆发了第二次鸦片战争。

魏源认为，有了船炮就可以与西方国家在海洋战斗，而不必像过去那样只在陆地上进行防守。魏源认为战船和士兵一样重要。中国战船的来源有两个：一是自制，二是购买。前期可买造结合，待条件成熟后，可以完全自己建造。魏源强调海防的重点是有效利用炮的作用，炮在于精而不在于多，单纯地、不讲策略地布置船舰是一种懒政思维。在关隘海防中要集中优势炮台的资源，对关隘进行防守，以求达到防御目的。魏源这一独特的思想在海防中十分重要。

（二）建设一支新式水军

魏源认为坚船利炮在海洋战争中固然重要，然而与养兵练兵相比其作用性要排在后面。魏源提出要练兵，必须先养兵，而养兵的前提则是厚其重利，只有这样才能招募到素质优良的士兵。魏源还提出了在养兵和练兵的同时淘汰冗兵以便养精兵的主张，这也是魏源海防思想的重要内容之一。清朝建立以后，八旗兵日渐衰弱，军中出现了许多陋习，造成积弊难返的局面，主要表现在：海军在沿海地区进行缉私或追捕海盗时收受贿赂，水师在进行巡逻时收贿赂，海军内部存在着虚报兵额、吃亏空等恶习。这些弊政在鸦片战争前已十分严重，导致海防废弛，致使清朝海军在与英国的战争中失败。

第一次鸦片战争后，魏源意识到除了购买和建造坚船利炮外，还必须对传统水师进行改革，只有这样未来中国水师才能与西方殖民国家在海洋上作战，从而大大增强海防力量。这一点也源于魏源在第一次鸦片战争中对英国水军的观察。在与英国水军作战时，清朝的将领和士兵们发现英国的战舰上全部都是水军，没有陆军，战船有大、中、小之分，装备齐全，而火器既可远攻也可近攻。刚刚察觉到英国海军的这一特点时，清朝的官员觉得十分奇怪，并且立刻判断出英国海军只熟悉海战而不熟悉陆战，那么只要把英国海军引到陆地上作战就可以取胜了。可是没有想到，中国传统水师在英国水师面前不堪一击，还没有等到将英国海军吸引到陆地上，中国传统水师就已经全军覆灭了。这一点使得中国有识之士以及相关官员十分震惊，从而提出了建设一支擅长作战的中国水师的想法。例如，林则徐在战争后即意识到了清朝水军的不足，强调建设一支能打仗的水军。魏源继承了林则徐的这一海防思想，其建设中国水师的思想具体体现在“师夷长技”上。魏源提出，建设中国水师应从三个方面入手。

其一，摒弃原有的八旗兵体制。水师的成员组成，十分之二为原水师中的精兵良将，十分之八则需从民众中重新征召身强力壮的青年，而十分之八的原水师官兵则予以裁撤，以节省经费训练新兵。同时，对于新水军的训练应学习西方的养兵、练兵之法。魏源认为水师的职责也应效仿西方，平时没有战争时对本国商船进行护送，有战争时则出海与敌军作战。魏源的这种建设水师的思想没有考虑中国的实际。西方由于资本主义发展较为成熟，商船往来较多，而商船出海时难免遇到海盗，这时军队护送商船既可以保障商船的安全，又可以锻炼水军的作战能力，因此西方以此法达到商船与水师的双赢。然而，中国在清朝晚期资本主义刚刚萌芽，商船往来并不多，因此这一设想的可操作性并不强。

其二，将领和士兵熟悉水情，以备海战。魏源认为原有水师中的官兵几乎来自内陆地区，因此其对海上的情形并不了解。而新的水师将领和士兵均来自沿海地区，这样既可以防止新水师重蹈旧水师的覆辙，也使得新水师官兵对海上的情况比较熟悉，将来海上作战时不会怯惧。此外，魏源提出清朝原有的武举制度落后，且弊端重重，因此应对原有的武举制度进行适当改革。魏源认为需在两广地区增加水师科目，凡是能够制造战舰或者火轮舟以及火炮、水雷等武器的人才，都在通过武举后授予其科甲出身；凡是能够驾驶战舰或者准确运用火炮、水雷等武器的人才，都在通过科举后授予其行伍出身，这些人才由水师提督亲自担任考官与两江总督一起选拔，选拔出来的人才被分配到沿海各个水师中担任教习职务。魏源提出的这种武举思想是十分符合当时的海防形势的，能够在短时间内培养出一支熟悉海战的水师。魏源在水师的编制上并没有提出新的想法，因此在其设想中，水师的编制依然在陆军编制之中，接受两江总督的领导。这一点是魏源水师建设思想的不足之处。此外，魏源还指出水师的将官应有专业的水师技术背景。魏源认为，水师将官要么出自船厂或火器局，有相关的工作经历；要么从舵工、水手、炮手等基层士兵中选拔。魏源希望通过这一标准引起朝廷对海防的重视，以及树立新水师良好的风气。

其三，魏源认为水师应具备一定编制。在《海国图志》中，魏源提出中国新式水师编制在三万人左右，水师应该配备先进的蒸汽机船一百艘、轮船十艘，所有船只战舰必须听从统一指挥和号令。此外，魏源还提出了中国新式水师的编制应设立棕、司、部三级，其中，“一棕”包括十五艘舰船，由“哨官”统一指挥；“二哨”为“一司”，“一司”中应包括三十艘舰船，由“分总”统一指挥；“三司”为一部，“一部”应包括九十艘舰船，由“部将”统一指挥。每部以旗帜颜色加以区别，另外可在旗帜上加设镶边和符号；每艘战舰上设舰长一人，负责整艘战舰的指挥。

二、《海国图志》的启示作用

《海国图志》最具革新性的意义即是指明了海洋对于内陆国家的重要性。对于中国这个传统的大陆国家来说，长期的闭关锁国政策使得清王朝的官员和百姓不知西洋为何物，更不知海洋上的舰队有一天会对国家形成威胁。林则徐到广州后对清朝之外的国家有了一些了解，但仅限于清朝周边的国家，而这种浅显的了解是远远不够的。《海国图志》第一次完整地将世界呈现在中国人的眼前，让中国人认识到中国只不过是亚洲大陆上的一个国家。纵观近现代以来的世界强国，无论是欧洲的英国、法国、葡萄牙、西班牙、德国、意大利，还是北美洲的美国和亚洲的日本都有一个共同的特征，那就是都是海洋国家。而近现代战争的一大特点则是海洋强国侵略大陆国家。《海国图志》对中国人认识世界、走向海洋有着极其重要的启示作用。

（一）《海国图志》中海防思想的启示

1. 海军的体制改革必须与海军建设相协调

晚清时期，由于长期的闭关锁国政策，中国的经济实力和军事实力都大不如前，海军的建设仍停留在巡查与缉盗的水平。因此在第一次鸦片战争后，以魏源为主的开明学者和思想家建议清朝效仿西方，学习西方的先进造船技术和火器制造技术，建设一支新式水军，以适应未来的战争需求。数十年后，洋务派在魏源经世致用思想的基础上创建了军工企业和北洋水师，然而这种“师夷自强”的梦想最终却随着甲午战争的失败而落幕。洋务运动失败的原因有许多，其中之一为单纯地强调水师的“船坚炮利”而没有对水师的政治、经济、军事体制进行改革，导致落后的体制束缚了近代水师的发展，进而导致了中国近代水师在战争中失败。

第一次鸦片战争后，清朝的有识之士发现，在清朝长期实行闭关锁国政策的同时，西方国家水军的发展已经远远超越了中国，两者在装备上差距甚大。因此，魏源提出了“师夷长技以制夷”的主张，然而这一主张只是单纯地追求海军在装备上、训练上与西方国家保持一致，却没有对相关的政治、经济、军事制度进行变革。而西方的近代水军是在政治体制民主化和经济体制市场化的基础上建设的，因此魏源在《海国图志》中提到的单纯发展海军而不改革体制的观点，是对西方水军的一种表层的模仿和照搬，虽然能够在一定程度上改善清朝水军的面貌，但是由于封建专制制度下的政治、经济、文化体制没有做相应的改革，这些旧体制中的既得利益者对新水师的发展起着一定的阻碍作用，使得新水师最终无法真正被建设成一支近代化水军。

2. 海防建设不只限于海口防御

第一次鸦片战争后，清朝意识到，中国的海防建设在强大的西方殖民国家面前不堪一击，迫切地想建设一支可以与西方殖民国家匹敌的水军。然而，由于中国传统水师的落后，朝廷面对巨大的海防压力和海防威胁，不得不选择了最保守的海口防御策略，然而这种策略是一种十分被动的选择。魏源曾指出，由于中国的海岸线较长，这样的被动防守常常显得捉襟见肘。而且，西方殖民国家的海上战舰十分灵活，经常对海口进行突击后即刻退去，使得中国“海口防御”呈现出防不胜防的局面，因此魏源提出了建设一支强大海军，出海与西方殖民国家的战舰作战的想法。由此可见，这种“海口防御”是一种权宜之计，具有缺乏战略主动性和制海权思想等缺点，不能作为长远的海军海防建设战略。

魏源在《海国图志》中建设一支新式水师的建议是基于当时的海防压力提出的，而近代的西方海军是为了适应资本主义的发展而诞生的，因此近代西方海军的特点是军事战略以进攻为主，以夺取制海权。近代西方海军的这种战略一方面是为了确保国家领土安全，另一方面则是为了保障本国商船的利益，对被殖民国家的商业进行控制，即夺取制海权、封锁敌人海岸是近代西方海军的战略要点。然而由于晚清时期，中国一直坚持自给自足的小农经济，资本主义商业未能真正发展起来，缺乏海上贸易的需求，这也导致当时的清朝没有产生相应的海权思想，因此其采取的最直接的防御措施即为“海口防御”，且参与海口防御的水师中绝大多数都是陆地官兵。这与晚清水师“保疆土，守和局”的建设目的有关。在第一次鸦片战争后，魏源提出了“守外洋不如守海口，守海口不如守内河”的观点，这也是一种适合当时清朝水军情况的权宜之计。同时，魏源还提出了建设新式水师以便出海作战的想法，然而清朝却对这一思想置之不理。相反，日本却对魏源的这一思想加以应用，将其当作长期的水师建设目标，并在水师建设中加以推广。清朝政府认为海军是保卫本土海岸以及港口要塞的辅助工具，这种“海口防御”战略在魏源写作《海国图志》的数十年后表现得十分明显。晚清时期北洋通商大臣、北洋海军的创建者李鸿章就曾描述过其海军建设目标：“无事时扬威海上，有警时仍可收进海口，以守为战。”这里的“以守为战”即是一种典型的“海口防御”。光绪十四年（1888），北洋海军建设成功，总人数为四千人，是当时亚洲地区最强大的一支海军，给当时的亚洲国家造成了极大威慑，清朝和李鸿章一致认为有北洋海军驻防，渤海门户十分安全，保卫京师安全绰绰有余。因此，清朝不再对北洋海军进行投资，并对北洋海军购买战舰的计划置之不理，挪用了大量海军经费，导致甲午中日战争爆发时北洋海军面临着没有购入战舰的尴尬。而甲午中日战争中北洋海军的失败也证明了“海口防御”战略的失败。受“海口防御”战略的影响，北洋海军在战争中不敢主动出击攻打敌人，而是放弃了制海权，陷入被动局面。相反，受《海国图志》影响而迅速壮大起来的日本，却在建设海军时实行了魏源“出海与敌作战”的策略，在甲午中日战争中控制了制海权，而北洋海军虽有四千人的规模，却囿于“海口防御”战略最终在战争中失败。由此可见，“海口防御”策略并不是战略转型期海军海防的最高目标，而是一种海防力量弱小时的权宜之计，其对于海军海防建设具有重要启示。

3. 学习国际先进经验

一百多年前，魏源发出了向西方学习的号召。魏源作为一个受传统儒家文化教育而成长起来的学者，面对危机和压力敢于发别人所未发，想别人所未想，以一种积极的、自信的方式提出向西方学习，并利用西方知识壮大自身，之后再通过实力击败西方殖民者的目标。这一思想无论在过去还是在今天都具有十分重要的启示作用。

（二）《海国图志》中“师夷长技以制夷”的启示

魏源在《海国图志》中提出了“师夷长技以制夷”的口号，其特点为扬长避短，通过学习西方的长处、规避自身的短处来壮大自己。具体地说，魏源在《海国图志》中提出的“师夷长技以制夷”具有以下两个启示作用：

首先，“师夷长技以制夷”强调的改革和实践远远没有过时。魏源是晚清时期著名的经世致用思想家，其思想具有极高的经世价值，“师夷长技以制夷”也是如此。一百多年前魏源在提出“师夷长技以制夷”的观点后，并没有对中国的传统文化进行贬低。总结近代以来的中西文化之争，可以清楚地看到国际竞争是一种综合国力的竞争，既包括经济和科技实力的竞争也包括文化实力的竞争。世界经济全球化的发展推动世界各国文化和思想相互激荡，这些文化有先进的也有落后的，有发达国家的也有发展中国家的，有外国的也有中国的，这些不同的文化之间也有融合与排斥、渗透与抵御。面对这一趋势，我们应在坚持本国文化，保持民族文化自信的基础上有选择地接受各国的先进文化。

其次，“师夷长技以制夷”强调国家的发展要紧跟世界发展潮流。魏源的“师夷长技以制夷”的思想是第一次鸦片战争后魏源向清政府提出的一种经世良方，也是中国近代史上第一个救国方案。而在提出这一思想之前，魏源也曾经历过挣扎和迷茫。作为《海国图志》的作者，魏源较早地接触了世界历史，在收集和阅读资料的过程中发现了一个崭新的世界，这个世界之大超出了魏源的想象。而这个新世界也打破了魏源的世界观，这些都对魏源产生了强烈的冲击，一种强烈的民族危机感和忧患意识涌上魏源的心头。作为一名儒家传统意义上的学者，魏源对中国传统文化有着深刻的研究，了解中国传统文化的魅力，但面对西方殖民国家的侵略，脆弱的清朝无还手之力，怎么才能迅速强大起来拥有和西方相抗衡的力量，从而保留和壮大中国的优秀传统文化呢？魏源提出通过“师夷”来达到“制夷”的目的。魏源的这一思想是针对清朝面临的特殊环境所提出的救世良方。后来的实践表明，虽然魏源的这一思想具有一定的局限性和不彻底性，但中国近代历史的发展实际上就是沿着“师夷”“制夷”的方向曲折前进的。因此，在当时的历史背景下，魏源的这种强调国家发展与世界发展同步的思想具有较强的先进性。

参考文献

[1] 夏剑钦 . 魏源传 [M]. 长沙：岳麓书社，2006.

[2] 夏剑钦，熊焰 . 魏源研究著作述要 [M]. 长沙：湖南大学出版社，2009.

[3] 朱仲玉 . 魏源 [M]. 北京：中华书局，1962.

[4] 李汉武 . 魏源传 [M]. 长沙：湖南大学出版社，1988.

[5] 高占祥，张萌萌 . 魏源传 [M]. 北京：北京时代华文书局，2016.

[6] 宋银桂，周巧燕 . 魏源与两淮盐政改革 [J]. 湖南工程学院学报（社会科学版），2009，19（1）：52–54.

[7] 黑波 . 从仕途挫败到成大家之名——试析师友之力对魏源理论与实践的益助 [J]. 社会科学论坛，2013（9）：203–221.

[8] 代祥 .《皇朝经世文编》中的海防思想 [J]. 宜春学院学报，2010，32（9）：144–146.

[9] 艾珊歌 . 从《皇朝经世文编》看清代文人的丧葬观 [J]. 明清论丛，2017（1）：404–411.

[10] 邹啸宇 . 湖湘学派体用论思想研究 [D]. 武汉：武汉大学，2015.

[11] 宁淑华 . 南宋湖湘学派的文学研究 [D]. 福州：福建师范大学，2009.

[12] 张作奇 . 湖湘学派的形成与发展 [N]. 湘潭日报，2019–07–21（2）.

[13] 连凡 .《宋元学案》视域下湖湘学派的源流及其诠释——以胡安国、胡寅、

胡宏、张栻为中心 [J]. 南华大学学报（社会科学版），2018，19（1）：106–112.

[14] 陈玲，王东 .《海国图志》对近代科技知识的引进及其意义 [J]. 厦门大学学报（哲学社会科学版），2018（3）：113–119.

[15] 杨布生，彭定国 . 湖湘学派源流与经世致用 [J]. 湖南师范大学社会科学学报，2003（6）：79–82.

[16] 刘兰肖 .《魏源集 · 公羊春秋论》作者补证 [J]. 近代史研究，2003（4）：305–314.

[17] 蒋金星，刘兴豪 . 试论魏源的改革开放思想对洋务运动的影响 [J]. 北京理工大学学报（社会科学版），2003（4）：88–90.

[18] 王惠荣 . 魏源与晚清经世致用思想的复兴和转型 [J]. 赤峰教育学院学报，2003（4）：4–7.

[19] 宁淑华 . 论南宋湖湘学派文学的共同特征 [J]. 社会科学家，2009（7）：139–142，146.

[20] 刘勇 .《海国图志》研究 [D]. 扬州：扬州大学，2015.

[21] 梁启章，梁迅 .《海国图志》的地图学价值与现实意义 [J]. 地球信息科学学报，2016，18（1）：49–56.

[22] 夏冰 .《海国图志》的三个版本考论 [J]. 邵阳学院学报（社会科学版），2016，15（3）：44–48.

[23] 易琳，刘伟顺 . 论魏源祖孙三代与陶澍的交谊 [J]. 邵阳学院学报（社会科学版），2016，15（4）：12–15.

[24] 杨舒雅 .《海国图志》在中国和朝鲜之传播的比较研究 [D]. 延吉：延边大学，2018.

[25] 胡志强 .《海国图志》与中朝日近代启蒙思想 [D]. 延吉：延边大学，2004.

[26] 胡乐凯，宋永林 . 评魏源的《海国图志》[J]. 出版广角，2017（13）：81–83.

[27] 谢辉元 . 魏源与湖湘学人的学术交往 [J]. 淮阴师范学院学报（哲学社会科学版），2017，39（5）：440–446.

[28] 李文明 .《海国图志》对日本影响新辨 [J]. 东北亚学刊，2017（6）：51–57.

[29] 吴泽，黄丽镛 . 魏源《海国图志》研究——魏源史学研究之二 [J]. 历史研究，1963（4）：117–140.

[30] 杨正典 . 龚自珍、魏源的著作与思想——“龚定盦全集”、“海国图志”、“古微堂集”[J]. 读书，1957（7）：25–26.

[31] 张启成 . 论魏源的《诗古微》[J]. 贵州文史丛刊，2006（2）：26–31.

[32] 春雨 . 魏源、林则徐与《海国图志》[J]. 文史杂志，2006（4）：26–30.

[33] 熊吕茂，李小婧 . 论魏源的改革开放思想 [J]. 邵阳学院学报（社会科学版），2006（5）：1–3.

[34] 夏冰 .《海国图志》一书的三个版本 [J]. 图书馆，2014（2）：138–140.

[35] 姚武 .《海国图志》中的编辑思想及其当代价值 [J]. 邵阳学院学报（社会科学版），2014，13（5）：38–41.

[36] 代梦潇 . 魏源《诗古微》四始说研究 [D]. 成都：四川师范大学，2017.

[37] 阙福炎 . 魏源《诗古微》研究 [D]. 福州：福建师范大学，2008.

[38] 吴怀东，马玉 . 魏源诗学思想与湖湘地域文化——以《诗古微》、《诗比兴笺》为论述中心 [J]. 安徽农业大学学报（社会科学版），2013，22（1）：82–87.

[39] 殷超 . 论黄宗羲的民本思想 [D]. 沈阳：沈阳师范大学，2014.

[40] 孙鹏 . 论魏源“师夷长技以制夷”思想主张的历史影响及现实意义 [D]. 沈阳：沈阳师范大学，2014.

[41] 魏欣 . 魏源《诗古微》诗学研究 [D]. 保定：河北大学，2013.

[42] 曹志敏 . 魏源《诗古微》论《诗经》二《南》[J]. 史学月刊，2008（7）：43–48.

[43] 马睿 . 魏源《诗古微》的文学意义 [J]. 四川大学学报（哲学社会科学版），2001（3）：85–88.

[44] 何慎怡 .《诗古微》版本述略 [J]. 中国文学研究，1990（2）：61–62，83.

[45] 王俊义 . 晚清思想文化的启蒙者和先驱——《龚定盦全集》与《古微堂诗文集》述评 [J]. 清史研究，2010，78（2）：150–156.

[46] 黄开国，唐丽君，胡骈 .《诗古微》对三家《诗》四始说的发明 [J]. 西华大学学报（哲学社会科学版），2010，29（6）：32–36.

[47] 王坚 . 从华夷之辨到大一统 [D]. 济南：山东大学，2015.

[48] 尹可雨 . 魏源与《皇朝经世文编》[D]. 南昌：江西师范大学，2003.

[49] 李小婧 . 魏源与近代中国对外开放 [D]. 长沙：中南大学，2007.

[50] 罗亚利 . 论魏源"经世致用"思想的教育学意义 [D]. 武汉：华中师范大学，2007.

[51] 朱文亮 . 论"师夷长技以制夷"思想 [D]. 湘潭：湘潭大学，2007.

[52] 唐浩 . 浅论黄宗羲经世致用的政治思想 [D]. 太原：山西大学，2013.

[53] 贾淑云 ."经世致用，和而不同"：当代大学文化精神 [J]. 渭南师范学院学报，2011，26（8）：64–67.

[54] 刘浩 . 黄宗羲政治伦理思想研究 [D]. 长沙：湖南师范大学，2012.

[55] 刘畅 . 黄宗羲诗学思想研究 [D]. 济南：山东师范大学，2016.

[56] 陈尧 . 魏源经世致用思想研究 [D]. 哈尔滨：黑龙江大学，2011.

[57] 李志威 . 魏源宗教思想研究 [D]. 石家庄：河北师范大学，2012.